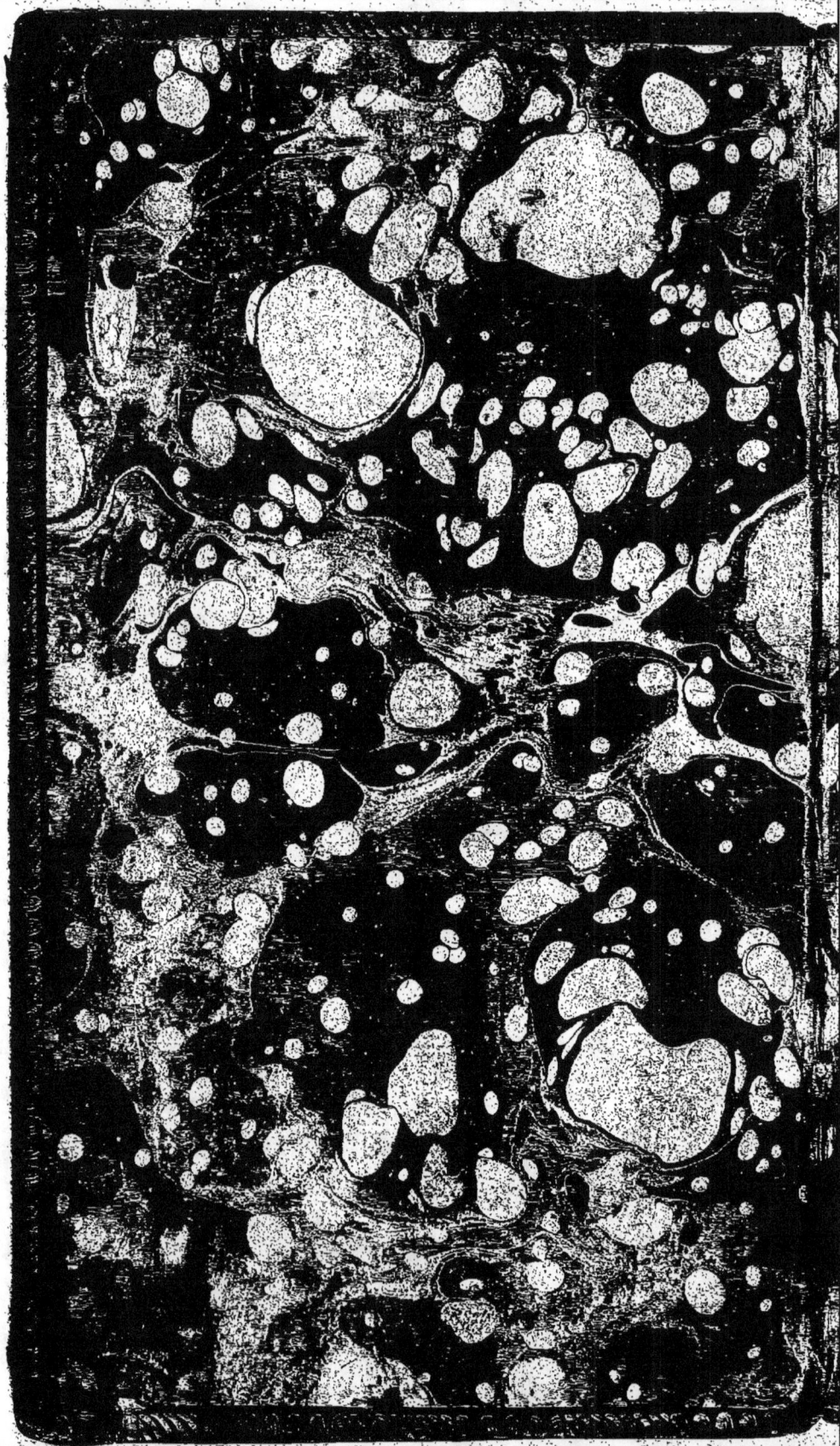

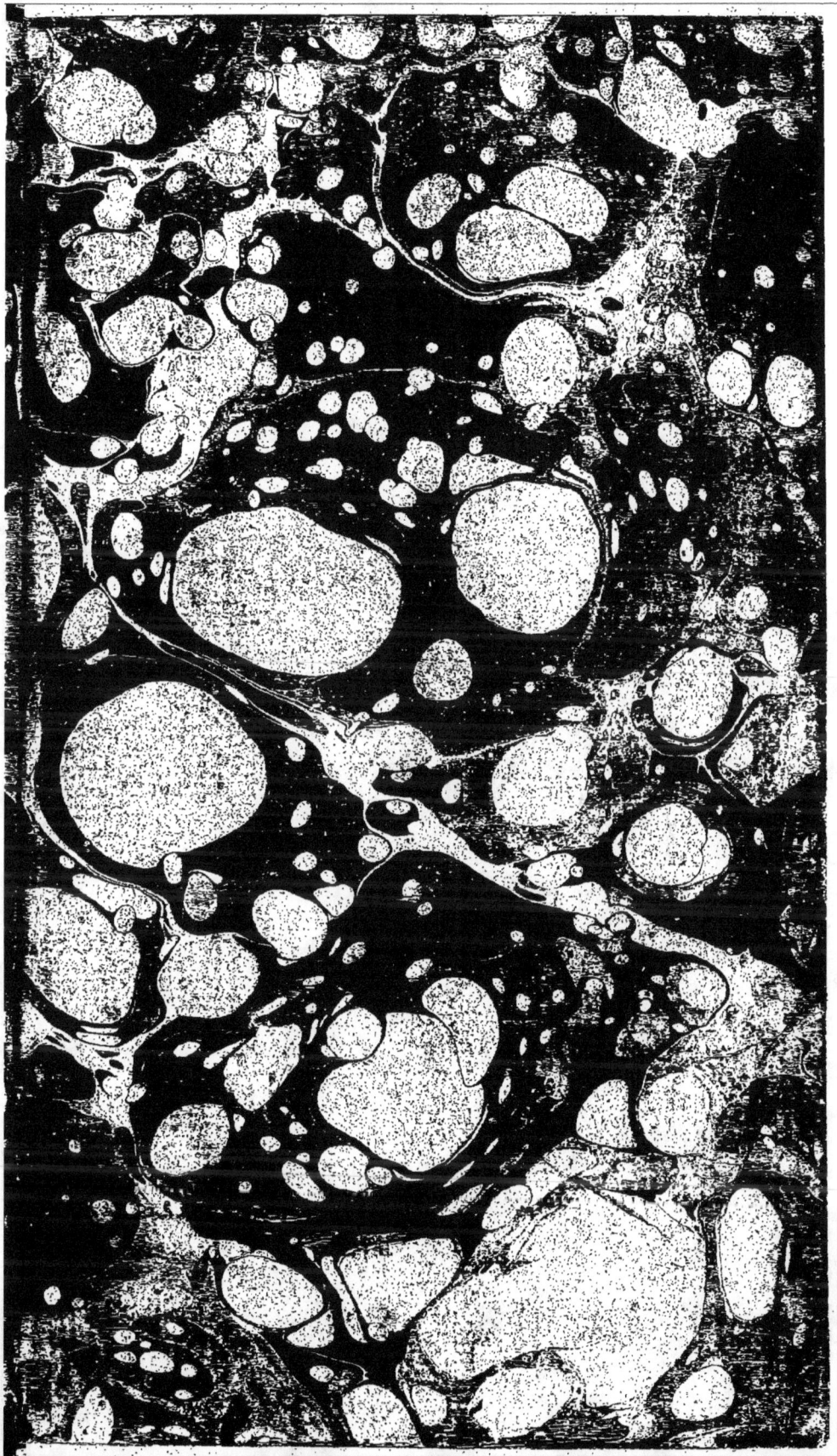

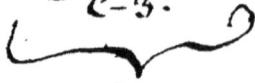

THÉORIE

DU

POUVOIR

POLITIQUE ET RELIGIEUX,

DANS LA SOCIÉTÉ CIVILE,

démontrée par le raisonnement & par l'histoire.

Par M. DE B******

Gentilhomme François.

TOME III.

TROISIÈME PARTIE,

Contenant la Théorie de l'Education sociale
& celle de l'Administration publique.

Si le Législateur, se trompant dans son objet,
établit un principe différent de celui qui naît de
la nature des choses, l'Etat ne cessera d'être agité
jusqu'à ce que ce principe soit détruit ou changé,
& que l'invincible *Nature* ait repris son empire.
CONT. SOC. L. 2. C. II.

1796.

) o (

AVERTISSEMENT.

On ne doit pas s'attendre à trouver dans cette partie de la Théorie du Pouvoir, des vues, des plans, des syftêmes sur l'éducation sociale ou l'administration publique. L'auteur n'a garde de s'écarter des inftitutions anciennes, inftitutions néceffaires, c'eft-à-dire, fociales, puifqu'elles étoient dans la nature de la fociété conftituée, & conformes à la volonté générale, qui a la confervation des êtres pour objet.

L'Auteur s'attachera à en développer l'efprit, à en expliquer les motifs, à en faire apperce-voir la liaifon avec les principes de la conftitu-tion. S'il en relève les avantages, il ne négli-gera pas de remarquer les abus que les paffions avoient pu y introduire, & dont il ne faut que les dégager, pour les rappeler à leur perfeĉtion naturelle: Quant au petit nombre d'idées neu-ves ou nouvelles qui auroient pu fe glisser, prefqu'à fon infçu, dans une matière plus fufcep-tible que tout autre des écarts de l'imagination & des illufions de la vanité, l'auteur les aban-

A 2

donne à la difcuffion la plus févère. Ses opinions
perfonnelles font précifément celles auxquelles il
tient le mo ins & qu'il renonce même formellement à
défendre. Si elles font utiles, elles feront approu-
vées de la fociété; alors elles deviendront fociales, & l'on ne doit défendre dans la fociété
que les opinions générales, c'eft-à-dire, fociales.
L'auteur, qui s'eft élevé contre le pouvoir particulier, eft bien éloigné de vouloir, dans aucun genre; établir le fien.

THÉORIE
DE L'ÉDUCATION SOCIALE
ET DE L'ADMINISRATION PUBLIQUE.

LIVRE I.

DE L'ÉDUCATION DANS LA SOCIÉTÉ. }

CHAPITRE I.

De l'Education en général.

———

APRÈS avoir traité de la *constitution* de la société, il est dans l'ordre des choses & des idées de traiter de *l'administration* de l'état.

Ainsi, dans l'homme moral, la connoissance du caractère doit précéder le choix des moyens propres à le diriger : ainsi, dans l'homme phyfique , la connoiffance du *tempéramment* doit précéder le choix du *régime*.

La nature conftitue la fociété ; les hommes adminiftrent l'état.

La nature, effentiellement parfaite, confti-tue parfaitement la fociété, ou *veut* la conf-tituer parfaitement : l'homme, effentiellement dépravé, corrompt l'adminiftration, ou *tend* fans ceffe à la corrompre. Il faut donc per-fectionner l'homme, avant de lui permettre *d'adminiftrer* l'état ; il faut donc traiter de *l'éducation* de l'homme , avant de traiter de *l'adminiftration* de l'état.

C'eft le but que je me fuis propofé.

Je traiterai ce fujet en logicien, & non en orateur : je couperai le difcours, pour lier les idées.

Cette manière n'offre rien de fatisfaifant à la vanité d'un auteur ; mais elle repofe l'ef-prit, elle foulage l'attention du lecteur.

Je laiffe le coloris à l'auteur d'Emile , fes paradoxes en ont befoin.

J'entre fur le champ en matiére. Si j'avois à prouver la néceffité de l'éducation, ou à en relever les avantages, je me garderois bien d'écrire & fur la *conftitution*, & fur *l'édu-cation*, & fur *l'adminiftration*.

L'éducation domeftique ou particulière eft celle que l'homme reçoit dans fa famille & pour fa famille.

L'éducation fociale ou publique eft celle que l'homme reçoit dans la fociété & pour la fociété.

Mais la société civile est à la fois société religieuse & politique;

Donc l'éducation ne peut être sociale, sans être à la fois religieuse & politique.

L'éducation doit-elle être publique ou particulière, sociale ou domestique?

L'un & l'autre: 1.° selon la profession de l'homme; 2.°, selon son âge.

1.° Selon la profession; si l'homme *est* destiné par sa naissance, ou s'il *se destine*, par son propre choix, à remplir une fonction, ou profession publique ou sociale, il doit recevoir une éducation publique ou sociale; car tout ce qui est relatif à la société doit être social ou public.

Si l'homme se destine à exercer une profession naturelle ou privée, il peut ne recevoir qu'une éducation domestique ou particulière.

Cette distinction sera mise dans un plus grand jour.

2.° Selon son âge: l'homme est naturel avant d'être politique; il appartient à la famille, avant d'appartenir à la société.

L'éducation doit donc être domestique, avant d'être sociale; ou particulière, avant d'être publique.

L'éducation doit être domestique ou particulière tant que l'homme est dans un âge à avoir besoin de la famille.

L'éducation doit être sociale ou publique dès que l'homme est dans un âge auquel la société a besoin de lui.

A 4

La néceffité de cette double éducation eft évidente : car la fociété ne peut pas plus donner l'éducation domeftique à l'âge auquel l'homme a befoin de la famille, que la famille ne peut donner l'éducation fociale à l'âge auquel la fociété a befoin de l'homme : c'eft-à-dire, que la fociété ne peut foigner l'homme naturel, ni la famille former l'homme politique.

L'éducation domeftique doit commencer avec l'homme ; l'éducation fociale doit commencer avec la raifon.

CHAPITRE II.

Education domeftique, ou particulière.

TROIS fortes de perfonnes font dans la fociété plutôt que de la fociété ; la fociété doit les protéger, mais elles ne font pas faites pour la défendre ; elles appartiennent à la fociété naturelle plutôt qu'à la fociété politique, à leur famille plutôt qu'à l'état. Ce font les enfans, les femmes & le peuple, ou ceux qui exercent une profeffion purement méchanique.

C'eſt la foibleſſe de l'âge, du ſexe & de la condition.

Je traiterai ſéparément de l'éducation des femmes.

L'homme, ai-je dit, eſt *eſprit*, *cœur* & *ſens*. Il faut en revenir ſans ceſſe à ce principe, toutes les fois qu'on veut traiter de l'homme ou naturel ou ſocial.

Ces trois facultés ſe développent ſucceſſivement. Dans l'enfant très-jeune, on n'apperçoit & l'on ne doit appercevoir que des *ſens*. Auſſi les enfans qui, dans un âge très-tendre, montrent un *cœur* ou un *eſprit* ne parviennent-ils preſque jamais à l'âge d'homme.

L'enfant doit manger, digérer, dormir, marcher. Je ne traiterai pas de la partie phyſique de l'éducation privée ou domeſtique. Un ſujet auſſi important mériteroit que le gouvernement répandît une inſtruction où il expoſeroit de la manière la plus ſimple & la plus à portée de l'intelligence des mères de famille & *de toutes les mères de familles*, les vrais principes ſur cette matière. Ce petit ouvrage auroit deux parties, l'une relative au phyſique de l'enfant, l'autre à ſon moral. Ce ſeroit rendre ſociale & publique l'éducation même domeſtique, que de la rendre uniforme. Or dans la ſociété il faut, s'il eſt poſſible, tout *ſocialiſer* ou *généraliſer*.

Dans la partie de cet ouvrage relative au phyſique ou aux *ſens*, je proſcrirois toutes les nouveautés angloiſes, américaines, philoſophiques,

philantropiques, toutes les nouveautés qui n'auroient que le mérite de la nouveauté; point
de pratiques impraticables, ou qui ne font
praticables que pour la claffe oifive & opulente; point de ces immerfions perpétuelles,
point de ces lavages de tête à l'eau froide,
comme fi l'homme étoit un poiffon ou une
plante qu'il fallût arrofer. L'air, au fein duquel
l'homme eft né & doit vivre, endurcit autant
que l'eau, & avec moins d'embarras pour les
mères & de danger pour les enfans; des vêtemens légers, la tête & le col découverts,
les cheveux coupés, une nourriture faine &
réglée, un lit fort dur, voilà pour le phyfique.

Le cœur fe développe après les *fens, l'efprit* fe développera après le *cœur.* L'homme exifte avant d'*aimer*, mais il *aime* avant
de *raifonner.*

La feconde partie de l'ouvrage élémentaire
fur l'éducation domeftique, auroit donc trait à
la partie morale de l'éducation; puifque l'enfant a un *cœur*, il faut en diriger les affections. Des fentimens plutôt que des inftructions, des habitudes plutôt que des raifon-
nemens, de bons exemples plutôt que des
leçons, un grand refpect pour les yeux & les
oreilles des enfans, *maxima debetur puero re-
verentia*, dit un poëte qui oublie fouvent cette maxime.

Loin des pères & des mères, loin des enfans, loin de la fociété, loin de l'efpèce hu-

maine, les funeftes principes de l'auteur d'E-
mile. Si vous ne parlez aux hommes de la
divinité que lorfqu'ils pourront la comprendre, vous ne leur en parlerez jamais, fi vous
ne leur parlez de leurs devoirs que lorfque
les paffions leur auront parlé de leurs plaifirs,
vos leçons feront perdues.

L'éducation d'Emile, d'un homme foible
d'efprit & de corps, fait un être froid, fot &
pédant; d'un homme fort d'efprit & de corps,
fait un monftre, & nous lui devons tous les
coryphées de notre révolution.

Le peuple, ou ceux que leurs occupations
purement mécaniques & continuelles retien-
nent dans un état habituel d'enfance, ne font
auffi que *cœur* & *fens*. Leur efprit ne peut
pas s'exercer affez fur les objets des connoiffances humaines, pour qu'il foit poffible &
utile de les leur donner. Car les demi-connoiffances bien plus communes qu'on ne penfe, les lueurs fauffes & obfcures en tout genre, font la honte de l'homme, & le malheur
de la fociété. La raifon du peuple doit être
fes *fentimens*; il faut donc les diriger & former fon *cœur* & non fon *efprit*. Cependant
comme il fe trouve, même dans cette claffe,
des efprits que la nature élève au deffus de
leur fphère & qu'elle deftine à exercer quelque profeffion utile à la fociété, il faut, pour
qu'ils puiffent remplir cette deftination, que la
fociété leur donne les premiers élémens des connoiffances, auxquelles la nature ni la raifon

ne peuvent fuppléer, c'eft l'objet des petites écoles établies dans les villes & villages où l'on enfeigne à lire, à écrire, les principes de la religion & ceux de l'arithmétique. Je dois obferver ici qu'une erreur très commune dans les perfonnes qui ont beaucoup lu, peu médité, & encore moins obfervé, eft de croire au grand nombre de talens *enfouis*. Les philofophes croyent auffi à l'exiftence des *efprits* qu'ils ne voyent pas. Beaucoup d'auteurs qui ont écrit fur l'éducation publique ont eu cette chimère dans la tête; & pour vouloir développer les talens cachés, ils n'ont pas cultivé ou formé les difpofitions connues & ordinaires de tous les hommes. Ils ont fait comme un propriétaire qui néglige la culture de fes champs, pour y chercher des mines.

Au refte qu'on ne penfe pas qu'il foit néceffaire au bonheur phyfique ou moral du peuple qu'il fache lire & écrire; cela n'eft pas même *néceffaire* à fes intérêts, & la fociété lui doit une garantie plus efficace contre la friponnerie & la mauvaife foi. Il faut laiffer ces abfurdités à ceux qui n'ont obfervé le peuple que de leurs fenêtres, & qui ne l'ont étudié que dans leurs livres. De la religion, des mœurs & une aifance honnête, voilà ce qu'il faut à tous les hommes: des *fentimens*, pour maintenir la religion, de bons exemples & des loix *exécutées*, pour maintenir les mœurs, du travail, pour maintenir l'aifance; voilà ce qu'il faut au peuple.

Les enfans deftinés à recevoir l'éducation
fociale, & le peuple qui peut fe borner à l'éducation domeftique doivent également apprendre les principes de la religion & de leurs
devoirs dans un livre élémentaire que j'appelle
favamment du nom grec de *catéchifme*, & à
propos de *catéchifme*, je ne puis m'empêcher
d'exprimer le vœu qu'on en adopte un, &
un feul pour tout le royaume. Unité, unité,
unité.

Les livres élémentaires deftinés à l'éducation domeftique ou fociale, devroient être le
fujet des prix que donneroit le gouvernement;
prix honorable au citoyen, parce qu'il faut,
dans une fociété conftituée, que celui qui a
fait un travail utile à la fociété foit honoré
de la fociété; prix utile à l'homme, parce
qu'il faut que celui qui a fait un travail utile aux hommes, jouiffe des avantages de l'homme; c'eft-à-dire, de la propriété. On donnoit, en France, pour fujet de prix, dans
quelques académies, ou des éloges bien philofophiques, ou des queftions bien oifeufes:
à la vérité, le prix étoit modique, & la gloire encore plus; mais l'effet en étoit ou dangereux ou inutile. C'étoit avec la même réflexion que l'on fondoit, fous le nom de *Ro-
fières*, des prix pour les filles qui ne s'étoient pas
déshonorées, & que l'on auroit fini par en
donner aux enfans qui n'auroient pas laiffé
mourir de faim leurs parens.

Les enfans auront donc appris, dans

l'éducation domeſtique, à lire, écrire, les
principes de leur religion. Je ſais qu'il y a
de petits prodiges qui a 9 ans ſavent bien davantage, mais à 30 ans ils ne ſavent rien: &
je veux qu'ils ne ſachent rien à 9 ans, pour
ſavoir quelque choſe à 30.

L'éducation domeſtique doit donc finir, &
l'éducation ſociale ou publique commencer
entre 8 & 11 ans. Je ne diſpute pas ſur les
nombres.

CHAPITRE III.

De l'Éducation ſociale ou publique.

JE remonte au principe. L'homme eſt *eſprit,*
cœur & *ſens.* Mais ſes facultés ne ſe développent que l'une après l'autre.

L'enfant, dans ſon bas âge, n'a que des
ſens. Il faut en régler ou en faciliter l'uſage:
plus tard, le *cœur* ſe montre, il faut diriger
ſes affections.

L'un & l'autre doivent être l'objet de l'é-
ducation domeſtique, parce que l'homme naturel ou l'homme de la famille, n'a préciſément beſoin, dans ſa famille, que de ſon *cœur*
& de ſes *ſens.*

Plus tard, l'*esprit* se développe, & l'éducation domestique a facilité ce développement par les connoissances élémentaires qu'elle a données. Alors commence l'homme social. Il a des volontés, des opinions, il faut régler les unes, guider les autres, parce que l'*esprit* & la raison sont donnés à l'homme pour la société.

Mais l'homme porte dans la société son *cœur* & ses *sens*: la société a droit de faire tourner à son usage toutes les facultés de l'homme; elle doit donc former pour l'utilité générale sa faculté *voulante*, sa faculté *aimante*, sa faculté *agissante*, son *esprit*, son *cœur* & ses *sens* : tel est l'objet de l'éducation sociale.

Toutes les facultés se forment ou se perfectionnent par l'exercice : or l'éducation domestique n'exerce aucune des facultés de l'homme d'une manière utile à la société.

Donc elle ne peut perfectionner les facultés de l'homme social, donc elle ne convient pas sous ce rapport à la société.

Comment l'éducation publique exerce-t-elle les facultés de l'homme social ?

Quand l'homme veut employer un objet quelconque à son usage ;

1.º il commence par savoir à quel usage il veut l'employer :

2.º il considère les qualités de son objet ; il supprime celles qui sont contraires au but qu'il se propose & qui peuvent être supprimées ; il dirige vers ce même but celles qui s'en écartent & qu'il ne peut détruire.

Qu'eſt-ce que la ſociété veut faire de l'homme ? un être qui lui ſoit utile. Comment & de quelle manière ? de toutes les manières dont un être qui a un *eſprit*, un *cœur* & des *ſens*, ou une faculté *penſante*, une faculté *aimante* & une faculté *agiſſante*, peut être utile à la ſociété : c'eſt-à-dire qu'elle veut que l'*eſprit* ſoit cultivé, le *cœur* dirigé, & les *ſens* perfectionnés pour ſon utilité. " L'Egypte, „ dit Boſſuet, n'oublioit rien pour polir l'eſ- „ prit, ennoblir le *cœur* & fortifier le *corps.* „ La ſociété conſidère l'homme ; elle remarque en lui une qualité conſtante, indeſtructible : elle eſt dans l'homme, elle eſt dans tous les hommes, elle eſt dans tous les âges, dans tous les états de l'homme ; elle eſt dans tout l'homme : c'eſt la volonté de dominer & l'amour déréglé de ſoi. Cette volonté eſt dans ſon *eſprit* ; elle eſt dans ſon *cœur* & il veut l'exercer par ſes *ſens*, ou ſa *force.*

Former l'homme ſocial, ou former l'homme pour la ſociété, ſera donc diriger, vers un but utile à la ſociété, la volonté de dominer qui ſe trouve dans ſon *eſprit* & qu'il veut exercer par ſon *cœur*, ou par ſes *ſens.*

Ainſi former l'*eſprit*, ſera diriger ſon ambition vers un but utile : former le *cœur*, ſera diriger ſes affections vers des objets permis : former les *ſens*, ſera diriger l'emploi de

leur

force, d'une manière avantageuse à la société.

Or l'éducation domestique ne peut diriger l'émulation, les affections, ni l'emploi de la force, parce que l'enfant est seul ou avec ses frères, & que l'émulation suppose rivalité, les affections préférence, & l'emploi de la force supériorité & quelquefois combat.

Elle ne peut donc pas former l'*esprit*, diriger le *cœur*, perfectionner les *sens* pour l'utilité de la société. Elle ne peut donc former l'homme social, elle ne convient donc pas à l'homme de la société.

L'éducation domestique est dangereuse, parce que les enfans jugent leurs parens à l'âge auquel ils ne doivent que les aimer, & deviennent sévères avant que la raison leur ait appris à être indulgens ; elle est dangereuse, parce que les parens, exigeants, s'ils sont éclairés, foibles, s'ils ne le font pas, voient trop, ou ne voient pas assez les imperfections de leurs enfans, & contractent ainsi, pour toute leur vie, des préventions injustes, ou une mollesse déplorable : cette observation est extrêmement importante.

Elle est dangereuse, parce que les enfans y apprennent ou y devinent tout ce qu'ils doivent ignorer ; parce qu'elle place un enfant au milieu des femmes & des domestiques ; que s'il y apprend à saluer avec grâce, il y contracte l'habitude de penser avec petitesse ;

Tome III. B

fi on lui enfeigne à manger proprement, on le forme à la vanité fans motif, à la curiofité fans objet, à l'humeur, à la médifance, à mettre un grand intérêt à de petites chofes, à differter gravement fur des riens, on fait entrer, dans les moyens d'éducation, des obfervations critiques fur les perfonnes qu'il a accoutûmé de voir & on lui donne ainfi le goût méprifable du perfifflage, il s'accoutume à s'entretenir avec des valets, à caqueter avec des femmes de chambre, toutes chofes qui rétréciffent le moral à un point qu'on ne fauroit dire.

L'éducation domeftique feroit infuffifante même quand on commenceroit par faire l'éducation de toute la maifon, maîtres & valets; auffi tous ceux qui ont écrit fur l'éducation veulent qu'on élève les enfans à la campagne, & exigent la perfection dans tous ce qui les entoure, & dans tout ceux qui contribuent à leur éducation; ils fuppofent qu'un père n'a aucune profeffion fociale à exercer, ni une mère aucun devoir de bienféance à remplir; ils fuppofent que les parens auront une fortune affez confidérable pour choifir les perfonnes qui entoureront les enfans, payer ceux qui les inftruiront & fournir à la dépenfe des divers objets relatifs aux connoiffances humaines qui entrent dans le plan de l'éducation fociale, & qu'on trouve dans les établiffemens publics; ils fuppofent enfin ce qui ne peut fe trouver que chez un petit nombre d'individus , & ils proposent par conséquent ce qui ne convient à personne.

L'éducation sociale doit-elle être une éducation particulière pour chaque profession sociale? non, il ne s'agit pas de former des gens d'église, des militaires, des magistrats, mais des hommes qui puissent devenir militaires, magistrats &c. Il n'y à qu'un seul enfant, dans la société, qui doive être élevé dans sa profession, & pour sa profession, parce qu'il ne peut pas en exercer d'autre, & qu'aucun autre ne peut l'exercer pour lui. C'est l'enfant Roi.

Mais où l'homme recevra-t-il l'éducation propre à sa profession?

Dans sa profession même.

Ainsi l'éducation de l'homme d'église sera dans le séminaire, ou dans sa paroisse.

L'éducation de l'homme de guerre dans son régiment.

L'éducation du magistrat, au barreau ; comme l'éducation du négociant est à son comptoir & celle de l'agriculteur à sa terre.

Mais si le jeune militaire doit recevoir l'éducation militaire dans son régiment, il faut donc que le régiment soit constitué de telle sorte qu'il puisse y recevoir cette éducation; & que l'éducation du régiment ne soit que l'application de l'éducation sociale à la profession militaire. On peut en dire autant de

B 2

toutes les profeſſions. Si mes contemporains regardent ces principes comme frivoles, ils ſont bien corrompus; s'ils en regardent l'exécution comme impoſſible, ils ſont bien foibles.

Les établiſſemens connus, en France, ſous le nom d'écoles militaires, ſont donc inutiles? entièrement. Ils n'ont ſervi qu'à placer des états-majors & à conſommer en pure perte les finances de l'état. Car que pouvoit-on apprendre dans une école militaire? la ſubordination? préciſément parce que l'école étoit militaire, il y avoit très-peu de ſubordination.

La décence des mœurs: préciſément parce que l'école étoit militaire, il y avoit peu de mœurs.

Les mathématiques: on ne les apprend pas dans une école militaire autrement que dans un collége.

La tactique: on ne l'apprend que dans les grandes manœuvres.

La ſcience de l'artillerie: on ne l'apprend qu'aux écoles d'artillerie.

Les fortifications: — aux écoles du génie, dans les places fortes.

L'art nautique: dans les écoles marines & ſur les vaiſſeaux.

Le maniement des armes & l'exercice: — c'eſt un art de huit jours, & ce n'eſt pas la peine d'élever à grands fraix des écoles militaires, pour y apprendre, en dix ans, ce

qu'on peut apprendre ailleurs en huit jours,
& pour y apprendre mal ce qu'on peut apprendre beaucoup mieux ailleurs. Les faits
viennent à l'appui du raifonnement. Je ne
crois pas que la France ait eu de plus grands
hommes de guerre depuis qu'elle avoit des
écoles militaires. Je tranche le mot; parce
que c'étoient des écoles militaires, parce que
les enfans y avoient des fufils & des épées,
parce qu'ils y faifoient l'exercice, parce que
l'on y enfeignoit tout, ... on n'y apprenoit rien.

Il faut donc des colléges tout fimplement,
des colléges-penfions.

CHAPITRE IV.

Des Colléges.

Je diftingue 1.º le nombre des colléges. 2.º
l'emplacement des colléges, 3.º les maîtres,
4.º les élèves, 5.º l'entretien phyfique, 6.º
l'entretien moral, ou l'inftruction.

Je ne pofe que les bafes; les détails trouveroient leur place dans des mémoires particuliers: c'eft le *plan* de l'édifice; mais ce n'en
eft pas le *devis*.

B 3

1.º Combien y aura-t-il de colléges ? autant qu'il en faudra pour recevoir les enfans de toutes les familles qui *devront*, ou qui *pourront* faire élever leurs enfans, de manière qu'il n'y en ait pas moins de 3co, ni plus de 5oo dans chaque collége. Je ne tiens pas à ces nombres plus qu'à d'autres. Les colléges ne doivent être ni trop, ni trop peu nombreux, il faut exciter l'émulation des enfans, celle des maîtres, & ne pas rendre impossible la surveillance des derniers.

2.º Où seront placés ces colléges ? à la campagne, si le besoin des classes *externes*, pour les enfans des familles moins riches, n'obligeoit pas de les placer dans les villes. Où qu'ils soyent placés, ils seront disposés, dans le royaume, relativement au nombre des familles qui *devront*, ou qui *pourront* faire élever leurs enfans. Dans une partie riche & peuplée, les colléges seront plus rapprochés que dans une partie pauvre & peu peuplée. Cependant, & j'en dirai tout à l'heure la raison, je désirerois qu'aucune famille ne fût pas, s'il étoit possible à plus de deux journées de distance du collége de sa province, ou de son arrondissement.

Les maisons publiques, qui peuvent être employées à former des colléges, existent par tout, & le gouvernement ne peut être embarrassé que du choix.

CHAPITRE V.

Des maîtres.

ELEVER tous les hommes sociaux, ou tous les hommes qui doivent former la société, c'est élever la société même. Or la société est un être perpétuel : donc il faut un instituteur *perpétuel*.

La société ne peut être élevée ni dans un même lieu, ni dans une seule personne, il faut donc un instituteur *universel*, qui puisse élever à la fois des personnes différentes, & en divers lieux.

Mais la société est *une*, & elle doit recevoir une éducation uniforme, malgré la succession des temps, la diversité des lieux & la multiplicité des personnes. Il faut donc un instituteur *uniforme* qui puisse donner la même éducation dans tous les temps, dans tous les lieux & à toutes les personnes.

Donc il faut *un* corps ; car un corps chargé de l'éducation publique est un instituteur *perpétuel*, *universel*, *uniforme*, quant au temps, aux lieux & aux personnes.

B 4

Ce corps seul chargé de l'éducation publique, doit-il être corps laïque ou corps religieux?

1.° Il n'existe point de corps laïque qui soit perpétuel, car tout corps qui peut se dissoudre à la volonté de ceux qui le composent, n'est pas un corps perpétuel, & s'il n'est pas *perpétuel* il ne peut être *universel* ni *uniforme*.

2.° Ces laïques auront, ou pourront avoir une famille, puisqu'ils ne seront pas engagés irrévocablement à la société. Ils appartiendront, par le fait, ou par le désir, beaucoup plus à leur famille qu'à la société, car l'homme naturel veut toujours l'emporter sur l'homme social, & la famille sur la société.

Il faut donc un corps religieux, un *ordre*; car il n'existe pas plus de corps sans *vœux*, qu'il n'existe de société civile sans religion publique.

Ici la philosophie me demande si les vœux sont dans la nature de l'homme?

Oui: ils sont dans la nature de l'homme social, car il est dans la nature de l'homme social d'employer toutes ses facultés à l'utilité de la société; il ne peut donc pas être contre la nature de l'homme social de s'engager envers la société, à employer à son usage, & pour toujours, toutes ses facultés, c'est-à-dire, son *esprit*, son *cœur* & ses *sens*, ou autrement, sa *volonté* par le vœu d'obéissance, ses *affections* par le vœu de pauvreté, ſes *ſens* par le vœu de chaſteté.. Ce qui n'eſt autre choſe que préférer la ſociété civile à la ſociété naturelle & les autres à ſoi.

Vous voulez donc, me dira-t-on, rallumer toutes les paſſions, en rétabliſſant *ce que les paſſions ont détruit.* Je veux tout ce qui eſt utile à la ſociété, lors même qu'il peut bleſ-ſer les paſſions des hommes; mais je veux éviter d'offenſer les préventions, même in-juſtes, des hommes, lorſqu'il n'en reſulte au-cune utilité pour la ſociété. La ſociété a be-ſoin de la choſe même, les préventions s'at-tachent au nom, on peut tout accorder.

Il faut l'apprendre à ceux qui l'ignorent, il faut le dire, aujourd'hui qu'on n'a beſoin, ni pour penſer, ni pour parler, d'un brevet ſigné d'Alembert ou Condorcet. La deſtruc-tion d'un corps célèbre, chargé de l'enſeigne-ment public, a été le fruit d'une manœuvre ténébreuſe, dont les fils déliés échappoient à la vue de ceux qu'ils faiſoient mouvoir; un coup mortel porté à la conſtitution religieuſe & politique des états, le premier acte de la révolution qui a anéanti la France, qui mé-nace l'Europe, & peut-être l'univers, de la grande révolution du chriſtianiſme à l'athéiſ-me. Qu'on n'accuſe pas l'auteur de préven-tion, car outre qu'il n'a pas pu juger ce corps célèbre, il a peut-être eu à ſe défendre de préjugés contraires de famille & d'éducation. Il y avoit des abus à réformer dans le régi-me de cet ordre fameux; mais on ſait aſſez que ce n'étoit pas aux abus qu'on en vouloit·

« La cour de Rome, dit Mr. le comte
» d'Albon fur cet événement, armée du
» glaive, s'avance pour confommer un facri-
» fice qui étonne l'univers. Sur un autel élevé
» par des mains *ennemies*, elle immole des vic-
» times dont elle n'ignore pas le prix, & qui
» n'auroient jamais dû tomber fous fes coups. »

Il faut donc un corps, un corps religieux,
un corps unique, chargé dans tout le royaume de l'éducation fociale & publique, parce que l'éducation eft *perfectionnement* & qu'un
corps feul peut perfectionner

Il faut un corps, parce qu'il faut dans
l'éducation publique perpétuité, univerfalité,
uniformité, même vêtement, même nourriture, même inftruction, même diftribution
dans les heures du travail & du repos,
mêmes maîtres, mêmes livres, mêmes exercices, uniformité en tout & pour tout,
dans tous les temps, & dans tous les
lieux, depuis Breft jufqu'à Strasbourg, & depuis Dunkerque jufqu'à Perpignan; le miniftre de l'éducation publique n'aura pas d'ordonnance à faire, fes fonctions fe borneront
à empêcher que d'autres n'en faffent, & à
prévenir toutes les innovations, même les
plus indifférentes en apparence, qui pourroient fe glifer dans des établiffemens nombreux & éloignés les uns des autres.

Il faut répondre aux objections. Comment former un corps en France dans l'état
où font les chofes?

1.° Il faut. . . . *vouloir* : c'eft, en tout, ce qu'il y a de plus difficile, car le gouvernement, ainfi que l'homme, prend fouvent fes *défirs* pour des *volontés*.

2.° Il faut prendre dans tous les ordres religieux tous ceux qui fe fentiront de l'attrait & des difpofitions pour embraffer ce nouvel état ; plier enfuite tous les *efprits*, tous les *cœurs*, tous les *corps*, fous un inftitut approuvé de l'Eglife & de l'Etat. Les commencemens feront imparfaits, comme tous les commencemens ; mais les corps ont bientôt perfectionné les hommes & les chofes. Il exiftoit en France un corps, chargé de l'enfeignement public des enfans du peuple, connu fous le nom de FF. des écoles chrétiennes, corps excellent, qui préfentoit, dans fes principes, fon objet & fes formes, plus d'une reffemblance avec le corps dont j'ai parlé, & dont l'inftitut, que peu de perfonnes connoiffent, eft un chef-d'œuvre de fageffe & de connoiffance des hommes. Ce corps a été formé, dans ce fiècle, par l'Abbé de la Salle, fimple chanoine de Rheims, qui n'avoit, pour une auffi grande entreprife, d'autre moyen que fa volonté ; mais qui, avec une volonté de fer, a furmonté des obftacles infurmontables. J'ignore s'il eft un faint aux yeux de la religion, mais il eft un héros aux yeux de la faine politique.

Les corps dégénèrent, dira-t-on, voyez les corps en France au moment de la révolution !

Les corps dégénèrent, quand ils ne sont pas occupés; & je veux les occuper.

Les corps dégénèrent, quand le gouvernement cesse de les protéger & de les surveiller; & je veux que le gouvernement les surveille & les protège.

Les corps dégénèrent, quand le gouvernement met le désordre dans leur sein, en s'immisçant dans leur administration intérieure; quand il établit des commissions, pour changer leurs règles, au lieu de maintenir l'ancienne discipline; & je veux que le gouvernement maintienne tout & ne change rien.

Les corps dégénèrent, parce que les hommes dégénèrent; & je veux former des corps pour empêcher les hommes de dégénérer.

Ce corps peut devenir redoutable. Cette objection sera faite par des sots & par des gens d'esprit. Les premiers la feront sérieusement, & les autres la feront *sans rire*. Quand ces corps leveront des troupes & fortifieront les collèges, le gouvernement fera marcher contre eux la *force* militaire, & je ne doute pas qu'il ne dissipe cette armée scholastique comme le gouvernement Espagnol dissipa des armées de missionnaires dans le Paraguay.

Vous voulez donc des moines? Je veux des religieux. J'en veux pour l'éducation publique; j'en veux pour d'autres objets, qui ne peuvent être confiés qu'à des corps; je veux conserver quelques maisons de cet ordre austère, banni de France & accueilli dans les

Cantons Suiffes, comme on conferve d'antiques armures, dont nos corps affoiblis ne
peuvent plus fupporter le poids. Il n'eft pas
à craindre que ces maifons deviennent trop
nombreufes; mais chez une nation vive &
fenfible, il faut un azyle hors de l'ordre commun, à des malheurs, à des fautes, à des
ames hors de l'ordre commun; combien,
après notre fatale révolution, de malheureux
ou de coupables, repouffés ou dégoûtés du
monde, iront enfevelir dans ces faintes retraites, leurs crimes ou leurs malheurs, & devenus frères, offriront enfemble au Dieu qui
pardonne & au Dieu qui confole les larmes
de la douleur & celles du repentir?

" L'oppreffeur, l'opprimé n'ont plus qu'un
" même azyle. " (*La H.*).

Mr. Bürcke a jugé l'utilité des corps & le
parti qu'un gouvernement *qui gouverne* pouvoit en tirer, en politique profond & impartial. Je regrette bien de ne pouvoir le citer.
Je le mettrois volontiers à ma place, & le
lecteur y gagneroit.

Les corps font dans l'effence d'une fociété
conftituée. Elle tend à faire *corps* de tous les
hommes, de toutes les familles, de toutes
les profeffions. Elle ne voit l'homme que dans
la famille, les familles que dans les profeffions, les profeffions que dans les corps. C'eft
là le fecret, le myftère, le principe intérieur
de la monarchie.

CHAPITRE VI.

Des Élèves.

Qui est-ce qui sera admis dans les collèges?

Les enfans de toutes les familles qui *devront* ou qui *pourront* leur faire donner l'éducation sociale ou publique. Ce texte demande un commentaire, & je prie le lecteur de remarquer comment le système général de l'éducation sociale me ramène sans cesse aux principes de la constitution des sociétés, & comment les principes de la constitution me ramènent au système général d'éducation. L'art tout seul ne produiroit jamais une concordance si parfaite.

Toute société suppose de la part de ses membres une réunion d'efforts & de travaux, dirigés vers sa *fin*, vers l'objet de sa volonté générale, la *conservation* des êtres sociaux, ou la conservation de la société.

Les différens travaux qu'exige la *conservation* de la société, forment les différentes professions.

La société des hommes extérieurs ou physiques est naturelle ou politique, les profesfions feront donc natuielles ou politiques, felon qu'elles feront néceffaires à la conferva-tion de l'une ou de l'autre fociété.

La fociété politique comprend les fociétés naturelles ou familles : donc la fociété politique comprendra les profeffions naturelles.

Les profeffions politiques ou fociales font *néceffairement* diftinguées des profeffions *néceffaires* à la confervation de la fociété naturelle ou des profeffions naturelles, par la raifon que la fociété politique eft *néceffairement* diftinguée de la fociété naturelle.

Les profeffions politiques ou fociales font les profeffions *néceffaires* à la confervation de la fociété politique, c'eft-à-dire, fans lef-quelles on ne fauroit concevoir la fociété po-litique.

Les profeffions royale, facerdotale, noble, c'eft-à-dire, militaires ou fénatoriales, (qu'il faut diftinguer de la profeffion judiciaire), font des profeffions politiques ou fociales, immédiatement *néceffaires* à la confervation de la fociété politique; car on ne fauroit conce-voir la fociété politique fans une profeffion qui la gouverne, & fans des profeffions qui la défendent.

Les profeffions naturelles font les profeffions immédiatement néceffaires à la confervation de la famille, c'eft-à-dire, fans lefquelles on ne fauroit concevoir la fociété naturelle ou la famille.

Les arts ou profeffions méchaniques font

des profeffions naturelles ou néceffaires à la
confervation de la fociété naturelle, puifqu'on
ne fauroit concevoir la fociété naturelle ou la
famille fans des arts ou profeffions qui la vê-
tiffent, qui la logent, même qui la nourrif-
fent ; car l'agriculture n'eft que la première
& la plus utile des profeffions naturelles ; mais
elle n'eft pas une profeffion fociale ou politique, puifqu'elle a exifté avant la fociété politique, qu'elle peut exifter fans la fociété
politique, & qu'ainfi elle n'a pas un rapport
direct & immédiat à la confervation de la fociété politique.

Il y a des profeffions qui n'ont pas de rapport néceffaire & immédiat à la confervation
de la fociété naturelle, ni à celle de la fociété
politique, & qu'on peut regarder comme des
profeffions mixtes. Elles tiennent à la fociété
naturelle qu'elles enrichiffent ou qu'elles amufent, & à la fociété politique qu'elles embelliffent, mais on peut concevoir l'une de ces
fociétés fans des profeffions qui l'enrichiffent
ou qui l'amufent, & l'autre fans des profeffions qui l'embelliffent : ces profeffions font le
commerce, les arts agréables, car on peut
concevoir la fociété naturelle & la fociété
politique fans commerce extérieur, fans poëtes, fans peintres, fans muficiens, même fans
avocats : ces profeffions font utiles, mais elles
ne font pas néceffaires : c'eft le luxe de
la fociété ; il ne faut pas le bannir, mais il
faut

faut le régler; & n'oubliez pas de remarquer comme une démonstration rigoureuse de mes principes sur les professions sociales, naturelles & mixtes, que ce sont ces dernières, celles qui ne sont pas immédiatement *néces-saires* à la conservation de la société naturelle, ni à celle de la société politique, qui ont troublé, en France, les deux sociétés, & fait la révolution qui les désole, en soulevant les professions naturelles contre les professions sociales.

Mais la société constituée classe les familles dans les professions respectives; il y a donc des familles sociales ou politiques, & des familles naturelles. Les familles politiques ou sociales sont nécessairement distinguées des professions naturelles; il y a donc des familles distinguées des autres familles; parce que des familles qui exercent des professions immédiatement nécessaires à la conservation de la société politique, sont nécessairement *dis-tinguées* de celles qui exercent des professions immédiatement nécessaires à la conservation de la société naturelle.

Les familles qui exercent une profession sociale ne peuvent se soustraire à cet engagement; il est donc nécessaire qu'elles se mettent en état de le remplir, en faisant donner à leurs enfans l'éducation sociale; &, si elles n'en ont pas les moyens, il est dans la nature de la société que la société, pour son intérêt

Tome III.   C

propre, vienne à leur fecours. Je ne fais que
revenir au premier état des chofes. L'éducation
fociale étoit un des principaux & peut-être le
feul objet d'un grand nombre de fondations
pieufes faites par la nobleffe dans les premiers
fiècles de la monarchie, fondations contre
lefquelles on a tant déclamé. Les monaftères
étoient, dans l'origine, des colléges; &
c'eft même une des raifons pour lefquelles ils
nous ont confervé les richeffes littéraires de
l'antiquité: nos rois eux-mêmes y étoient élevés,
& Louis le gros, entre autres, fut élevé au
monaftère de St. Denis avec les jeunes gens
des familles fociales, c'eft-à-dire avec la jeune nobleffe du royaume.

Alors on ne confioit pas l'éducation domeftique à des laquais ou à des femmes de
chambre, ni l'éducation fociale a des individus
qui ne fe livrent à cette profeffion que parce
qu'ils n'ont pu, ou parce qu'ils efpèrent en
exercer une autre, & qui ne peuvent par conféquent remplir leur devoir qu'avec dégoût
ou avec impatience.

Venons aux objections.

Si l'état eft obligé de faire élever les enfans des familles fociales qui n'auront pas les
moyens de les faire élever elles-mêmes, il en
réfultera:

1.° Une dépenfe confidérable pour l'état.

2.° Des fraudes de la part des familles.

3.° Une inégalité choquante entre les membres de la fociété.

Rép. Cette dépense est dans la nature de la société ; car c'est à la société & non aux familles qu'il importe qu'elles remplissent leurs engagemens envers la société : donc cette dépense est *nécessaire*, donc elle est possible ; je dis plus, l'éducation doit être le premier objet de dépense de la société, comme il doit être le premier objet de dépense de la famille.

Veut-on un apperçu pour ceux qui aiment à fixer leur idées ? 20,000 enfans aux frais de l'état ne feroient que dix millions, parce que, vû la diminution du signe, les pensions en France ne seront pas au dessus de 500 liv. Or pour calculer en politique, il faut mettre dans la recette ce qu'épargnera en frais de justice criminelle & de maisons de force, une bonne éducation donnée à la jeunesse.

2.° C'est pour que les hommes ne trompent pas l'état que je veux former les hommes. Les fraudes en ce genre sont plus aisées à prévenir qu'on ne pense, & ne nuisent jamais à la société. Il est bien moins préjudiciable à la société qu'elle fasse les frais de l'éducation de mille enfans pour lesquels elle ne devroit pas payer, qu'il ne l'est pour elle, que dix enfans ne reçoivent pas l'éducation qu'ils devroient recevoir. S'il y avoit eu une bonne éducation publique, la France n'auroit pas eu de révolution, parce qu'elle n'auroit pas eu de révolutionnaires.

3.° Il résulte, dira-t-on, de cette disposi-

C 2

tion une inégalité choquante entre les divers membres de la société. La réponse à cette objection demande une discussion plus étendue & qui va faire l'objet du chapitre suivant.

CHAPITRE VII.

Suite du même sujet, admission des familles dans les professions sociales.

LA société doit veiller à ce que les enfans de toutes les familles sociales reçoivent l'éducation publique ou sociale ; parce que la volonté générale de la société, qui a sa conservation pour unique objet, doit prendre tous les moyens d'assurer cette conservation : mais par le même principe, elle doit *nécessairement* encourager toutes les familles ou tous les individus qui veulent embrasser des professions sociales ; parce qu'une famille ou un individu qui embrasse une profession sociale, se dévoue à la conservation de la société. Il faut distinguer ici l'individu de la famille : l'individu peut ne dévouer que sa personne à la

conſervation de la ſociété, en embraſſant la
profeſſion ſacerdotale, militaire ou ſénatoriale;
il peut y dévouer ſa poſtérité ou ſa famille,
en l'élevant au rang de famille ſociale, ce
qu'on appelle ennoblir. Une famille peut
s'élever au rang de famille ſociale, par des
ſervices éclatans, dans quel genre que ce
ſoit, par continuité de ſervices militaires, ou
par acquiſition de charges ſénatoriales. Les
occaſions de rendre des ſervices éclatans à
la ſociété ſont rares, & les hommes qui peuvent les rendre ſont plus rares encore que les
occaſions. L'admiſſion dans des grades militaires aſſez élevés pour juſtifier la faveur de
l'ennobliſſement, en juſtifiant du mérite militaire du ſujet, ſuppoſe une carrière prolon-
gée dans un état périlleux, ou un mérite extraordinaire. Il faut, pour l'intérêt de la ſociété, que les familles puiſſent s'élever au
rang de familles ſociales par des voies moins
difficiles & plus acceſſibles au plus grand nombre des hommes; car la ſociété conſtituée ne
doit pas compter, pour ſa conſervation, ſur
les hommes ni ſur les occaſions extraordinaires: la nature fera naître, s'il en eſt beſoin,
les grands hommes & *les grands événemens.*

Quelle eſt l'obligation que la nature impoſe
à l'homme & à tous les hommes? Le travail.
L'homme qui travaille le plus & qui travaille
le mieux, remplit donc le mieux le devoir
que la nature lui impoſe: s'il remplit ſon de-

C 3

voir mieux que tous les autres, il mérite d'en être *distingué*.

Comment connoître dans la société celui qui travaille le plus & le mieux, ou qui remplit le mieux son devoir? Par un moyen sûr, infaillible, public, à l'abri de toute contestation; par l'état de sa fortune. Qu'on ne parle pas de bonheur, c'est toujours l'excuse de la paresse ou de l'ineptie. Bonheur est habileté. Celui qui s'enrichit, est donc celui qui travaille le plus & qui travaille le mieux, qui remplit plus parfaitement ses devoirs naturels, qui présente la meilleure caution de son aptitude à remplir les devoirs politiques, qui mérite d'être distingué & sa famille d'être ennoblie.

Nécessité de l'ennoblissement par charges. Ainsi l'homme qui ennoblit sa famille par acquisition de charge ne fait autre chose que prouver à la société qu'il a mérité que sa famille fût admise à remplir les devoirs politiques, par son application & son aptitude à remplir les devoirs naturels.

On ne peut rien opposer de solide à cette démonstration; mais les esprits subtils font des objections. Vous récompensez, me dira-t-on, les voies malhonnêtes de s'enrichir. Je ne veux pas qu'il existe des voies malhonnêtes de s'enrichir dans une société constituée, & l'on ne doit ni spéculer sur du faux papier, ni jouer à la hausse ou à la baisse, ni envoyer son voisin à l'échaffaut, ou en pays étranger, ou supposer qu'il y est, parce qu'on l'a forcé de se cacher, pour acheter son bien de ceux qui n'ont pas le droit de le vendre.

Vous établissez, me dira-t-on, la distinction des richesses. Non, j'établis la distinction du travail.

Vous inspirez le désir de s'enrichir. Non, mais l'ardeur louable de travailler, car il n'y a pas pour une famille de moyen plus assuré de s'appauvrir que de s'ennoblir ; & cela doit être ainsi, parce que tout autre désir que celui de l'honneur, tout autre attachement qu'à la société, doit être inconnu dans une famille sociale, & qu'il est moralement & politiquement utile qu'il y ait dans une société quelque chose que l'homme estime plus que l'argent, & qu'il y ait aussi un moyen de prévenir, sans violence, l'accroissement démesuré des fortunes, que produit à la longue dans la famille la profession héréditaire du commerce.

On ne doit, dira-t-on, s'ennoblir que par la vertu, ou par des services distingués. Par la vertu, non ; car la vertu elle-même est noblesse : par des services distingués, d'accord ; mais alors il ne s'ennoblira que deux familles par siècle, & les besoins de la société en exigent un peu plus. Toute famille n'exerçant pas une profession sociale, qui veut faire donner à ses enfans l'éducation sociale ou publique, annonce, par cela même, qu'elle a l'intention de rendre ses enfans utiles à la société, & peut-être de s'élever elle-même au rang de famille fociale ou diftinguée. La fociété ne doit pas payer l'éducation de ces enfans, parce qu'elle ignore s'ils voudront, ou s'ils pourront embraffer une profeffion fociale, ou fi cette famille aura les qualités néceffaires pour s'élever elle-même au rang de famille fociale; mais elle doit les admettre dans fes établiffemens publics, & leur faciliter ainfi les moyens de lui être utiles.

Ainfi la fociété admettra dans fes établiffemens d'éducation publique tous les enfans fains de corps & d'efprit dont les familles auront l'intention & les moyens de leur faire donner l'éducation fociale.

La fociété admettra-t-elle les enfans des juifs? non: car les juifs font hors de toute fociété politique, parce qu'ils font hors de toute fociété religieufe chrétienne.

Admettra t-elle les enfans de l'exécuteur des jugemens publics, & n'exerce t-il pas une profeffion fociale? on ne doit admettre dans les établiffemens publics d'éducation que les enfans nés dans les profeffions fociales honorées & honorables, ou ceux qui fe deftinent à en exercer de pareilles. Une profeffion fociale n'eft honorable & ne doit être honorée que lorfque les devoirs qu'elle prefcrit fe joignent à une idée de vertu, c'eft-à-dire, de facrifice & de danger; or, dans la profeffion d'exécuteur des jugemens publics, il n'y a nul danger à craindre, & il n'y a d'autre facrifice à faire que celui de la compaffion naturelle à

l'homme pour son semblable, sacrifice que
l'homme ne peut faire sans crime ou sans in-
famie.

Je prie mon lecteur de penser que je n'aurois pas élevé une pareille question, si elle
n'eût été agitée dans *l'assemblée constituante*,
& s'il ne m'eût paru utile de lui faire observer la raison pour laquelle la profession d'exécuteur des jugemens publics est infâme dans
une société constituée , & pourquoi elle ne
l'est pas, ou elle l'est moins dans une société
non constituée ou peu constituée , & qui se
rapproche par conséquent des sociétés dans
l'état sauvage. Il est dans la nature des choses que la profession qui *détruit* soit moins
odieuse dans une société qui ne *conserve* pas.

C'est dans le même principe qu'il faut chercher la raison de la loi qui, dans plusieurs
états de l'Europe, soumet les jugemens à
mort à la ratification du prince. Le motif est
louable, mais l'effet est nul ou dangereux, &
le principe faux. L'effet est nul ; parce que
le prince ni son conseil ne doivent ni ne peuvent être plus instruits que les tribunaux ;
l'effet est dangereux, parce que le prince
substituant son *pouvoir* particulier au *pouvoir*
général, dont les tribunaux font *l'action*, ac-
cordera le pardon des crimes les plus graves
par la répugnance que l'homme social éprouve à contribuer à la mort de son semblable,
lorsqu'il est maître de lui donner la vie ; le
principe est faux, parce que le prince, com-

me la divinité, ne doit *agir* que pour *conferver*. Dieu *laiſſe périr*, mais il ne *détruit* pas.
Pierre I. exécutoit lui-même à mort, & il eſt,
pour un roi, à peu près égal d'en ſigner la
ſentence. La conſtitution de la ſociété ne
permet pas au roi de ſigner un arrêt de mort,
même d'y aſſiſter, encore moins d'être pré-
ſent à l'exécution d'un criminel. Telles étoient
les mœurs en France, c'eſt-à-dire, la conftitution ; & je crois même que, hors les crimes dont le roi lui-même ne pouvoit pas
accorder la grâce, la rencontre inopinée du
monarque dans le lieu où alloit ſe faire une
exécution, auroit ſauvé la vie au coupable.
On voit, quelquefois, chez les étrangers,
des malfaiteurs condamnés à la chaîne travailler dans le palais & ſous les yeux de leur ſouverain. Nos mœurs défendoient au roi d'arrêter ſes regards ſur le ſpectacle du malheur
& de la ſervitude : ſes yeux ne pouvoient ren-
contrer que le bonheur ou le produire. Et
c'eſt contre la royauté, ce ſecond bienfait de
l'être ſuprême, que des furieux qui, pour
fonder un gouvernement, ne ſavent que haïr
& jurer, exhalent des ſermens de haïne ! mais
d'autres auſſi lui ont juré *amour*, & dans la
nature éternelle des êtres, *l'amour* doit l'emporter ſur la *haine*, comme l'être ſur le néant.

CHAPITRE VIII.

Suite du même sujet, conditions de l'admission des Elèves.

LES enfans seront envoyés dans le collége de leur arrondissement, ou de leur province, & cette condition sera d'absolue, de première nécessité.

1.° Il ne peut y avoir de motif au déplacement; 2.° il y a mille raisons contre le déplacement.

Il n'y a nul motif au déplacement, puisque la plus entière, la plus constante uniformité doit régner dans tous les colléges. J'excepte le seul cas où il seroit reconnu & constaté que la santé d'un enfant exige une température différente de celle du lieu où est situé son collége naturel. Alors le ministre accorderoit la dispense, parce que la société ne peut jamais demander à un enfant le sacrifice de sa vie.

Il y a mille raisons contre le déplacement: raisons politiques, raisons économiques, raisons physiques, raisons morales.

Raifons politiques: 1.° Puifque les colléges font placés dans le royaume relativement
au nombre des fujets que chaque arrondiffement peut fournir, eu égard à fa richeffe &
à fa population, c'eft déranger cette proportion néceffaire que d'envoyer dans un collége
les enfans qui appartiennent à un autre.

2.° L'état feroit expofé à voir un collége
regorger de fujets, & un autre n'en avoir pas
affez; parce qu'il n'y a rien de plus commun
dans les provinces, qu'un engouement fans
raifon pour un collége, ou une prévention fans
motif contre un autre. Les gens peu inftruits
jugent du mérite des colléges par les talens
des fujets qui en fortent; comme fi l'éducation pouvoit donner des talens à ceux à qui
la nature les a refufés, ou les ôter à ceux à
qui la nature les a donnés.

3.° L'éducation qui réunit les enfans d'une
même ville, d'une même province, fortifie
les liens puiffans & précieux de parenté, d'a-
mitié, de voifinage, de patrie commune;
elle difpofe les familles à fe lier par les fentimens, à s'entr'aider par les fervices, à s'unir
par les alliances: la fociété rapproche ainfi
ceux que la nature a déjà rapprochés, elle
réunit les individus, fans confondre les profeffions; car les hommes font égaux aux yeux
de la fociété comme aux yeux de la nature
& de la religion; les profeffions feules font
diftinguées.

Raifons économiques; 1.° Il y aura pour

les parens ou la société moins de frais de voyage & de retour.

2.º Le prix de la pension sera mieux proportionné aux fortunes dans chaque canton. Car le prix des pensions & la quotité des fortunes sont, dans chaque partie du royaume, en proportion égale & commune avec le prix des denrées.

3.º La proximité des parens peut permettre de laisser à leur compte certains objets, comme gros entretien & renouvellement des linge & chaussure, objets peu dispendieux & faits avec soin dans une famille, tandis qu'ils sont très-coûteux & mal exécutés dans un établissement public.

Raisons physiques : 1.º l'air natal est toujours plus analogue au tempéramment d'un enfant.

2.º Il peut, en cas de maladie grave, être soigné, hors du collége, par ses parens, dont la société ne peut remplacer les soins, ou être renvoyé dans sa famille pour rétablir sa santé.

Raisons morales : 1.º la proximité des parens permet aux maîtres d'employer, sur les enfans, le motif d'encouragement ou de répression le plus naturel & le plus moral : la crainte de déplaire aux parens, ou le désir de leur être agréable ; motif sans force, lorsque l'enfant ne peut voir ses parens, ni le maître les faire venir, mais motif que l'éducation sociale doit employer préférablement à tout autre ;

car il faut sans cesse que la société reporte l'homme à sa famille, & que sa famille le rende à la société.

2.° On balancera moins à expulser un mauvais sujet d'un collége, lorsqu'on pourra le renvoyer dans un ou deux jours chez ses parens, & l'on aura moins de sujets à chasser, lorsqu'on pourra les renvoyer avec plus de facilité; d'ailleurs les parens instruits à temps & convaincus de la nécessité du renvoi par le témoignage de leurs yeux, peuvent le prévenir en retirant l'enfant, sous quelque prétexte.

3.° Des enfans élevés avec des camarades de fortune à peu près égale, ne perdront pas de vue leur famille, & ils ne rougiront pas de la modestie de leurs parens, ou de la simplicité du toît paternel.

Toutes ces raisons ne peuvent s'appliquer avec la même justesse aux habitans de la capitale, ou bien elles sont contrebalancées à leur égard par des raisons supérieures. Il y a de grands inconvéniens moraux à faire élever, à Paris, les enfans de province; il y a des avantages moraux & physiques à faire élever, en province, les enfans de Paris. Il y a encore des considérations politiques. 1.° Paris, par sa population & sur-tout par sa richesse, peut fournir un très-grand nombre de sujets qui alimenteront les colléges de provinces, permettront de les répandre un peu plus uniformément dans le royaume; &

l'on ne fera pas obligé d'entaffer vingt collèges dans une feule ville, tandis qu'il y en auroit à peine un dans deux provinces.

2.° Il y a un avantage réel à lier ainfi & à rapprocher les familles de la capitale de celles des provinces.

3.° Les perfonnes qui tiennent beaucoup à la perfection du langage verront dans cette communication entre les enfans de la capitale & ceux des provinces un moyen de faire difparoître peu à peu l'accent & les locutions vicieufes des provinces.

Objections. La proximité des parens ne permettra-t-elle pas des vifites réciproques ou des communications plus fréquentes que ne demanderoit l'intérêt de l'éducation? Non; hors le cas de maladie grave, & l'avis qui en fera donné par le fupérieur aux parens, ceux-ci ne pourront venir voir leurs enfans qu'un nombre de fois déterminé dans l'année, à moins que pour le bien de l'éducation les maîtres ne jugent à propos de les faire venir extraordinairement. Toute communication, hors des communications ordinaires, tout envoi fecret d'argent ou de comeftibles feront févèrement interdits; enfin les parens ne pourront jamais faire venir l'enfant chez eux: hors le cas de maladie grave, reconnu & conftaté, un enfant ne fortira du collège que pour n'y plus rentrer. Le miniftre lui-même ne pourra donner des difpenfes de ces réglemens, parce que là où la natu-

re des chofes fait des loix, elle ne donne pas
à l'homme le pouvoir d'en faire de contraires.

Autre objection d'une grande force.

Les enfans élevés dans leur province en
conferveront l'accent. C'eft effectivement un
défaut d'harmonie & d'enfemble dans la fociété, lorfque les uns prononcent l'*e* trop ou-
vert & les autres trop fermé, mais pourvu
qu'il n'y en ait pas d'autre, je penfe que la
fociété peut fe maintenir malgré les gafconif-
mes des uns & les normanifmes des autres.
Henri IV parloit gafcon, & la cour à fon
exemple, mais comme il avoit l'*efprit* droit,
le *cœur* fenfible & le *corps* robufte, il n'en gou-
vernoit pas moins bien le royaume, & même
dans les circonftances les plus difficiles. D'ailleurs on peut attendre des progrès de l'éducation que les accens particuliers s'effaceront
infenfiblement. La fréquentation des maîtres
étrangers à la province où ils feront placés,
élevés dans la capitale, peut hâter les progrès
du bon langage; car fi les enfans doivent
être près de leur famille, puifqu'ils lui appartiennent encore, & qu'ils lui feront rendus
un jour, des religieux n'appartiennent plus
qu'à leur corps & à la fociété, & doivent être
éloignés de leur famille qui ne feroit que les
diftraire. Je vais plus loin, & je parle en politique & non en académicien. On doit laiffer
à chaque province fa langue particulière. C'eft
une barrière que la fage nature met aux progrès

grès des innovations, & encore aujourd'hui, comme autrefois, *la diversité des langues empê-che que l'édifice de l'orgueil & de l'impiété ne s'a-chève.* C'est le moyen le plus efficace que la nature puisse employer pour la conservation de l'espèce humaine. La révolution a pénétré plus lentement & n'a jamais été bien affermie dans les provinces du midi de la France, dans la basse Bretagne, dans le pays des Basques, dans l'Alsace, dans toutes les parties du royaume où l'on ne parloit pas la langue de la capitale. On dit que l'empereur Joseph II vouloit, dans une partie de ses états, substituer la lan-gue allemande à la langue hongroise : une saine politique lui eût conseillé de substituer plutôt la langue hongroise à la langue alle-mande ; & une politique encore plus éclairée lui eût conseillé de laisser les diversités là où la nature les a placées. Dans mon système d'éducation, je ne veux pas que les enfans, même ceux des familles sociales, oublient la langue du peuple avec lequel ils doivent trai-ter, que souvent ils doivent éclairer, & qui regarde comme une fierté déplacée qu'on ne lui parle pas sa langue naturelle. La politique contraire est de la politique de bel esprit ; ce n'est pas de la politique d'homme d'état.

Après ce que j'ai dit de l'uniformité abso-lue qui devoit régner dans tous les colléges, & pour tous les élèves, il est inutile d'ajou-ter que toute distinction dans l'éducation

Tome III. D

pour un enfant, quel qu'il fût, feroit févèrement interdite, & qu'on en banniroit fur-tout
le luxe des précepteurs particuliers, & l'abus
des domeftiques.

CHAPITRE IX.

Entretien phyfique des enfans.

L'AUTEUR s'eft interdit les détails; ainfi,
fur tout ce qui a rapport à l'entretien phyfique des enfans & qui comprend le logement,
le vêtement, la nourriture, le foin du corps
& de la fanté, les heures du travail & du repos, les exercices du corps & les jeux, il
renvoye au temps où l'on pourroit en avoir
befoin, à communiquer le réfultat d'obfervations commencées de bonne heure & fui-
vies avec foin : on trouvera auffi dans Locke
& dans J. J. Rouffeau d'excellentes chofes fur
cet objet important & trop négligé.

CHAPITRE X.

Entretien moral ou Instruction des enfans.

Je reviens à l'homme.

L'homme est *Esprit*, *cœur* & *sens*, intelligence, amour, force.

La combinaison de tous ou de quelques-uns de ces trois agens forme la mémoire, le jugement, l'imagination, le goût, la sensibilité, le caractère ou l'humeur, le tempéramment &c. &c. La perfection ou l'imperfection de ces facultés, la supériorité des unes sur les autres dépend de la perfection respective & relative de ces agens & de la quantité dont chacun entre, si je puis m'exprimer ainsi, dans la composition de l'homme.

Cette analyse seroit curieuse; mais elle me mèneroit trop loin.

L'éducation doit développer & perfectionner, dans l'homme, toutes ces facultés, autant qu'elles en sont susceptibles; & lorsqu'elles sont développées & perfectionnées, l'homme est capable de s'acquitter des divers emplois que la société lui confie, & d'être, suivant son goût & les circonstances, homme d'Eglise, d'épée, de robe, c'est-à-dire, qu'alors l'homme social est formé & que le but de l'éducation sociale est rempli.

Peu d'hommes naissent avec une aptitude particulière & déterminée à un seul objet, qu'on appelle *talent*: c'est un bienfait de la nature, si les circonstances en secondent le développement & l'emploi; c'est un malheur, si elles le contrarient; quoiqu'il en soit, l'éducation doit développer le talent qui est l'aptitude à faire une chose, ou donner à l'homme des dispositions à faire indifféremment plusieurs choses.

Commençons par les facultés de l'esprit. J'en distingue quatre: la mémoire, le jugement, l'imagination, le goût. Toutes les facultés, avons-nous dit, se forment par l'exercice.

Donc, pour former la mémoire, il faut apprendre: car la mémoire est l'art de retenir ce qu'on apprend.

Pour former le jugement, il faut comparer: car le jugement est comparaison.

Pour former l'imagination, il faut inventer ou composer; car l'imagination est invention.

Pour former le goût, il faut distinguer; car le goût est distinction.

Or je soutiens qu'il n'y a que l'étude d'une langue étrangère qui puisse accoutumer, dès l'enfance, l'esprit à retenir, à comparer, à imaginer, à diftinguer, qui puiffe exercer dans l'enfant, la mémoire, le jugement, l'imagination, le goût, c'eft-à-dire, exercer fes facultés fpirituelles, fon *efprit*.

1.° L'étude d'une langue étrangère exerce la mémoire; car qu'y a-t-il de plus difficile à apprendre, à retenir que de donner aux idées des fons différens de ceux qu'on leur a donnés dès fa plus tendre enfance, & qu'on leur donne tous les jours & à tout inftant?

Il eft évident par cette raifon que fe borner à apprendre par cœur des morceaux de vers ou de profe dans fa langue naturelle peut meubler, orner la mémoire, mais ne l'exerce pas.

2.° L'étude d'une langue étrangère exerce le jugement; parce qu'il faut continuellement traduire fa langue naturelle dans cette autre langue: or traduire, c'eft comparer.

Il n'eft pas moins évident qu'on ne peut pas exercer fon jugement en fe bornant à l'étude de fa langue naturelle, parce que, pour comparer, il faut deux objets.

3.° L'étude d'une langue étrangère exerce l'imagination; puifqu'elle force à compofer, à imaginer, non feulement la penfée, mais l'expreffion même de la penfée.

Il eft évident qu'en compofant dans fa langue naturelle feulement, on n'exerce pas autant l'imagination, que d'ailleurs on n'exerce que l'imagination feule, au lieu qu'en compofant dans une autre langue que la fienne, on exerce, en même temps, la mémoire, le jugement, l'imagination & le goût, c'eſt-à-dire, on ſe rappelle, on traduit, on invente, on diſtingue ; car il faut tout cela même dans la plus platte amplification.

4.° L'étude d'une langue étrangère exerce le goût, car le goût eſt auſſi jugement ; jugement rapide, de ſentiment ou d'inſtinct plutôt que de réflexion ; diſtinction que nous faiſons, malgré nous-mêmes, des beautés & des défauts d'un ouvrage, ou de pluſieurs ouvrages, & il réſulte à la fois, d'une mémoire exercée, d'un jugement perfectionné, & d'une imagination vive. Car quelle que ſoit la rapidité de ce ſentiment qu'on appelle goût, lorſqu'il réprouve, par exemple, un défaut dans un ouvrage, la mémoire préſente ce qu'il faudroit y ſubſtituer, ou l'imagination l'invente, & dans les deux cas le jugement le compare. Je ne ſais même, s'il ſeroit poſſible aux enfans de prêter la même attention à des études faites uniquement dans leur langue naturelle, à cauſe de l'extrême habitude de la parler, ou, ſi l'on ne courroit pas le riſque d'en faire des pédans qui analyſeroient toutes leurs paroles, & comme M. Jourdain, ſeroient tout émerveillés d'avoir fait, ſi long-temps, de la proſe ſans le ſavoir.

Apprendra-t-on une langue vivante ou une langue morte ?

1.° Il n'y a pas de langue vivante dont l'utilité ſoit aſſez générale ni pour le lieu ni pour les profeſſions.

Apprendra-t-on l'italien à Bayonne, ou l'eſpagnol à Strasbourg ?

Un enfant deſtiné à l'état eccléſiaſtique apprendra-t-il l'anglois, & celui qui doit ſervir dans la marine apprendra-t-il l'allemand ?

Apprendra-t-on toutes les langues ? C'eſt le moyen d'oublier même la ſienne.

2.° Il n'y a pas de langue vivante qui ſoit entièrement fixée, parce qu'il n'y a pas de ſociété parfaitement conſtituée ; plus la ſociété eſt conſtituée, plus la langue eſt fixée ; plus elle eſt fixée, plus elle ſe répand, plus elle approche d'être univerſelle, & nous voyons par cette raiſon, la langue françoiſe devenir la langue univerſelle de l'Europe.

3.° Il n'y a pas de langue vivante qu'un jeune homme, dont la mémoire, le jugement & l'imagination ſont exercés, n'apprenne facilement dans deux ans, & cette étude peut faire partie des études particulières de la profeſſion.

Il faut donc apprendre une langue morte.

Quelle langue morte doit-on apprendre ?

1.° La plus générale quant aux lieux & aux profeſſions.

2.° Celle dans laquelle il y a le plus d'ouvrages capables de former le cœur & l'eſprit.

3.° Celle qui a le plus d'analogie avec ſa

D 4

langue naturelle & avec le plus grand nombre des langues vivantes.

Or la langue latine réunit tous ces avantages.

1.° Elle eſt la racine des langues françoiſe, italienne, eſpagnole; on ne peut connoître les beautés, les reſſources, la force, l'ortographe de ces langues, ſi l'on ne connoit la langue latine, & on en retrouve quelque choſe dans toutes les langues de l'Europe policée.

2.° Elle eſt univerſelle quant aux lieux; car dans toute l'Europe policée il n'y a pas de village où quelqu'un n'entende cette langue & ne puiſſe la parler, & elle eſt preſque langue uſuelle dans certaines parties de l'Europe.

Elle eſt univerſelle quant aux profeſſions: elle eſt la langue de la religion chrétienne ou de la théologie, de la juriſprudence, de la médecine, de la philoſophie, elle eſt la langue de la politique & de l'art militaire, puiſqu'elle eſt la langue de Tacite & de Céſar.

C'eſt à-dire que l'Europe religieuſe & l'Europe ſavante ont une langue commune, & l'Europe politique des langues différentes, & cela doit être ainſi pour la conſervation de l'eſpèce humaine; car il faut que les hommes ſoient réunis par le lien de la religion & des connoiſſances utiles & communes à tous, & que les ſociétés ſoient ſéparées par des gouvernemens particuliers.

3.° Aucune autre langue que la langue latine n'offre, dans tous les genres, des ouvrages plus propres à développer, à faire
éclorre les talens d'un jeune homme, fans
danger pour fes mœurs.

L'hiftoire du peuple célèbre qui l'a parlée,
offre les plus beaux traits de courage, de défintéreffement, de magnanimité, d'amour de
la patrie; & ces exemples, quoique puifés
dans l'hiftoire d'une république, feront fans
danger pour les fentimens politiques d'un jeune homme, lorfqu'on aura foin de lui faire
remarquer le principe de tout ce qu'on voit
de beau, de grand, d'élevé, chez les Romains, dans la partie monarchique de leur
conftitution; & le principe de tous les vices
& de tous les défordres de leur gouvernement
dans fa partie démocratique.

Les langues, particulièrement la langue françoife, ont des écrivains & des poëtes entr'autres, comparables, ou mêmes fupérieurs aux
plus célèbres écrivains de l'antiquité; mais il
faut obferver qu'ils ne fauroient convenir auffi
bien que ceux-ci à l'éducation des enfans;
parce que les anciens poëtes qu'on peut mettre
dans les mains des jeunes gens, chantent la gloire, l'émulation, la paffion de dominer, paffion
de l'homme naturel, & la feule que le jeune
homme doive éprouver, parce qu'il eft encore
homme naturel, au lieu que les poëtes modernes peignent le fentiment l'amour, qui appartient plus à l'homme focial, & que le jeune

homme ne doit pas connoître, parce qu'il n'est pas encore homme social ; ensorte qu'on peut dire que les auteurs républicains conviennent, sous ce rapport, mieux que les monarchiques, à l'éducation publique, parce que les enfans au collége sont entre eux dans un état républicain, puisque les distinctions n'y sont pas permanentes, & qu'ils ne reconnoissent entre eux d'autre supériorité que celle de l'esprit & du corps (*). Et c'est précisément ce qui développe l'un & l'autre.

L'homme, comme la société, commence donc par l'état sauvage.

(*) Au collége tant que les enfans sont très-jeunes & dans les classes inférieures, ils ne se considèrent entre eux que par les avantages du corps, la force ou l'adresse, nécessaires à leur développement physique: à mesure qu'ils croissent en âge & en connoissances, ils font plus de cas des qualités de l'esprit, nécessaires au perfectionnement de l'homme moral, & ils estiment davantage ceux qu'on appelle de *bons écoliers.* Mais si les plus *forts* ou les plus *habiles* sont admirés de leurs camarades, il faut, dans tous les âges, pour en être aimé, avoir *un bon caractère.* Voilà précisément la société: dans son enfance elle n'estime que les vertus guerrières, par lesquelles elle s'étend au dehors. A mesure qu'elle se civilise, elle honore davantage les sciences, les arts utiles, les vertus pacifiques, par lesquelles elle se perfectionne au dedans; mais dans tous ses périodes, le principe de sa conservation ne peut être que l'amour des hommes les uns pour les autres.

CHAPITRE XI.

Suite du même Sujet.

L'ÉDUCATION publique doit former le cœur: 1.° En excitant sa sensibilité , par l'amitié.

2.° En dirigeant ses affections par la religion.

3.° En réprimant ses saillies par la contradiction.

C'est le triomphe de l'éducation publique: & il ne dépend pas de l'habileté des maîtres, comme les progrès de l'esprit ; il est le résultat *nécessaire* du rapprochement d'un grand nombre d'enfans.

Dans la famille, l'attachement est de devoir, & l'amitié est déplacée, parce qu'elle suppose *exclusion*, *préférence* ; mais dans le collége, la conformité seule d'âge, d'humeur & de goûts, forme, dans ces ames simples, ces nœuds que l'intérêt n'a pas serrés, que l'intérêt ne peut briser, ces liaisons qu'on entretient, ou qu'on renoue avec tant de plaisir dans un autre âge. Ce n'est pas dans l'édu-

cation publique que l'égoïsme a pris naissance, il est le triste & chétif avorton de l'éducation domestique.

L'éducation publique dirige les affections
par la religion.

On peut *instruire* les enfans à la maison;
on ne peut les *toucher* qu'à l'Eglise; or c'est
bien moins l'esprit des enfans qu'il faut éclairer, que leur cœur qu'il faut émouvoir. On
ne peut entraîner que les hommes assemblés,
parce qu'à cause de cette chaîne électrique
& sympathique qui lie, entr'eux, des hommes réunis dans un même lieu, & qui les lie
tous à l'homme qui leur parle, il suffit pour
les entraîner tous, d'en ébranler quelques-
uns, & l'on n'est pas capable de rapprocher
deux idées, lorsqu'on ne sent pas l'avantage
étonnant qu'un homme éloquent & sensible
peut prendre sur des enfans, pour leur inspirer le sentiment des grandes vérités de la religion, soit en intéressant leur sensibilité, soit
en ébranlant leur imagination.

L'éducation publique n'est pas moins propre à réprimer les saillies du caractère par la
contradiction.

Dans l'éducation domestique même la plus
soignée, l'enfant voit tout le monde occupé
de lui; un précepteur pour le suivre, des
domestiques pour le servir, quelquefois les
enfans du voisin pour l'amuser, une maman
pour le caresser, une tante pour excuser ses
fautes; il aura éprouvé des résistances de la

part de ses supérieurs, ou des bassesses de la part de ses inférieurs, mais il n'aura pas essuyé de contradiction de la part de ses égaux; & parce qu'il ne l'aura pas essuyée, il ne pourra la souffrir.

Cette contradiction si utile s'exerce par la collision des esprits, des caractères & quelquefois des forces physiques. Elle abaisse l'esprit le plus fier, assouplit le caractère le plus roide, plie l'humeur la moins complaisante. Et l'on sent à merveille que les graves reproches de M. l'Abbé à un enfant qui a de l'humeur, les petites mines de la maman & les sentences de la tante ne produisent pas, pour l'en corriger, l'effet que produiroit l'acharnement d'une demie douzaine d'espiégles à contrarier le caractère bourru de leur camarade.

Enfin l'éducation publique exerce & développe le physique des enfans, par l'emploi de la force, & à cet égard en laissant au génie inventif des jeunes gens toute la latitude qui pourroit s'accorder avec les précautions que demandent la vivacité de leur âge & la foiblesse de leurs corps, il ne seroit peut-être pas inutile d'établir des jeux où la force & l'adresse pussent obtenir des prix.

Je veux donc qu'on apprene le latin, qu'on fasse *ses classes*, qu'un enfant, fasse sa sixième, cinquième, quatrième, troisième, humanités, rhétorique & philosophie, comme l'on faisoit il y a cent ans: je ne veux cependant

pas qu'on fe borne uniquement au latin; &
de claffe en claffe, il y aura des études ana-
logues à l'âge & à la conception des enfans,
en petit nombre cependant, pour ne pas fur-
charger leur efprit. Et comme l'éducation eft
fociale, & que les élèves font deftinés à
exercer une profeffion fociale, ils n'appren-
dront rien que de focial, c'eft-à-dire, qu'ils
ne s'encombreront pas la mémoire d'une foule
de demi-connoiffances auxquelles la philofophie moderne attachoit un grand intérêt,
parce que, difoit-elle, elles rapprochoient
l'homme de la nature, c'eft-à-dire, de la nature brute & fauvage, & non de la nature
perfectionnée de la fociété, connoiffances qui
ne formoient ni l'*efprit*, ni le *cœur*, connoiffances qui peuvent trouver leur place dans les
études particulières qu'exige un art, une
fcience, mais qui font entièrement inutiles
à celui qui fe deftine à exercer des fonctions
fociales.

Les enfans feront donc plufieurs années
dans les colléges, & je crains encore qu'ils
n'en fortent trop tôt. Je me méfie beaucoup
de ces petits merveilleux qui ont tout vu,
tout appris, tout fini, à quinze ans; qui
entrent dans la fociété avec une mémoire
fans jugement, une imagination fans goût,
une fenfibilité fans direction, & qui, mauvais
fujets à feize ans, font nuls à vingt.

Je voudrois, & pour caufe, que l'éducation
fe prolongeât jufqu'à la 17, ou 18ème an-

née, moins pour orner l'*esprit* que pour former le *cœur* & veiller sur les *sens*, & que cette
époque critique se passât dans la distraction,
le mouvement & la frugalité du collège, plutôt que dans l'oisiveté, les plaisirs & la bonne chère du monde.

Il faut que les parens se persuadent que
l'éducation sociale n'a pas pour objet de rendre les jeunes gens savans, mais de les rendre bons & propres à recevoir l'éducation
particulière de la profession à laquelle ils sont
destinés, & qu'ils sont dans le collège, bien
moins pour s'instruire, que pour s'occuper.

Que saura donc le jeune homme en sor-
tant du collège ? rien, pas même ce qu'il y
aura étudié, car on ne sait rien à dix-huit ans.
Mais il aura appris à retenir, appris à comparer, appris à imaginer, appris à distinguer,
appris à connoître l'amitié & à savoir diriger
ses affections naturelles & sociales, appris à
réprimer son humeur, à modérer ses saillies,
appris à faire usage de ses forces, appris à
occuper son *esprit*, son *cœur* & ses *sens*, appris à obéir sur-tout, appris enfin........à
tout apprendre.

Le jeune homme, élevé dans la maison, sous
les yeux d'un instituteur vigilant & vertueux,
comme on en trouve, & de parens exemplaires,
comme il y en a tant, saura beaucoup plus ;
il saura ce qu'on ne lui aura pas appris, &
même ce qu'on n'aura pas voulu lui apprendre ; il aura eu *toutes sortes* de maîtres ; il

aura dans la tête beaucoup de jolis vers: il
faura déclamer quelque scène de Racine dont
il comprendra l'intention, fans en fentir les
beautés; il aura collé des plantes, & cloué
des papillons, & se croira des connoiffances
de Botanique & d'hiftoire naturelle; mais il
n'aura ni jugement, ni imagination; il aura,
peut-être, des attaques de nerfs, & n'aura
pas de fenfibilité, il aura des paffions & n'aura pas des fens.

On ne manquera pas de me dire qu'il y a
des fujets qui ne réuffiffent pas dans l'éducation publique, & d'autres qui réuffiffent dans
l'éducation domeftique, qu'eft-ce que cela
prouve?

D'abord il faut favoir ce qu'on entend par
réuffir dans une éducation. Ce n'eft pas y devenir favant, car le plus habile écolier ne fait
rien, quand il fort du collége; c'eft devenir
capable de favoir; & j'oferai dire à cet égard
qu'il n'eft pas impoffible qu'un fujet ait été
médiocre dans le cours de fes études, & qu'il
foit cependant très-capable d'apprendre, &
qu'il parvienne même à acquérir les connoiffances propres à fon état. Il eft, au moral
comme au phyfique, des êtres qui ne fe développent que fort tard & feulement fur un
objet particulier. Un jeune homme a réuffi dans
fon éducation lorfqu'il y eft devenu meilleur;
s'il n'acquiert pas les connoiffances qu'exige
la profeffion à laquelle il eft appellé, il en au-

ra

ra les vertus, & les vertus font, en tout genre, les premières connoiffances, comme les
plus utiles. Si, fous ce dernier rapport, un
fujet a réuffi dans l'éducation domeftique, il
auroit encore mieux réuffi dans l'éducation
publique; s'il n'a pas reuffi dans l'éducation
fociale, il auroit encore plus mal tourné dans
l'éducation particulière : il en réfulte qu'il y
a des fujets pour qui la nature a tout fait &
que les hommes ne peuvent détériorer, &
d'autres pour qui la nature n'a rien fait & que
la fociété ne peut rendre meilleurs: il faut
en conclure qu'il y a des hommes que la nature deftine à être gouvernés & d'autres qu'elle deftine à gouverner, fi ce n'eft par l'autorité des places, au moins par celle de la raifon
& de l'exemple; car la nature, pour l'intérêt de la fociété, accorde toujours aux hommes inftruits & vertueux l'autorité fur les autres, que fouvent le gouvernement leur
refufe.

Au refte il ne faut pas que l'adminiftration
prenne des programmes de collége pour fes
liftes de promotion. Ces réputations naiffantes ont befoin de l'épreuve de l'expérience &
du temps. Ce font des efpérances & non des
certitudes: ce font les fleurs du printemps,
qui promettent, mais qui ne donnent pas
toujours les fruits de l'automne.

CHAPITRE XII.

Education de l'héritier du pouvoir de la société.

———

J'AI confidéré jufqu'à préfent l'éducation publique ou fociale, relativement aux profeffions qui défendent la fociété; je vais la confidérer fous un point de vue plus focial encore, & relativement à la profeffion qui gouverne la fociété. Je m'éloignerai des méthodes ufitées, mais je ne propoferai pas des méthodes impraticables; je développerai des idées *nouvelles*, plutôt que des idées *neuves*; & le projet auroit plus d'oppofitions à effuyer que d'objections à craindre.

Dans tout le cours de l'éducation publique, j'aurai, de claffe en claffe, & à mefure de l'âge & des progrès, tenu *l'efprit*, *le cœur* & *les fens* de mes élèves dans une occupation continuelle: j'aurai excité le moral par l'émulation & l'ardeur de la gloire, & frappé le phyfique par l'appareil des récompenfes & des diftinctions: j'aurai enfin tendu de toutes mes forces ce reffort puiffant, irréfiftible de l'émulation. Un héros vraiment françois, le maréchal de Villars, comparoit le plaifir

que lui avoit caufé le gain de la première
bataille à celui qu'il avoit éprouvé lorfqu'il
avoit remporté au collége le premier prix.

Qu'on ne dife pas, avec un moralifte moderne, qu'il faudroit étouffer dans l'homme
la paffion de dominer, plutôt que de lui fournir un nouvel aliment, parce que cette paffion funefte eft la caufe de tous les malheurs
de l'humanité. . . . .

La volonté de dominer, ou l'amour déréglé de foi, naturel à l'homme, eft indeftruc-
tible, à l'éducation & à la religion même.
Quand cette volonté eft fatisfaite, qu'elle n'a
plus d'objets à fon activité, l'homme eft fans
reffort, il eft malheureux, & c'eft la caufe
des ennuis & des peines que l'homme éprouve au faîte des grandeurs. C'eft parce que
je ne puis détruire cette paffion que je cherche à la diriger: celui qui ne veut pas la diriger de peur d'en accroître la violence, loin
de l'éteindre, ne l'affoiblit même pas; elle fe
cache feulement & fe concentre en attendant
les occafions de paroître: elle éclate alors, &
vous aurez peut-être des monftres, parce
que vous n'aurez pas voulu faire des héros.
Loin de l'éducation cette idée fauffe que
l'émulation & le défir de la gloire font incompatibles avec la religion. Ce penchant eft
dans l'homme, donc il eft compatible avec
la religion; il peut être utile à la fociété, donc
la religion l'approuve & le dirige.

E 2

La religion veut que l'homme social faſſe
ſon devoir dans le poſte que la ſociété lui
aſſigne. Or, quel eſt le devoir de l'homme
ſocial? Le devoir de l'homme ſocial, ſon devoir le plus ſimple, le plus indiſpenſable, eſt
d'employer, à l'utilité de la ſociété, toutes
les facultés que la nature lui a données, que
la ſociété a développées par l'éducation &
auxquelles elle fournit l'occaſion de ſe déplo-
yer par la profeſſion dans laquelle elle place
l'homme. Si l'homme ſocial avoit une meſure
fixe de devoir, il pourroit s'enorgueillir lorſqu'il outrepaſſeroit cette meſure; mais les facultés de l'homme ſont la ſeule meſure de ſes
devoirs envers la ſociété. Ainſi celui qui fait
les actions les plus héroïques, ou ſe livre aux
travaux les plus utiles, ne fait que ſon devoir, & ne fait pas plus que ſon devoir, puiſqu'il ne fait qu'employer à l'utilité de la ſociété les facultés qu'il a reçues, & que la ſociété a perfectionnées. L'homme n'a donc pas
à s'enorgueillir, puiſqu'il ne fait que ſon devoir; il peut donc être modeſte au milieu
de la gloire des plus grands ſuccès, comme
il peut être pauvre au milieu des richeſſes,
& tempérant au milieu des plaiſirs. Je reviens
à mon ſujet.

J'aurois donc préparé les eſprits au dernier
acte, à l'acte le plus ſolemnel de l'éducation
ſociale. Tous les ans, ſi le cours de philoſo-
ſophie dure un an, tous les deux ans, ſi ce
cours eſt de deux ans, on choiſiroit, on pro-

clameroit dans chaque collége avec l'appareil
le plus pompeux, en préfence de la fociété
même, c'eft-à-dire, de ceux qui repréfentent
fon *pouvoir* dans les fonctions éminentes de
l'autorité religieufe, civile & militaire qu'ils
exercent dans la province, fous les yeux du
concours le plus nombreux, les deux fujets de
la claffe fupérieure, qui auroient montré dans
le cours de leur éducation le plus de vertus
& obtenu le plus de fuccès. Cet honneur feroit la jufte récompenfe des facrifices qu'exige
la vertu, & de l'application que fuppofent
les fuccès; car tout facrifice mérite récompenfe, tout fuccès mérite encouragement. Ce
choix feroit impartial, parce qu'il feroit l'expreffion de l'opinion infaillible, impartiale du
collége formée par une expérience de dix ans.
Ces jeunes gens envoyés de toutes les provinces feroient reçus, aux frais de l'état, dans
une maifon placée au centre du royaume, &
ils y feroient remplacés, au bout d'un ou de
deux ans, par un nombre égal de fujets. Dans
cet établiffement, les jeunes gens formeroient
une fociété de gens inftruits & qui veulent
perfectionner leurs connoiffances, plutôt
qu'une réunion d'élèves. Ils y trouveroient
des maîtres habiles dans tous les genres, &
ils pourroient fe livrer aux études particulières de la profeffion à laquelle ils feroient deftinés, à l'étude des arts agréables, à celles
des langues, aux exercices du corps &c,

E 3

L'établiffement feroit magnifique, digne de l'objet auquel il feroit deftiné. C'eft au milieu de deux cens jeunes gens d'un corps fain & d'un efprit bien fait, diftingués à 18 ans par dix ans de vertus & de fuccès, l'élite de toute la jeuneffe du royaume, c'eft au centre de l'empire, au milieu de fon peuple, fous les yeux des maîtres les plus habiles, loin des flatteries de la cour & de la corruption du monde, que feroit élevé fans fafte, fans orgueil, fans tout cet appareil qui forme ce qu'on appelle *l'éducation* des princes, l'enfant de la fociété, l'efpoir de la France, le rejetton de fes rois, l'héritier du *pouvoir* général de la fociété. Je n'ai pas befoin de faire fentir les avantages d'une pareille éducation : il eft en effet aifé de concevoir de quelle reffource feroit entre les mains de maîtres profondément verfés dans la connoiffance du cœur humain, cette fociété de jeunes gens fûrs & vertueux, pleins d'efprit & de connoiffances, qui feroient réunis autour de la perfonne du jeune prince ; quelles leçons adroites & indirectes ils pourroient lui donner, dans des converfations fans apprêt, dans des jeux fans deffein apparent ; quelles facilités pour lui infpirer le goût de toutes les connoiffances qui doivent entrer dans l'éducation d'un prince ; quelles inftructions ingénieufes & touchantes il pourroit recevoir dans des pièces compofées par des gens d'efprit, repréfentées fur un théatre, & dans lefquelles il joueroit lui-même un rôle ; quelle affurance dans le maintien, quelle grâce extérieure, quelle facilité à s'énoncer en public, il acquerroit dans la fociété de ces jeunes gens, à la place de cette malheureufe timidité, fi funefte dans les princes, réfultat néceffaire de la folitude de l'éducation particulière, où un enfant, toujours fous les yeux de fes inftituteurs, n'ofe jamais fe livrer aux faillies de fon imagination, & ne peut recevoir que des leçons directes; timidité, habitude plus funefte qu'on ne penfe, & qui, même dans un âge avancé, ne cède pas aux hommages de tout ce qui vous entoure.

Cette éducation, d'un bon efprit, formeroit un efprit excellent, d'un efprit médiocre, formeroit un bon efprit, d'un enfant né avec des vertus, elle feroit un grand homme; d'un fujet né avec le penchant au vice, elle pourroit faire un homme vertueux. Elle auroit l'avantage inappréciable de n'offrir au prince que des modèles, dans des jeunes gens plus âgés que lui, & avec lefquels il ne pourroit rien apprendre que d'utile, rien entendre que d'honnête, rien voir que de décent. Craindroit-on le danger des amitiés particulières, des favoris? la fucceffion rapide de jeunes gens préviendroit les attachemens, & puis, fi un roi, comme un autre homme, peut avoir des amis, il n'eft pas trop aifé de concevoir le danger qu'il y auroit, même pour un roi, de former une liaifon particulière avec un jeune homme qui auroit fait à vingt ans preuve de dix ans de vertus & de talens.

2.° Auroit-on pour la perfonne du prince des craintes imaginaires ? Affurément il ne pourroit avoir de garde plus fidèle que deux cents jeunes gens de 18 à 20 ans d'une vertu éprouvée, & dans cet heureux âge qui, loin de connoître la trahifon, ne la foupçonne même pas. Des jeunes gens, nés François, feroient feuls admis dans l'établiffement central, & toute communication au dehors, même avec les parens, feroit interdite.

3.° Redouteroit-on l'ambition des maîtres & l'afcendant qu'ils pourroient prendre fur l'efprit de leur augufte élève ? tout objet feroit interdit à l'ambition, & les fujets de l'ordre employé à l'éducation publique ne pourroient occuper aucune place eccléfiaftique ni civile, pas même celle de confeffeur des Rois. Ils pourroient les inftruire dans la chaire, mais non les diriger dans le fecret.

4.° Craindroit-on la familiarité qui pourroit s'établir entre le prince & les jeunes gens ? ah ! qu'on s'en fie au cœur humain pour éloigner ce danger, & qu'on s'attache à prévenir le danger plus réel & peut-être inévitable d'une flatterie déguifée fous la franchife apparente de la jeuneffe.

Un avantage de cette éducation feroit de faire connoître aux rois les familles des provinces qu'ils ne connoiffent aujourd'hui que lorfqu'elles viennent intriguer à la cour, c'eft.

à-dire, lorfqu'elles fe corrompent, car outre la connoiffance que le roi en acquerroit par lui même dans fon éducation, il apprendroit à les connoître dans le travail qu'il feroit avec le miniftre de l'éducation & qui auroit pour objet de s'inftruire des progrès de l'éducation publique.

Je n'ignore pas qu'il s'eft formé de grands rois dans l'éducation particulière, parce que ces mêmes rois fe feroient élevés fans éducation : je ne parle pas du petit nombre des hommes que la nature forme toute feule, & encore le génie qui doit le plus à la nature, peut-il devoir beaucoup à l'éducation; je ne confidère ici que le grand nombre des princes qui, comme la plupart des hommes, naiffent avec des difpofitions que l'éducation doit perfectionner, des défauts qu'elle doit corriger, des penchans qu'elle doit diriger. En général, la partie la plus importante de l'éducation des princes eft néceffairement manquée dans l'éducation domeftique, je veux dire la connoiffance des hommes, par l'habitude de les voir tels qu'ils font, de les comparer & de les juger.

Les princes apprennent mille chofes, qu'il peut leur être agréable, mais qu'il leur eft prefque inutile de favoir, parce que ne pouvant ni ne devant les cultiver, ils font néceffairement inférieurs à ceux qui les cultivent, & que le roi ne doit être inférieur à perfonne.

Ainsi en mathématiques, chymie, botanique, aftronomie, &c. un roi ne doit pas avoir des connoiffances très - étendues, parce qu'il ne pourroit faire un favant diftingué, fans être un roi médiocre; mais dans la fcience de la profeffion royale qui comprend : 1.° l'hiftoire; ou la connoiffance des hommes qui ont vécu, & des fociétés qu'ils ont gouvernées; 2.° la politique, ou la connoiffance du caractère des hommes qui vivent actuellement, & des intérêts des fociétés qu'ils gouvernent; 3.° la connoiffance des loix religieufes & politiques, qui lient les hommes entr'eux, & qui les uniffent tous à l'Etre Suprême & au pouvoir de la fociété; 4.° la fcience de l'adminiftration intérieure & extérieure, ou la connoiffance des moyens intérieurs & extérieurs qui affurent la profpérité d'un état au dedans & qui font fa force au dehors; fur tous ces objets, dis-je, le roi doit être l'homme le plus inftruit de fon royaume, & il peut en être le politique le plus profond & l'adminiftrateur le plus éclairé !

Le jeune prince pourroit fe former aifément des habitudes militaires abfolument *néceffaires* pour un monarque, dans l'établiffement propofé, auprès duquel on pourroit faire camper quelques troupes pour fon inftruction.

Je finirai par quelques obfervations particulières.

1.° Les jeunes gens nés dans les familles exerçant des profeffions fociales, feroient

feuls admis dans l'établiſſement central, parce qu'il eſt dans la nature de la ſociété que
l'enfant qui eſt appelé à la gouverner, ſoit
élevé au milieu de ceux qui ſont deſtinés à
la défendre. Cette diſpoſition *néceſſaire* inſpi-
reroit aux familles une ardeur louable d'embraſſer les profeſſions ſociales, ce qui ſeroit
d'un grand avantage pour la ſociété.

2.° Si l'on jugeoit à propos d'admettre au
concours, dans une certaine proporttion, des
jeunes gens nés dans les familles qui ne ſeroient pas nobles, le jeune homme, par cela
ſeul qu'il ſeroit élevé auprès de l'héritier du
trône, ſeroit ennobli perſonnellement, c'eſt-
à-dire que ſes parens contracteroient envers
la ſociété l'engagement de lui faire embraſſer
une profeſſion ſociale politique.

3.° Le ſeul héritier préſomptif de la couronne ſeroit élevé dans cet établiſſement.
L'excluſion de tout autre prince, même de
ſes frères, me paroît fondée ſur des raiſons
politiques d'un grand poids. Il faut éviter
l'occaſion des comparaiſons & le partage des
affections.

4.° Je prie le lecteur de croire que je
n'ai propoſé mes idées ſur l'éducation de
l'enfant royal que parce que l'occaſion de les
mettre à exécution ne peut pas ſe préſenter
en France de bien long-temps, même en
ſuppoſant le retour prochain de l'ordre. Les
idées nouvelles doivent faire une rigoureuſe
quarantaine avant de s'introduire dans la ſo-

ciété. La France doit la peste politique qui la ravage à l'omission de cette mesure indispensable.

5.° Ce plan est indépendant du système général d'éducation publique., sur lequel je ne compose pas aussi aisément ; parce que je suis convaincu qu'il est *nécessaire* de former les hommes pour la société, ou que bientôt il n'existera plus de société parmi les hommes.

6.° Il seroit à propos de publier tous les ans le tableau général d'éducation publique, à peu près comme on publioit *un état militaire*. Rien de plus utile pour inspirer aux familles le désir de faire élever leurs enfans dans les colléges de l'état, & aux jeunes gens l'émulation de s'y distinguer. On a dit avec raison : *On en vaut mieux quand on est regardé*. Ce tableau intéressant mettroit tous les ans sous les yeux de la France le *Bulletin* de l'éducation de l'héritier du trône, de cet enfant de toutes les familles. Son portrait en orneroit le frontispice, & je pardonnerois au peintre de l'embellir. Le roi doit se placer continuellement sous les yeux & dans le cœur de ses sujets ; & un peuple heureux ne manque jamais de retrouver dans les traits de son Souverain la bonté prévoyante & ferme qu'il bénit dans son administration.

CHAPITRE XIII.

De l'éducation des femmes.

LES femmes appartiennent à la famille plutôt qu'à la société politique; leur éducation pourroit donc être purement domestique, si les parens étoient dignes & capables de remplir ce devoir: en attendant ce moment encore éloigné, il faut des maisons d'éducation, où un ordre & un seul ordre se voue à l'institution de cette portion de l'espèce humaine, d'autant plus intéressante aux yeux de la société, qu'elle est presque exclusivement chargée de donner aux enfans la première éducation.

Les ordres de filles sont donc *nécessaires*, c'est-à-dire, dans la nature de la société constituée religieuse & politique. Ils sont *nécessaires* au bonheur de l'individu, parce que dans une société constituée il faut une place à tous les caractères, un secours à toutes les foiblesses, un aliment à toutes les vertus. Il faut un azyle au malheur, il faut un rempart à la foibleſſe, il faut une ſolitude à l'amour, il faut un abri à la miſère, il faut un exercice à la charité ; il faut une retraite au repentir, il en faut une au dégoût du monde, aux infirmités de la nature & aux torts de la ſociété. Les ordres religieux ſont *néceſſaires* à l'utilité de la ſociété politique qui leur donne une deſtination ſociale, en les faiſant ſervir à l'éducation publique, au ſoin des malades, au ſoulagement des pauvres ; & la religion imprime à ces différens emplois ce caractère impoſant de grandeur, & ſi j'oſe le dire, de divinité, qu'elle communique à tout ce dont elle eſt le principe. Un ſeul ordre chargé de l'éducation, des maiſons diſtribuées dans tout le royaume, eu égard à la population de chaque arrondiſſement, une règle abſolument uniforme, une nourriture ſaine & abondante, objet trop négligé dans les couvens, où les jeunes perſonnes contractent ſi fréquemment des goûts particuliers pour des alimens pernicieux, nne piété auſſi tendre, mais plus éclairée peut-être que celle qu'on inſpiroit aux jeunes perſonnes dans pluſieurs maiſons religieuſes, voilà ce qui doit être commun à toutes les éducations publiques, où particulier à l'éducation des perſonnes du ſexe.

J'ai obligé les familles ſociales à faire donner aux jeunes gens l'éducation publique, parce que les hommes de ces familles doivent tous exercer une profeſſion ſociale, & qu'ils ne peuvent recevoir dans la famille l'éducation qui convient à leurs fonctions dans la société: le même motif ne peut exister pour les personnes du sexe, ni par conséquent la même obligation pour leurs parens de leur faire donner l'éducation publique. C'est assez pour l'administration de les y inviter par la modicité des pensions, la proximité des couvens, & sur-tout par le bon choix du système d'éducation.

La femme a aussi l'amour déréglé de soi, ou la passion de dominer; mais comme les moyens de la satisfaire, ou l'*esprit* & les *sens*, sont plus foibles dans la femme que dans l'homme, il résulte quelquefois de la force de la passion & de la foiblesse des moyens un effet assez ridicule qu'on appelle *vanité*, effet également sensible dans les hommes qui ont plus de passion de dominer, que de moyens de la satisfaire.

Dans l'homme la passion de dominer, laissée à elle-même, devient rusé, esprit d'intrigue, ou violence, fierté, férocité même, selon que l'*esprit* ou les *sens* dominent dans l'individu; dirigée vers un but utile, cette passion devient désir de l'honneur, ardeur pour la véritable gloire, qui n'est autre chose que la passion d'employer toutes ses facultés d'une manière utile pour la société.

Dans la femme, la passion de dominer, laissée à elle-même, devient *coquetterie* ou *galanterie*, selon que l'*esprit* ou les *sens* dominent dans l'individu; dirigée vers un but utile,

cette paffion devient défir de plaire, qui ne
doit être autre chofe, dans une femme, que
le défir de fe rendre agréable à fa famille.

Dans la femme, chez laquelle la volonté
de dominer ne peut être dirigée vers l'utilité
de la fociété politique, il faut bien fe garder
de l'exciter: ainfi toutes les décorations extérieures, toutes les diftinctions par lefquelles on cherche à faire naître l'émulation & le
défir de la gloire parmi les jeunes gens, doivent être bannies de l'éducation des femmes.
Toute diftinction dans une jeune perfonne,
toute décoration *qui feroit parure*, éveilleroit
la vanité, & dégénéreroit peut-être en fierté,
vice contre nature dans un être foible: La
fierté ou la hauteur eft, même dans les femmes, auffi oppofée à l'intérêt de la fociété
politique, qu'à l'intention de la nature. Car
les femmes doivent adoucir, effacer, s'il fe
peut, par l'affabilité, la douceur de leurs
manières, ce que l'inégalité conftitutionnelle
des professions peut mettre entre les hommes
de dur & de choquant. Il me femble même
que les femmes des conditions les plus inéga-
les mettent entre elles plus d'égalité que ne
font les hommes.

On doit, dans l'éducation des jeunes perfonnes, parler beaucoup plus à leur cœur
qu'à leur raifon; parce que la raifon chez les
femmes eft, pour ainfi dire, *inftinct*, & que
la nature leur a donné en *fentiment* ce qu'elle
a donné à l'homme en réflexion. C'eft ce qui
fait

fait qu'elles ont le goût si délicat, si juste, &
les manières si aimables. Leurs *sens* doivent
être exercés par des occupations utiles; car
il est égal de ne rien faire, ou de faire des
riens. Je ne parle pas des cours publics de physique, d'histoire naturelle, d'éloquence, de philosophie, de l'art de monter à cheval, &c. qu'on
faisoit entrer, malgré la nature & la raison,
dans l'éducation des femmes. On doit en bannir, comme dangereux ou ridicule, tout ce
qui peut en faire de beaux esprits, des savans, ou des hommes.

L'éducation des femmes doit être unie, mo-
deste, simple, comme leur vie, leurs occupations & leurs devoirs.

Voyez la nature, & admirez comment elle
distingue le sexe qu'elle appelle à exercer des
fonctions publiques dans la société politique,
de celui qu'elle destine aux soins domestiques
de la famille. Elle donne à l'un, dès l'âge le
plus tendre, le goût des chevaux, des armes,
des *chapelles*; elle donne à l'autre le goût des
travaux domestiques, du ménage, des pou-
pées. Voilà les principes: & le meilleur systême d'éducation ne doit en être que l'application & le développement. Ainsi la nature inspire à l'enfant un goût qui deviendra un devoir
dans un âge plus avancé, comme elle introduit,
chez un peuple naissant, une coutume qui deviendra une loi de la société politique.

Fin du Livre I.

Tome III.   F

LIVRE II.

DE L'ADMINISTRATION PUBLIQUE.

CHAPITRE I.

Comment se divise l'Administration publique.

LA nature a constitué la société civile, en lui donnant des loix fondamentales dont toutes les autres loix doivent être, médiatement ou immédiatement, des conféquences *néceſſaires.*

La société a formé l'homme, en lui donnant l'éducation fociale qui doit être la baſe de ſa conduite dans la société & la règle de ſes devoirs envers elle.

L'homme doit adminiſtrer la société, en appliquant à ſon gouvernement les principes de la conſtitution qu'elle tient de la nature, & les règles de l'éducation qu'il a lui-même reçues de la société : c'eſt-à-dire que l'hom-

mé doit adminiſtrer la ſociété, en homme inſtruit des loix fondamentales politiques & religieuſes, qui conſtituent la ſociété civile, en
homme inſtruit de ſes devoirs envers l'Etre
ſuprême & envers ſes ſemblables, en homme
d'état & en homme religieux.

Les règles de l'adminiſtration doivent donc
être conformes à la nature de l'homme, & à
la nature de la ſociété.

1.° L'homme a des devoirs généraux & des
devoirs particuliers; la ſociété peut être conſidérée comme un tout, compoſé de pluſieurs
parties.

L'adminiſtration ſe diviſe donc en adminiſtration générale & en adminiſtration particulière.

2.° L'homme a des devoirs à remplir envers lui même & des relations néceſſaires avec
les autres hommes; la ſociété peut être
conſidérée dans ſon gouvernement intérieur,
ou dans ſes rapports extérieurs avec les autres ſociétés.

Donc l'adminiſtration doit être diviſée en
adminiſtration intérieure & extérieure, comme l'homme & comme la ſociété.

3.° L'homme eſt *eſprit*, *cœur & ſens*, intelligence ou *volonté*, amour ou *pouvoir*, ſens
ou *force*: la ſociété conſtituée comme l'homme eſt *volonté* générale, *pouvoir* général, *force*
générale: elle eſt religion publique, royauté,
profeſſions ſociales conſervatrices de la ſociété.

Donc l'administration intérieure se divise en administration religieuse, administration civile, administration militaire.

Avant d'entrer dans le détail, jetons un coup d'œil sur l'ensemble de l'administration, ou sur l'administration générale.

CHAPITRE II.

Administration générale.

LA société est l'homme & la propriété; administrer la société, c'est donc administrer les hommes & les propriétés.

Administrer les hommes, administrer les propriétés, c'est faire servir les hommes & les propriétés à la conservation des êtres sociaux ou de la société.

L'administration est donc *autorité* & *conseil*; *autorité* pour administrer les hommes; *conseil* pour administrer les propriétés.

L'administration est *autorité* pour administrer les hommes, parce qu'il y a des loix positives auxquelles il faut forcer les hommes de se soumettre.

L'administration est *conseil* pour administrer les propriétés, parce qu'il n'y a point de loix pofitives auxquelles on puiffe foumettre l'adminiftration des propriétés.

Ainfi il y a une loi pofitive qui défend à l'homme d'attenter à la vie ou à l'honneur de fon femblable : il faut une *autorité* qui force l'homme d'obéir à cette loi, ou qui le puniffe s'il s'en écarte.

Mais il ne peut y avoir de loi pofitive pour l'établiffement d'une branche de commerce, ou l'ouverture d'un chemin public ; il faut un *confeil* pour déterminer la branche de commerce la plus utile, ou le chemin public le plus convenable. *Autorité* & *confeil* fe trouvent dans toute fociété compofée d'hommes & de propriétés.

Ainfi dans la fociété naturelle ou la famille, l'homme eft *autorité* pour être obéi de tous les membres de la famille ; la famille eft *confeil* pour l'exploitation de la propriété commune.

Ainfi dans la fociété politique, le roi doit être *pouvoir* ou *autorité* pour faire obéir l'homme focial par l'emploi de la *force*, & il y aura un *confeil* pour diriger l'adminiftration des propriétés publiques. Dans une fociété conftituée, l'adminiftration générale eft donc *le roi en fon confeil*.

La nature en conftituant la fociété pofe des loix fondamentales, & laiffe les loix politiques & civiles fe développer d'elles-mêmes ; l'homme, en adminiftrant la fociété, doit éta-

F 3

blir des règles générales, auxquelles puiffent fe ramener d'eux-mêmes tous les cas particuliers.

L'écueil de ceux qui gouvernent eft de vouloir *toujours* gouverner, de vouloir *tout* gouverner, de vouloir gouverner avec oftentation.

L'adminiftration doit agir comme la nature, par une action continuelle, mais inapperçue. On doit fentir fon *influence*, bien plus qu'on ne doit appercevoir fon *action;* ainfi Dieu gouverne le monde; nous jouiffons de fes bienfaits, fans appercevoir la main qui les difpenfe. Veut-on une comparaifon qui exprime parfaitement cette différence? Je voyage dans certaines contrées de l'Europe; j'apperçois d'autres voyageurs qui marchent fans précaution & fans défiance & qui portent leur argent fufpendu au bout de leur bâton, ou de toute autre manière auffi vifible; leur fécurité m'infpire de la confiance: ailleurs j'apperçois des gibets, je rencontre des patrouilles, ces précautions m'infpirent de la crainte, & je ne marche qu'avec circonfpection. Là je fentois l'*influence* de l'adminiftration, ici j'apperçois fon *action*.

L'*autorité* eft fermeté, le *confeil* eft fageffe, la fermeté & la fageffe font vigilance: *fageffe, vigilance, fermeté;* les fouverains devroient faire graver ces trois mots, en lettres d'or, fur tous les lieux où leurs regards pourroient fe porter.

Le génie de César, & celui de Charlemagne, le génie de Charles le sage, & celui d'Henri IV étoit *sagesse*, *vigilance* & *fermeté*.

Voyez ce gouvernement de quelques jours, actif comme la pensée, inflexible comme le destin; comme il se soutient, comme il résiste aux haines du dedans, aux attaques du dehors, aux efforts de toute l'Europe, à ses propres crimes! tandis qu'un instant de sommeil & de foiblesse a perdu cet empire assis sur quatorze siècles de durée & de prospérité.

La philantropie, qui gagne les gouvernemens, tient moins à une humanité éclairée qu'à la foiblesse des caractères, à la petitesse des esprits, à la mollesse des mœurs. Il est pénible d'être ferme, il est doux d'être foible.

Il faut aimer les hommes comme si tous étoient bons; il faut les gouverner comme si tous étoient méchans. Le souverain qui pardonne le crime, lorsqu'il peut le punir, rend la condition des bons pire que celle des méchans, parce que les bons n'ont jamais besoin de pardon.

On ne peut traiter de l'administration générale d'une société monarchique, sans parler de la cour qui a une si grande influence sur l'administration générale de l'état.

Les Rois de France ont toujours eu des officiers, & des domestiques; mais ce qu'on appelle la *cour* n'a guères commencé qu'à Anne de Bretagne, sous Louis XII.

F 4

La cour fut galante fous Anne de Bretagne, voluptueuſe fous la Medicis, fuperſtitieuſe fous Henri III, polie & magnifique fouis Louis XIV, dévote fous la Maintenon, débordée fous le régent, philoſophe de nos jours.

La cour peut donc devenir vertueuſe, ou du moins, décente fous un roi vertueux.

Le monarque doit être d'une extrême févérité envers tout ce qui l'entoure. La royauté eſt un ſanctuaire d'où rien d'impur ne doit approcher. L'indécence fous les yeux du momarque fait éclorre le crime au loin.

Le roi a la jurisdiction fouveraine & ſans appel ſur ſa cour. Le public eſt l'accuſateur, le roi eſt le témoin & le juge. Un regard, un mot, le ſilence, font un arrêt févère & qui a toujours ſon exécution: jamais de raillerie, elle a toujours coûté cher aux rois; c'eſt alors un juge qui deſcend de ſon tribunal pour prêter le collet à l'accuſé.

Louis XIV, élevé par une reine eſpagnole & par un prélat italien, prit de l'une cette gravité qui ſied aux rois & qui manque ſouvent à la légéreté françoiſe; il prit de l'autre cette réſerve dont les rois ne ſauroient ſe paſſer, & qui ne ſe trouve pas toujours avec notre franchiſe & notre loyauté. Auſſi, il jouoit la royauté, comme on joue un rôle: il l'apprenoit par cœur, & ſa mémoire fidèle ne lui permettoit pas une faute. Il étoit en ſcène toute la journée. Après lui, les rois ont voulu se délasser, quitter le cothurne, pour se mêler aux spectateurs & venir *causer* dans les loges : ils ont tout perdu.

Louis XIV, soit qu'il fût sérieux, soit qu'il fût affable, soit qu'il fût sévère, étoit toujours roi ; il mettoit aux plus grandes choses comme aux plus petites, une dignité relative. Il y a eu de plus grands rois, il y a eu de meilleurs rois, aucun souverain n'a jamais été plus roi.

Louis XI méprisoit l'étiquette & la dignité ; il dédaignoit le respect, lui qui commandoit la crainte ; peut-être même son excessive popularité entroit-elle dans ses moyens de pénétrer les hommes.

Henri IV paroissoit oublier l'étiquette & appeler la familiarité ; mais d'un mot, & il n'en étoit pas avare, il se remettoit à sa place & repoussoit bien loin l'indiscrétion. Sa bonté étoit celle d'un homme ferme, & sa franchise celle d'un homme fin. Lorsque dans un discours au parlement, où *l'abandon* étoit une adresse oratoire, ce grand homme se mettoit en tutelle ; *Ventre saint gris*, disoit-il lui-même, *c'est avec mon épée au côté.*

L'étiquette doit être conservée : elle est fille de la prudence & mère du respect.

Un Roi de France a un double écueil à éviter, celui d'être trop militaire & celui de ne l'être pas assez.

Un roi personnellement trop militaire connoît le risque de jeter tout d'un côté une nation naturellement guerrière, & d'altérer ainſi l'eſprit de la conſtitution, qui eſt l'accord de la *juſtice* & de la *force*; mais s'il ne l'eſt pas aſſez, il devient étranger à l'armée; le ſoldat ne le connoît plus que par une paye modique & une diſcipline ſévère; il peut en réſulter, & il en a réſulté en France les plus grands malheurs. Depuis que nos rois n'ont plus de connétable, ils doivent, comme diſoit Charles IX, porter leur épée eux-mêmes, voir ſouvent le militaire, s'occuper de la profeſſion & connoître les individus (choſe très-importante pour un roi). On formoit quelquefois en France des camps de paix: c'étoit un ſpectacle plutôt qu'un moyen d'inſtruction: il vaut mieux alors laiſſer le militaire à ſa garniſon & l'argent dans les coffres.

Charles V, diſoit Mézerai, *étoit très-retenu, mais très-conſtant dans ſes affections.* Cet éloge renferme un grand ſens. On voit, dans la circonſpection à aimer, la ſageſſe de l'eſprit; dans la conſtance de l'affection, la ſenſibilité du cœur.

La bonté d'un roi eſt la juſtice. C'eſt ainſi que Dieu eſt bon. *Les courtiſans*, dit Monteſquieu, *jouiſſent des faveurs du prince, & le peuple de ſes refus.* Bodin obſerve que les affaires de France ne commencèrent à ſe rétablir ſous la fin du règne de François I, que lorſque ce prince devint ſi chagrin, que l'on n'oſoit plus lui demander de grâces auſſi indiſcrètement que l'on faiſoit auparavant.

Une chose qui embarrasse assez ordinairement les rois, est leur religion. S'ils sont dévots, leur cour sera hypocrite; s'ils ne sont pas religieux, leur cour sera athée. Cependant la religion doit s'allier avec tous les devoirs & toutes les professions, puisque la religion n'est que l'accomplissement de tous nos devoirs dans toutes les professions. Un roi doit être religieux, parce qu'il est homme, plus religieux parce qu'il est roi: la religion n'étouffe pas les passions dans l'homme, mais elle interdit au roi toute foiblesse, & les foiblesses religieuses comme les autres. La religion est essentiellement *grandeur & force*, & rien n'est plus opposé à son véritable esprit que les petitesses & la minutie.

Duclos remarque que les désordres de Louis XIV ne corrompirent pas les mœurs de la nation, & que ceux du régent les perdirent. On n'imitoit pas l'homme qui étoit tout roi, on imita le prince qui étoit tout homme.

Henri III avoit une dévotion fausse & superstitieuse; il avoit des mignons, & faisoit des processions la corde au cou.

Louis XIV avoit, malgré ses désordres, une piété sincère, mais peu éclairée; il laissoit, sur la fin de sa vie, diriger le roi par ceux qui ne devoient diriger que l'homme.

Le plus parfait modèle d'un roi, car St. Louis est un modèle inimitable, est Charles V, dit le sage. *Jamais prince*, dit Hénault, *ne se plut tant à demander conseil, & ne se laissa*

moins gouverner que lui. Eprouvé par l'adver-
fité, il fuccéda au règne le plus défaftreux,
& eut à réparer des défordres qui fembloient
irréparables.

Louis XVIII, malheureux comme lui &
plus que lui, a bien d'autres obftacles à vaincre, d'autres malheurs à réparer. Une plus
grande gloire lui eft réfervée, & la poftérité,
en rapprochant les temps, comparera les
Rois.

La France, felon un homme d'efprit, n'é-
toit ni une ariftocratie, ni une démocratie,
mais une bureaucratie. On peut en dire autant de tous les états modernes. Cette manie
bureaucratique s'eft gliffée jufques dans le
militaire: des commandans de corps, des officiers fupérieurs ne font occupés qu'à faire
ou à figner des *états de fituation.* Cette fonction abforbe l'homme, rétrécit l'efprit, & l'extrême attention fur les chofes n'en permet
prefque plus fur les hommes. Le petit efprit
& la manie des détails avoient gagné, en
France, au point qu'un jeune militaire pouvoit, fur la fabrication du pain, la coupe des
chemifes & l'économie d'un *ordinaire*, faire
des leçons à la maîtreffe de maifon la plus
habile. La bureaucratie tenoit d'un côté à la
corruption des hommes, parce qu'on ne croyoit pas pouvoir prendre affez de précaution
contre leur improbité réelle ou préfumée:
de l'autre, elle tenoit au goût pour le plaifir
& au *petit-efprit*, fymptômes infaillibles de

la diffolution d'un état. Les hommes de plaifir aiment le grand nombre de *fous ordres* qui
favorifent leur pareffe, & les petits efprits aiment les divifions minutieufes qui foulagent
leur foibleffe. Il y a long-temps qu'on a dit
que *la minutie étoit le fublime de la médio-*
crité; les gens très-foigneux, qui font affez
fouvent des gens médiocres, mettent tous
chez eux par *petits tiroirs.*

Je ne fuis pas éloigné de croire que la perfection de l'adminiftration & le talent de l'adminiftrateur font en raifon inverfe du nombre
des bureaux & des *fous-ordres.*

Il faut de l'ordre fans doute, & il en faut
plus à mefure qu'une adminiftration eft plus
étendue; mais l'ordre eft plutôt la réunion
d'objets femblables, que la féparation d'objets différens; l'ordre eft la table des matières, mais fi la table des matières eft auffi
volumineufe que l'ouvrage, le lecteur n'y
gagne rien.

Ce qui fimplifie extrêmement l'adminiftration eft l'invariabilité. Il faut un nouvel ordre pour des objets nouveaux; mais lorfque
l'adminiftration n'éprouve aucun changement,
un chef a le temps de fonger à en perfectionner toutes les parties, & le fubalterne trouve les moyens d'abréger fon travail. L'expédition devient plus facile, parce que
l'homme toujours occupé des mêmes détails
devient plus expéditif, & que le même hom-

me peut être chargé d'un plus grand nombre d'objets.

Un autre moyen, & le plus efficace, de simplifier l'adminiſtration, eſt d'en écarter l'arbitraire. Quand celui qui demande ne ſait pas juſqu'où il peut demander, ni celui qui accorde, juſqu'où il doit accorder, il en réſulte une multitude de tâtonnemens, de négociations & d'arrangemens, qui prennent beaucoup de temps à l'adminiſtrateur & tournent toujours au détriment de la choſe publique.

Il eſt difficile de tracer des régles fixes pour le choix de ceux qui doivent remplir les premières places de l'adminiſtration; la régle générale eſt de choiſir le moins poſſible & de choiſir ſur le plus grand nombre poſſible. Trop ſouvent en France on faiſoit le contraire : on multiplioit, par des déplacemens fréquens, les occaſions de choiſir, on choiſiſ-ſoit toujours autour de ſoi, lorſqu'il eût été avantageux de chercher plus loin. Le gouvernement ne doit pas oublier que, dans une ſociété conſtituée, un miniſtre, même ſans talens, fera plus de bien, ou moins de mal en quinze ans d'adminiſtration, que n'en feront dix hommes ſupérieurs qui ſe ſuccéderont au miniſtère, dans le même eſpace de temps. Quant aux hommes ſans vertus, ils ne ſont bons à rien, abſolument à rien, qu'à hâter les révolutions. On a remarqué que Louis XIV ne prenoit pour miniſtres que des gens de robe.

Les affaires n'en alloient pas plus mal, parce que l'homme de robe eſt plus appliqué, plus étranger aux perſonnes par ſa profeſſion, plus conſtant dans les choſes par ſes habitudes. Un homme de robe chargé de détails militaires, ſuit à la lettre les ordonnances, mais il n'en fait pas, parce qu'il n'eſt pas du métier.

D'ailleurs il eſt plus conforme à l'eſprit de la conſtitution que les fonctions adminiſtratives ne ſoient pas entre les mains de la nobleſſe militaire.

Le Cardinal de Richelieu dit quelque part *qu'il ne faut pas ſe ſervir, dans les affaires de gens de bas-lieu: ils ſont trop auſtères & trop difficiles.* M. de Monteſquieu qui ſuppoſe apparemment que ce fameux miniſtre n'a rien dit que de ſage, & n'a rien fait que d'utile, fait, ſur ce texte immoral, un commentaire qui l'eſt bien d'avantage, & où l'on retrouve ſes préjugés politiques. " S'il ſe » trouve, dit-il, quelque malheureux honnête homme, le cardinal de Richelieu, » dans ſon teſtament politique, inſinue qu'un » monarque doit ſe garder de s'en ſervir. » *Tant il eſt vrai que la vertu n'eſt pas le » reſſort de ce gouvernement!* " De là beaucoup de gens ont conclu que les affaires publiques ne pouvoient pas, ſans danger, être entre les mains d'un honnête homme, & que l'adminiſtration d'un état, c'eſt-à-dire, la fonction de conduire les hommes au bonheur par la vertu, ne devoit être confiée qu'à des gens fans morale & fans principes. Si cela eft ainfi; il y a certains états, en Europe, qui doivent être parvenus à un haut dégré de profpérité, car on a vû quelquefois, à la tête de leurs affaires des gens qu'on ne peut pas accufer d'être trop *auftères* & trop *difficiles.*

On peut obtenir des fuccès par le crime; mais la profpérité d'un état, comme le bonheur de l'individu, ne peut être le fruit que de la vertu, & il ne faut pas plus confondre les fuccès d'un miniftre avec la profpérité d'un état, qu'il ne faut confondre le bonheur d'un homme avec fa fortune.

ADMINIS.

ADMINISTRATION

PARTICULIÈRE.

SECTION PREMIÈRE.

CHAPITRE I.

Administration religieuse.

REVENONS aux principes.

Le *pouvoir* de la société religieuse, ou de la religion, réprime les volontés dépravées de l'homme, comme le *pouvoir* de la société politique réprime les actes extérieurs de ces mêmes volontés.

Le *pouvoir* religieux réprime les volontés dépravées qui tendroient à détruire dans la société le *pouvoir* politique. Le *pouvoir* politique doit réprimer les actes extérieurs qui tendroient à anéantir dans la société le *pouvoir* religieux.

Tome III, G

Ainfi le gouvernement doit protéger la religion, parce que la religion défend le gouvernement.

La fociété religieufe, ou religion publique, eft, comme la fociété politique, comme toute fociété, compofée d'hommes & de
propriétés.

Le *pouvoir* politique doit donc protéger
les hommes de la religion, ou fes miniftres,
& les propriétés de la religion, contre les
actes extérieurs qui tendroient à nuire aux
uns ou aux autres.

Mais les miniftres de la religion font hommes, & ils ont, en cette qualité, des volontés dépravées que la religion doit réprimer, & dont le *pouvoir* politique doit arrêter
ou prévenir les actes extérieurs.

Comment le *pouvoir* politique peut-il réprimer, dans les miniftres de la religion, les actes extérieurs nuifibles à la fociété religieufe?
Par les loix dont il protège l'exécution.
Comment peut-il les prévenir? Par le bon
choix des miniftres de la religion.

CHAPITRE II.

Du choix des premiers ministres de la religion, ou des Evêques.

P O U R garantir la bonté d'un choix, il faut quatre conditions : 1.° l'éducation du sujet ; 2.° la préfentation ; 3.° le choix ; 4.° la confirmation ou approbation : c'eſt - à - dire qu'il faut que le sujet soit élevé pour la profeſſion qu'il doit exercer, préfenté par ceux qui peuvent le connoître, choiſi par celui qui peut le diſtinguer, agréé, confirmé ou appprouvé par celui duquel il dépend dans la hiérarchie de la profeſſion à laquelle il ſe deſtine.

Examinons les différens degrés par lefquels l'homme paſſe avant de parvenir à une fonction sociale.

La famille préfente l'homme à la ſociété ; la ſociété le reçoit, s'il eſt fain de corps & d'efprit, & lui donne l'éducation générale ou sociale.

La ſociété, à ſon tour, le préfente aux différentes profeſſions : une d'elles le reçoit & lui donne l'éducation particulière de la profeſſion.

G 2

La profession présente tous les sujets qu'elle a élevés, au pouvoir général de la société, ou à ses délégués, pour choisir parmi eux celui qui convient le mieux à l'emploi vacant.

Lorsque toutes ces conditions sont remplies, le monarque ne peut pas faire un mauvais choix, s'il choisit par un acte de la volonté générale; car le *pouvoir* conservateur de la société prend *nécessairement* les moyens les plus propres à assurer la conservation de la société.

Mais si l'éducation sociale est imparfaite, ou s'il n'y a pas d'éducation sociale, si l'homme *pouvoir* met sa volonté particulière à la place de la volonté générale dont il est l'agent, les choix pourront être défectueux; ils doivent donc être soumis à une approbation ou confirmation qui diffère comme les fonctions du sujet élu, & les modifications du *pouvoir* élisant.

Dans l'administration religieuse, le monarque est *pouvoir* de *protection* : il renvoye le sujet élu devant le chef des ministres de la religion, dont la confirmation ou l'approbation sont nécessaires, parce qu'il est dans la nature des fonctions, que le chef connoisse & approuve le choix de ses subordonnés.

Dans l'administration judiciaire, le monarque est *pouvoir d'exécution* : il renvoye le sujet élu devant le tribunal auprès duquel il doit exercer ses fonctions; car ce tribunal est un corps qui doit connoître & approuver le choix de ses membres.

Dnns l'administration militaire, le monarque est *pouvoir de direction*; il ne doit demander à aucun autre *pouvoir* l'approbation des sujets qui sont l'objet de son choix. Mais, comme dit Montesquieu, il n'y a pas de *pouvoir si absolu qui ne soit borné par quelque coin*. L'opinion publique, à défaut de tout autre *pouvoir* approuve les choix militaires que fait la sagesse, ou rejette ceux que fait la faveur.

Le souverain Pontife peut-il refuser de confirmer le choix d'un évêque, ou une compagnie d'enregistrer les provisions d'un magistrat nommé par le roi? Le droit & le devoir de l'un & de l'autre sont de représenter l'inconvénance d'un mauvais choix: le devoir du roi est de déférer à des représentations fondées sur des motifs légitimes. Le devoir de la compagnie, l'intérêt du souverain pontife sont de céder à la volonté générale exprimée dans les formes prescrites. Les droits, les devoirs, les intérêts, tout s'accorde.

Je reviens aux fonctions religieuses. L'état ainsi que l'Eglise distingue deux ordres dans la hiérarchie ecclésiastique. L'ordre épiscopal & l'ordre sacerdotal.

Le choix des curés est moins important pour l'état & pour l'Eglise que celui des évêques; & le choix des évêques est le plus im-

G 3

portant de tous les choix, parce que la religion publique est la première & la plus importante des loix fondamentales de la société civile.

Cette vérité démontrée par le raisonnement a été prouvée en France par les faits.

Comme le choix d'un évêque est le plus important de tous les choix, son élection est soumise à un plus grand nombre de formalités.

La société fait des hommes sociaux; la religion fait des prêtres: les évêques nomment parmi eux des coopérateurs sous le nom de vicaires généraux; le ministre des affaires ecclésiastiques, qui est toujours un évêque, présente au roi plusieurs vicaires généraux, pour choisir parmi eux celui qui doit remplir le siége vacant, le roi choisit, le pape confirme. Assurément s'il se fait de mauvais choix, la faute en est aux hommes & non aux institutions.

Mais si les supérieurs de l'éducation ecclésiastique ne sont pas assez sévères dans le choix des sujets qu'ils admetttent aux fonctions sacerdotales; mais si les évêques se décident dans le choix de leurs coopérateurs, par d'autres convenances que des convenances d'état; mais si le ministre ecclésiastique n'est pas toujours libre; dans le choix des sujets qu'il présente au monarque, alors le choix du monarque peut tomber sur des sujets peu capables de remplir avec fruit cette éminente fonction.

Or, on pouvoit citer des exemples de tous ces abus & particulièrement du dernier. Le ministre de la feuille ecclésiastique n'étoit pas toujours libre dans les choix, & non-seulement il ne l'étoit pas, mais il ne pouvoit pas l'être : 1.° parce qu'il étoit seul à résister aux passions de tous, 2.° Parce qu'il étoit à la cour; c'est-à-dire, là où il ne devoit pas être : car il est dans la nature des fonctions épiscopales qu'un évêque soit dans son diocèse; & il est dans la nature des abus qu'un abus en produise une infinité d'autres.

Il seroit, ce me semble, avantageux que la présentation fût faite au roi par un conseil d'évêques, & comme il ne faut pas déplacer les évêques, ce conseil seroit naturellement celui des évêques co-suffragans du siége vacant, présidés par leur métropolitain ou par le plus ancien de siége, d'âge ou d'épiscopat. Ce conseil présenteroit au roi un certain nombre de candidats, le roi choisiroit, le pape confirmeroit le choix.

Ainsi la présentation seroit faite par ceux qui peuvent le mieux connoître les qualités qu'exigent les fonctions épiscopales & les besoins du siége vacant.

Je ne parle point des élections usitées autrefois dans la nomination des évêques, forme à laquelle les novateurs ont essayé de revenir; on peut lire dans Mr. Hénault les remarques judicieuses qu'il fait sur la pragmati-

G 4

que & le concordat : ce fage écrivain prouve que, pour l'intérêt de la religion & de l'état, le roi doit nommer aux évêchés, & qu'il jouiſſoit de ce *droit*, ou qu'il exerçoit ce *devoir* fous les deux premières races: il fuffira, à la manière dont j'envifage mon fujet, d'obferver que les peuples pouvoient élire leurs évêques lorfque les befoins de la religion ne demandoient dans fes premiers miniftres que la piété, mais aujourd'hui que la religion attaquée exige dans fes défenfeurs la *fcience* jointe à la piété, il eft dans la nature des chofes que le pouvoir de l'état choififfe fur la préfentation de ceux qui peuvent à la fois connoître la vertu du fujet & juger de fa fcience.

A mérite égal, le roi doit choifir dans une famille fociale ;

1.º Parce que le fujet a reçu néceffairement l'éducation fociale ;

2.º Parce qu'il eft dans la nature qu'il fe trouve plus d'attachement à la fociété dans une famille vouée fpécialement à fa défenfe: „ il eft, dit Hénault, extrêmement important „ pour la fureté du royaume que les rois choi-„ fiffent ceux dont la *fidélité* leur eft connue, „ & dont les talens s'étendent non feulement „ aux chofes de la religion, mais encore au „ maintien de la paix & de l'ordre public. „

Dès que l'évêque eft nommé, il a des devoirs à remplir dans fon diocèfe, il n'a de devoirs à remplir que dans fon diocèfe, &

des devoirs qui ne peuvent être remplis que par lui.

De là suit la nécessité de la résidence. Il n'y a aucune raison d'affaires, de santé, de famille, qui puisse dispenser de cette loi, car un évêque n'a d'affaires que dans son diocèse, de santé que pour son diocèse, ni de famille que ses diocésains.

L'absence du diocèse, hors les besoins de l'Eglise en général, ou du clergé en particulier, est un acte extérieur d'une volonté dépravée, que le *pouvoir* politique doit réprimer; & les loix civiles, en France, obligeoient comme les loix canoniques, les évêques à résider dans leurs diocèses.

Mais si le *pouvoir* politique doit faire observer la résidence, il ne doit pas la rendre impossible, en conférant à des évêques des fonctions incompatibles avec la résidence. Un évêque hors de son diocèse, ou hors de ses fonctions, est un homme déplacé: c'est un commencement de révolution, puisqu'une révolution est un déplacement d'hommes & de fonctions. Aucune raison d'état ne peut, au moins dans les temps ordinaires, justifier le déplacement, car les services d'un homme ne peuvent compenser le préjudice que cause à la société l'infraction d'une loi. Une société constituée ne peut avoir besoin, pour se conserver, d'enfreindre une loi, puisqu'elle ne peut périr que par l'infraction des loix.

CHAPITRE III.

Choix des Curés.

———————

IL faut, avons-nous dit, pour garantir la bonté d'un choix, l'éducation, la préfentation, le choix, l'approbation. Toutes ces conditions fe trouvent également remplies dans le choix des feconds pafteurs.

L'éducation eccléfiaftique a fait des prêtres: puifqu'ils font prêtres, ils doivent être tous aptes à en remplir les fonctions : la religion les préfente en les confacrant; le prédéceffeur choifit; l'évêque approuve.

Le prédéceffeur choifit; 1.° parce qu'il connoît mieux que perfonne les befoins de fa paroiffe. 2.° parce qu'il peut mieux connoître qu'un autre les qualités du fujet.

L'Evêque approuve, parce qu'il doit connoître fes coöpérateurs, & que les pafteurs du fecond ordre ne peuvent tenir que du premier pafteur le droit d'exercer leurs fonctions.

Je maintiens donc la *réfignation* ou la *démiffion* en faveur d'un fujet défigné, comme le moyen le plus conforme à la conftitution de l'état, & par conféquent le plus propre à procurer de bons choix. En effet, ce moyen affure, humainement parlant, la perpétuité du miniftère eccléfiaftique, en faifant, en quelque forte, des familles facerdotales, comme il y a une famille royale & des familles militaires & fénatoriales.

Un bénéficier élève, fon neveu, fon frère, fon parent dans l'état eccléfiaftique, & la famille à laquelle la religion ne défend pas tous motifs temporels, voit, avec plaifir, un enfant prendre un état qui lui affure la confidération & la fubfiftance : qu'on ne parle pas de vocation : très peu d'hommes naiffent avec une difpofition particulière pour un état déterminé.

La plupart des hommes naiffent indifférens à tout ce que la fociété veut faire d'eux. Les hommes à qui la nature a donné un bon *efprit*, un *cœur* fenfible, & un *corps robufte*, font capables de remplir, avec une égale diftinction, les fonctions les plus oppofées. Peut-on croire que Boffuet eût été, dans la carrière des armes, un homme médiocre, ou que Fénélon n'eût pas rempli, avec fuccès, celle des négociations ?

Il fe fait donc, dans les familles, des *habitudes de vocation* eccléfiaftique, qui ne font pas pour cela, dans l'individu, des *vocations d'habitude* ; & dans ces familles bourgeoifes fi refpectables qui cultivent elles-mêmes leur antique propriété, dans la fimplicité de la vie champêtre, l'état eccléfiaftique devient

héréditaire, comme les bonnes mœurs, l'économie, l'attachement à la religion & au Roi.

Si l'on ne peut détruire dans l'homme, même le plus modéré, le défir de dominer ou
de s'élever au deffus des autres, les démarches faites dans cette vue, criminelles peut-
être aux yeux de Dieu, feront fans reproche
aux yeux des hommes, lorfqu'adreffées à un
oncle, à un frère, à un parent, elles pren-
dront l'apparence de la reconnoiffance ou
d'une affection naturelle, au lieu que, fi l'on
laiffoit la préfentation des curés, aux curés
de l'arrondiffement, comme j'ai laiffé la préfentation des évêques à ceux de la province,
il feroit à craindre que le défaut d'éducation &
de tact ne donnât quelquefois à des démarches, peut-être défintéreffées, un caractère
de baffeffe qui aviliroit aux yeux des peuples
les miniftres & le miniftère.

Perfonne ne peut mieux connoître les befoins de la paroiffe que celui qui l'a long-temps
gouvernée, ni les qualités du fujet que celui qui
lui a donné prefque toujours la première éducation, & fous les yeux duquel il a fouvent
exercé fes premières fonctions.

Après tout, fi un parent prévenu fait un
mauvais choix, la faute en eft à l'évêque qui
a fait le prêtre ou qui approuve le curé.

Si le curé doit choifir fon fucceffeur, à
plus forte raifon il doit choifir fes vicaires.

Il faut donc conferver ou établir la réfignation.

Je dis établir, car lorsque la collation est faite par des corps ou des individus ecclésiastiques, par des corps ou individus séculiers, il y a *nomination*, mais il n'y a pas de *choix* ; parce que les premiers ne peuvent pas connoître les besoins de la paroisse, & que les seconds ne peuvent connoître ni les besoins de la paroisse, ni les qualités qu'exige la profession.

On m'alléguera des droits : j'opposerai l'intérêt de la religion, celui de l'état, la constitution, la nature des choses ; & quel est le laïque chrétien, qui puisse être jaloux du droit de conférer l'administration d'une paroisse ?

Si le prédécesseur n'a pu ni voulu résigner, alors les grands vicaires du diocèse se trouvent naturellement substitués à ses droits, ils choisissent, & l'Evêque approuve.

N'est-il pas dans la nature des choses que les paroissiens choisissent leur curé ? Comme il est dans la nature des choses que les enfans choisissent leur précepteur, les accusés, leur juge, & l'ennemi, le général qui lui est opposé. Le curé ne peut être nommé que par ses confrères ou par le peuple, par l'évêque ou par son prédécesseur. On vient de voir l'inconvénient de la nomination par les curés, & l'absurdité de la nomination faite par le peuple. Le choix fait par l'Evêque n'auroit pas de moindres abus, & l'on verroit les mêmes intrigues pour obtenir les bénéfices à charges

d'ames que celles qu'on voyoit à la cour
pour obtenir des bénéfices simples. Ces intrigues plus apperçues dans de petites villes
en seroient plus scandaleuses. On peut voir
dans les histoires les abus énormes des élections qui se pratiquoient autrefois, il ne reste
donc que la nomination par résignation.

La résignation présentoit des abus : son
succès ne doit pas dépendre de l'activité d'un
banquier, ni de la diligence d'un courrier. La
nature de la société établit le principe, l'homme y ajoute ses erreurs.

Il y avoit, ce semble, dans le gouvernement intérieur des diocèses, quelques abus
qui venoient des hommes & non des institutions. Par une disposition commune en France à toutes les autorités & dont je parlerai
en son lieu, le supérieur cherchoit peut-être
à abaisser l'inférieur, & celui-ci cherchoit à
se soustraire à son supérieur. Il faut que le
curé jouisse, chez son évêque, de la considération due à ses fonctions, & que l'Évêque jouisse, sur les ministres subordonnés, de
l'autorité de son caractère & de sa place.

L'éducation sociale & l'éducation ecclésiastique préviendront les abus. Il y a des tribunaux ecclésiastiques ou civils pour punir
les délits.

CHAPITRE IV.

Des Propriétés religieuses.

JE suppose qu'on rendra à la religion, en France, ses propriétés & toutes ses propriétés : & qu'on ne les usurpera pas dans le reste de l'Europe.

Il ne faut pas que la perpétuité de la religion publique dépende, dans une société, d'un arrêt du conseil, d'une insurrection populaire, ou de la générosité des particuliers. C'en est fait de la religion publique en Europe, si elle n'a plus de propriétés ; c'en est fait de l'Europe, s'il n'y a plus de religion publique. La religion publique est une société constituée, donc elle doit être indépendante, donc elle doit être propriétaire.

Dans la propriété religieuse, je distingue trois choses ; la protection, la régie, l'emploi ; 1.° le *pouvoir* politique protège, & l'on apperçoit le motif des justes prérogatives dont jouissent les propriétés ecclésiastiques dans les affaires contentieuses.

Je sais, mieux que personne, que ces priviléges sont onéreux au particulier. mais je

fais auffi que la religion feroit peu à peu dé-
pouillée de fes propriétés, fi elle n'oppofoit
fes priviléges à l'activité de l'intérét perfonnel.

2.° La régie : elle doit être laiffée au clergé, par ce qu'il eft dans la nature que la
régie foit mieux faite par le clergé que par
tout autre. Le propriétaire eft le plus inté-
reffé au fuccès de la régie ; donc il eft le ré-
giffeur le plus habile.

3.° La diftribution. Elle a quatre objets :
1.° L'éducation eccléfiaftique ; 2.° Subfiftance
des miniftres ; 3.° Fraix & entretien du culte ;
4.° Secours pour la foibleffe.

1.° Il faut pour l'éducation eccléfiaftique
un corps & un corps unique, comme pour
l'éducation fociale. Tout ce qui doit être
permanent, quant au temps, *univerfel*, quant
aux lieux, *uniforme*, quant aux perfonnes, ne
peut être confié qu'à un corps. Si l'éducation ne peut être entièrement gratuite, elle
doit être proportionnée aux facultés de la
claffe moyenne des citoyens.

2.° On s'occupoit, en France, à augmenter la portion congrue des curés & vicaires.
Il ne faut pas qu'un curé foit un homme opulent, mais il faut, bien moïns, qu'il foit au
nombre des néceffiteux de fa paroiffe. Le
refpect pour foi-même & pour les bienféan-
ces de fon état, la bienfaifance, l'hofpitalité,
tout ce qu'il y a de bon & d'utile tient à
une honnéte aifance. On ne peut rien fixer
à cet

à cet égard : les befoins varient avec les pa-
roiffes, & le prix des denrées, avec les provinces. La portion congrue doit être fixée en
denrées pour n'y plus revenir, & payée à la
volonté du bénéficier en argent ou en denrées. Au refte, quelque manière que l'on adopte, il faut que le miniftre chargé des intérêts
fpirituels de la paroiffe ait le moins poffible
d'intérêts perfonnels & temporels à démêler
avec fes paroiffiens. Il eft, fur-tout néceffaire d'affurer des penfions alimentaires aux miniftres âgés ou infirmes, car il ne faut pas
réduire à l'aumône le réfignataire pour faire
vivre le réfignant.

3.° Un objet trop négligé, dans les campagnes fur-tout, étoit l'entretien du culte.
Les yeux étoient révoltés de l'état de mifère & de nudité d'un grand nombre d'églifes,
& il y avoit au moins de l'incónvenance
qu'un décimateur opulent ne voulût pas meubler, avec décence, la maifon de Dieu, lorfqu'une paroiffe pauvre faifoit conftruire, quelquefois avec luxe, la maifon du curé.

Simplicité pour le particulier, fafte pour
le public, dans tout ce qui a rapport au
culte religieux, on n'en fera jamais trop,
parce qu'on n'en fera jamais affez.

Le gouvernement doit furveiller cet objet
avec d'autant plus d'attention, qu'il ne lui en
coûte que de furveiller.

Pour une religion perfécutée, une fombre

Tome III.   H

caverne eft un temple magnifique : la nature
renforce le fentiment à proportion des efforts
que l'homme fait pour le détruire ; mais quand
la religion eft tranquille, la nature laiffe aux
chofes leur cours ordinaire, elle rend aux fens
leur fonction naturelle, celle d'éveiller le fentiment.

4.° Les biens de la religion font deftinés à fecourir la foibleffe.

La foibleffe de l'homme eft celle de l'âge,
du fexe & de la condition.

1.° La religion protège la foibleffe de l'enfant, par l'éducation fociale & par conféquent
religieufe qu'elle lui donne. Je l'ai déjà dit :
l'éducation publique a été, dans l'origine, le
motif d'un grand nombre de fondations pieufes, & cette deftination intéreffe la religion
comme l'état, puifqu'en contribuant à l'éducation des enfans, la religion fe prépare des
miniftres.

2.° Elle protège la foibleffe du fexe, en
offrant des afyles aux jeunes perfonnes que
leur goût pour la retraite, la modicité de leur
fortune, les torts de la nature & de la fociété,
les fautes de conduite ou les défauts de caractère, éloignent du mariage.

La nature fait naître les deux fexes en nombre égal ; mais la fociété politique les confomme inégalement. Il faut donc pour le bonheur & la perfection de la fociété civile que
la fociété religieufe rétabliffe un équilibre néceffaire aux mœurs & qu'elle offre une retrai-

té aux personnes du fexe qui ne veulent pas du monde, ou dont le monde ne veut pas. Dans les pays où il n'y a point d'afyles religieux pour les personnes du fexe, la loi, pour prévenir de plus grands défordres, confacre le libertinage en autorifant le divorce ou la polygamie.

Ces afyles deviennent utiles fous d'autres points de vue à la fociété. Ils fervent à l'éducation des jeunes personnes, à la direction des hopitaux, au foulagement des infirmes & des indigens: il n'eft point de deftination utile qu'on ne puiffe donner à des corps qui font tout par efprit de religion, & dont la piété héroïque a réfifté avec le rare courage de la patience à la perfécution la plus atroce & aux tentations les plus féduifantes.

3.° La religion protège la foibleffe de la condition: elle inftruit le peuple, affifte l'indigent, foulage l'infirme, confole le malheureux & n'abandonne pas même le malfaiteur que la fociété politique rejette de fon fein. Elle va jufque chez les barbares délivrer l'efclave & amener le fauvage au chriftianifme & par conféquent à la civilifation.

Tous ces emplois font de l'effence de la religion & l'objet de la donation des biens qu'elle poffède. Ces biens n'appartiennent pas au clergé, bien moins encore à la nation, ils appartiennent à la religion, ils appartiennent à la fociété civile, c'eft-à-dire, à la

H 2

société religieuse & à la société politique em-
femble ; c'eſt tout à la fois une profanation ſacri-
lège, & une interverſion abſurde, que de
les faire ſervir de gage à d'infâmes uſuriers ou
d'hypothèque à d'avides capitaliſtes.

Périſſent tous les engagemens de l'Etat,
s'il faut, pour les maintenir, dépouiller la religion ! préférer à l'intérêt de la religion ce
qu'on appelle le *crédit* de l'état dans une ſociété qui ne devroit peut-être pas en connoître le nom, eſt une ſpéculation de *banquier*,
une combinaiſon d'athée, & non la politique
d'un homme d'état.

On ne manquera pas de me dire que tous
les eccléſiaſtiques ne faiſoient pas de leurs
biens l'uſage que la religion vouloit qu'ils en
fiſſent ; & ceux qui le relèvent avec le plus
d'amertume ne ſont pas toujours ceux qui
font de leur fortune l'uſage le plus conforme
à la morale, & le plus utile à la ſociété. C'eſt
un abus ſans doute ; mais ſi la religion ne peut
pas réprimer, même dans ſes miniſtres, toutes les volontés dépravées, c'eſt à l'adminiſtration à en empêcher les actes extérieurs,
en faiſant des biens eccléſiaſtiques une diſtribution éclairée, & ſur-tout en en prévenant
l'accumulation dans les mêmes mains.

Je n'ai point parlé des bénéfices ſimples,
ou de ceux qui n'obligent celui qui en eſt
pourvu à aucune fonction publique.

Je ne comprends donc pas, ſous la dénomination de bénéfices simples, les canonicats qui obligent à la prière publique.

1.° La prière publique est de l'essence de la religion chrétienne.

2.° Les chanoines, conseil né de l'évêque, ajoutent, par leur présence & leurs fonctions, à la majesté du culte dans les églises épisco-pales, & il est utile à la religion que les cé-rémonies religieuses soyent faites, avec pom-pe, dans toutes les églises & principalement dans les anciennes basiliques, premiers mo-numens de la piété de nos pères, preuves matérielles de leur croyance à l'existence de Dieu & à l'immortalité de l'ame, & près des-quelles la jeunesse qui se destine à l'état ec-clésiastique est élevée sous les yeux de son évêque.

Les canonicats peuvent être des places de retraite pour les ecclésiastiques. D'ailleurs, tel prêtre éclairera l'église par ses écrits, instruira les autres par ses discours, les édifiera par ses exemples, les soulagera par ses bienfaits, qui ne seroit pas propre au gouvernement d'un diocèse, ou d'une paroisse : il faut dans une société religieuse des ministres qui écrivent, qui prêchent, qui s'adonnent au soulagement des pauvres ; je dis plus : on ne peut pas sé-parer entièrement l'homme de toute affec-tion temporelle. Laissez un motif, quel qu'il soit, laissez un espoir vague & indéterminé à ceux qui se dévouent à une profession qui

H 3

commande tant de facrifices. Dans de grandes fociétés religieufes & politiques, dont les befoins en tout genre font très·multipliés, il faut, en quelque forte, du fuperflu, fi l'on veut ne manquer jamais du néceffaire (*). Les ames foibles s'effrayent de quelques déf. ordres ; il leur femble que la religion va périr, parce qu'un bénéficier aura fait de fon temps ou de fes biens un ufage peu conforme à fon état. Ah ! qu'elles fe raffurent ; la religion eût péri, dès fa naiffance, fi les fcandales euffent pu la détruire. Un fentiment intérieur nous accufe, lorfque les défordres de ceux que nous devons refpecter, femblent juftifier les nôtres. Maintenez les mœurs de la profeffion, & laiffez les mœurs privées à celui qui voit les cœurs. Faut·il le dire ? Les fociétés religieufes ou politiques ont bien moins à craindre les déréglemens du cœur que les égaremens de l'efprit. Les vertus qui confervent

---

(*) Il n'en eft pas des chapitres de France comme de ceux d'Allemagne : en France, il n'y a que quatre chapitres nobles y compris celui de Strasbourg ; dans tous les autres, les canonicats font poffédés indifféremment par le fecond ou le troifième ordre, & par conféquent, à caufe du nombre refpectif des ordres, il y a beaucoup plus de chanoines du troifième ordre que du fecond. Mais, dans tous les chapitres, on eft obligé à réfidence, parce qu'on ne peut poffeder qu'une prébende, & qu'on ne peut être chanoine dans deux cathédrales à la fois.

la société, tiennent de près aux foiblesses du cœur; les vices qui la détruisent sont enfans de l'orgueil; celui qui pardonne la femme adultère réprouve le pharisien superbe. L'histoire de la révolution de France fournit de nouvelles preuves à une vérité dont la démonstration est fondée sur la connoissance approfondie du cœur humain. La religion a compté plus d'apostats parmi ceux de ses ministres, qui, fiers d'une régularité de mœurs peut-être peu pénible, se croyoient d'une espèce supérieure aux autres, que parmi ceux qui, combattus, partagés entre des penchans violens & des principes sévères, joignoient à la force que donne l'habitude de combattre, la défiance de soi-même qui naît de l'expérience de sa foiblesse.

Les désordres particuliers pourroient être corrigés par les conciles provinciaux, toujours demandés par les assemblées du clergé, toujours éludés par le gouvernement, qui avoit tort de les redouter; car tout ce qui est utile à la religion est utile à l'état: au reste qu'il soit utile ou non, après la révolution, d'assembler le clergé de France, le gouvernement ne sauroit assez insister, auprès des premiers pasteurs, sur ces deux points fondamentaux du retour de l'ordre & de la tranquillité. *Discrétion* dans le zèle, *uniformité* dans la conduite: qu'on suive la maxime du grand Maître, *de ne point briser le roseau à*

H 4

demi caſſé, de ne point éteindre la mêche qui fume encore. Les eſprits timides laiſſent commencer les révolutions, les eſprits extrêmes les empêchent de finir.

Le premier ſoin de l'adminiſtration de France doit être de rendre au Saint Siége Avignon & le Comtat, & à l'ordre de Malthe ſes propriétés. L'intérêt politique de la France s'accorde avec la juſtice.

La poſſeſſion du Comtat, enclavé dans la France, fortifie les liens précieux qui uniſſent la France au S. Siége, ou facilite leur rapprochement en cas de diviſion. Peut-être Avignon aſſure au Pape la tranquille poſſeſſion de Rome contre de vieilles prétentions. Quant aux propriétés de l'ordre de Malthe, la France, d'accord avec l'Ordre, pourroit venir au ſecours d'un plus grand nombre d'individus de la nobleſſe pauvre & militaire; ſans qu'il en coûtat rien à l'état.

SECTION II.

ADMINISTRATION CIVILE.

Le gouvernement divisoit l'Administration civile en Justice, Police & Finance. Cette division est exacte, & comprend tous les objets qui tiennent à l'administration publique.

CHAPITRE I.

Justice.

L'INSTITUTION de la magistrature en France étoit excellente, parce qu'elle étoit l'ouvrage de la nature de la société & le développement de sa constitution; mais l'homme y avoit porté ses passions & introduit des abus. Une profession grave, austère, laborieuse, effrayoit la légéreté de nos jeunes gens; & tandis que les opinions philosophiques attaquoient jusques aux principes des loix, le goût du luxe & des mœurs frivoles éloignoit l'homme de la profession respectable de magistrat.

J'ai parlé ailleurs des loix, il ne sera question ici que de l'étendue des ressorts & de la composition des tribunaux.

Il n'y a aucune nécessité réelle à diminuer le ressort de quelques parlemens; il seroit peut-être plus nécessaire d'étendre le ressort de quelques autres, ou de créer des parlemens dans les provinces qui ont des cours souveraines sous d'autres noms. Il faut, dans un état, tenir aux mots autant qu'aux choses; car les mots rappellent des idées, & les idées font des choses. Un tribunal suprême, appelé *parlement*, dépositaire des loix & chargé d'en faire l'application, est, dans une province de France, le sceau de la constitution. Unité & toujours unité.

C'est un mal auquel il est urgent de remédier, que la trop grande multiplicité des cours *baillagéres* ou *sénéchalles* (*), & l'extrême division de leurs ressorts. On l'a dit depuis long-temps, *les affaires font les hommes*, & l'on n'aura de grands magistrats & d'habiles jurisconsultes que dans les ressorts étendus où il y a beaucoup d'affaires & de grandes affai-

---

(*) On appelle *sénéchal* dans le pays de la langue *d'oc* ce qu'on appelle *baillage* dans le pays de la langue *d'oyl* ou *d'oui*. Cette division ancienne partage la France en deux parties, dans l'une desquelles le peuple ne parle que la langue françoise, & dans l'autre, la langue particulière aux provinces méridionales de ce royaume.

res. On pourroit citer des tribunaux inférieurs, renommés autrefois par les lumières
de leurs magiſtrats, & les talens de leur barreau, qu'une diviſion de reſſort, opérée ſous
de vains prétextes de bien public, a plongés
dans la langueur & l'inconſidération. Qu'on
n'oppoſe pas ſur-tout l'intérêt des plaideurs;
l'intérêt des plaideurs n'eſt pas celui de la ſociété, puiſque l'intérêt de la ſociété eſt qu'il
n'y ait point de plaideurs. Or, pour multiplier
le nombre des plaideurs, il n'y a qu'à multiplier les tribunaux, comme pour multiplier
les férailleurs, il n'y a qu'à établir par-tout
des ſalles d'eſcrime. Une diviſion de chaque
reſſort de cour ſouveraine en tribunaux inférieurs d'une juſte étendue me paroît abſolument néceſſaire, ſur-tout dans les reſſorts très-
vaſtes, parce qu'on a moins ſouvent recours
à la voie diſpendieuſe de l'appel, lorſque le
ſiége du parlement eſt plus éloigné. Il ſe ter-
mine donc plus d'affaires devant le baillage;
donc ce tribunal doit être plus en état de
les terminer par les lumières de ſes juges ou
les talens de ſes avocats; donc ſon reſſort
doit être plus étendu, puiſque les lumières des
juges & les talens des avocats ſont toujours
en proportion du nombre & de l'importance
des affaires, & celles-ci en proportion de l'é-
tendue du reſſort: je vais même plus loin, &
la révolution a prouvé que, dans la claſſe
des avocats, les vertus étoient en proportion
des talens, & par-tout les avocats médiocres

ont été les coryphées des nouveaux principes.

Cette obfervation eft encore plus vraie à
l'égard des juftices inférieures feigneuriales.
J'ai dit ailleurs que la manière dont la nature
s'y prenoit pour établir une loi *néceffaire* étoit
d'en introduire infenfiblement la coutume.
C'eft ce qui arrivoit à l'égard des juftices
feigneuriales. Leur reffort étoit trop peu étendu, & le même juge étoit contraint d'en réunir plufieurs, preuve certaine que la nature demandoit qu'on réunît les reffortts.
Effectivement on pourroit conferver les devoirs des feigneurs & les droits des jufticiables & diftribuer les territoires en arrondif-
femens dont l'étendue feroit calculée fur le
nombre des jufticiables.

CHAPITRE II.

Compofition des Tribunaux.

JE fuivrai, en traitant cette matière, l'ordre naturelle de la jurifdiction afcendante.

Puifqu'il y a une place à remplir, il faut
élever, il faut préfenter, il faut choifir, il
faut approuver le fujet qui doit la remplir.

Le sujet reçoit, dans les univerſités, l'éducation particulière de la profeſſion à laquelle il
ſe deſtine, & la profeſſion préſente les *gra-*
dués qu'elle a déclarés capables d'être pro-
mus aux fonctions de juge, après un cours
d'études & une ſuite d'examens préparatoires.

A qui eſt-ce à choiſir ? aux juſticiables,
dit la philoſophie ; à ceux qui ne ſont pas
juſticiables, dit le bon ſens ; car le juge choiſi
par les juſticiables, dépendra d'eux ; & dans
les fonctions qui demandent l'impartialité la
plus ſévère, il ſera toujours placé, au moins
au dehors & dans l'opinion, entre le reſſenti-
ment & la reconnoiſſance.

Quel eſt le ſeul individu du reſſort qui ne
ſoit pas juſticiable du juge dans ſa perſonne
ni dans ſes biens ? c'eſt le ſeigneur ; donc
c'eſt au ſeigneur à choiſir le juge ; car le
ſeigneur peut diſtinguer le mérite du ſujet,
& il n'a pas d'intérêt perſonnel au choix.
Si l'on réunit les reſſorts, comme je le pro-
poſe, alors les ſeigneurs compris dans l'arrondiſſement choiſiront en commun un juge,
le devoir de chacun ſera conſervé & le choix
de tous ſera plus éclairé.

A qui eſt-ce à approuver le choix ? au
tribunal qui reçoit l'appel, & qui a intérêt de
diſcuter le choix du juge, puiſque ſa fonction
eſt de redreſſer ſes jugemens. Auſſi les pro-
viſions de juge ſeigneurial ſont enregiſtrées,
& lui-même eſt reçu en la cour du bailli ou
du ſénéchal.

Dans les baillages ou fénéchauffées, le roi choifit, puifqu'il eft le feul individu du ref- fort & de tous les refforts (car le roi eft l'hom- me univerfel), qui ne foit pas foumis, au moins dans fa perfonne, à la jurisdiction des tribunaux. Puifque le roi choifit, il doit con- noître, il peut diftinguer. Il connoît les fujets, puifque la profeffion les lui préfente comme ca- pables de remplir les fonctions de juge par les études qu'ils ont faites, & les examens qu'ils ont fubis ; il les diftingue, puifqu'en offrant au roi d'acheter une charge de judicature, le candi- dat fait preuve, comme je l'ai dit ailleurs, de fa capacité à remplir les devoirs d'homme focial, par fon application & fon aptitude à remplir les devoirs d'homme naturel.

Quand le roi a choifi, il renvoie l'élu à fa compagnie, pour en être approuvé ; & com- me le roi n'a pas d'intérêt perfonnel à faire un mauvais choix, la compagnie a un intérêt particulier à la bonté du choix. Son devoir eft donc de le difcuter & de faire au roi des repréfentations fur l'inconvenance d'un choix fait par l'homme & non par le monarque. Les chefs de ces tribunaux nommés égale- ment par le roi, font foumis à l'approbation des cours fouveraines devant lefquelles ils prê- tent ferment.

Les cours fouveraines, ou parlemens, font compofées fur les mêmes principes. La profef- fion élève les fujets & les préfente au *pouvoir*. Le *pouvoir* nomme, la compagnie approuve ;

mais comme le choix est plus important, puisque les cours souveraines redressent les jugemens de tous les tribunaux inférieurs, qu'elles ont le plein exercice de la jurisdiction criminelle, & qu'enfin elles sont *sénat* ou corps
dépositaire des loix, & que sous ce dernier
rapport, elles sont profession sociale, il est dans
la nature des choses que celui qui aspire à
exercer ces fonctions augustes, fournisse au
pouvoir de l'état une caution qu'il a rempli par
son travail & son industrie le devoir imposé à
l'homme naturel, caution plus forte à proportion de l'importance de la place; cette
somme, comme je l'ai dit ailleurs, est en même temps une propriété placée sur l'état, &
au moyen de laquelle la profession sociale s'est
élevée, suivant l'esprit de la constitution, au
rang de profession propriétaire, c'est-à-dire,
indépendante.

Il faut observer ici, pour ne rien laisser à
dire sur ce sujet important, que le roi est le
juge suprême, la source de toute justice, &
que c'est avec vérité que J. J. Rousseau a dit:
" si le roi jugeoit en personne, j'estime qu'il
,, auroit le droit de juger seul; en tout état de
,, cause, son intérêt seroit toujours d'être jus-
,, te. ,, Si le roi peut juger, donc il peut choisir & déléguer ceux qui jugent.

On peut remarquer dans la composition des
tribunaux, que la profession judiciaire qui présente les sujets est la seule qui puisse connoître leur capacité, puisqu'elle leur a donné

l'éducation judiciaire : que le roi ou le seigneur qui choisissent sont les seuls qui soient dans l'état de non-intérêt & d'impartialité nécessaires pour garantir la bonté d'un choix; que les compagnies qui agréent ont un intérêt direct & particulier à discuter la bonté du choix, & que par conséquent le mode de présentation, de choix & d'approbation est le plus parfait, ou le plus dans la nature de l'homme social, c'est-à-dire, de la société.

Il me reste une observation à faire, & elle est décisive. La justice étoit mieux administrée en France qu'en aucun autre pays de l'Europe. C'est un fait avoué par les étrangers eux-mêmes. Or, cette perfection ne tenoit pas aux hommes, car ils sont par-tout les mêmes; elle ne tenoit pas aux loix, puisque l'Europe est régie presque par-tout par les mêmes loix. Elle étoit donc l'effet de l'institution; donc elle étoit plus parfaite, je veux dire, plus dans la nature de la société perfectionnée ou de la constitution.

Je ne puis me refuser à faire l'application des principes que j'ai posés à l'institution du *Jury*; il est aisé de démontrer que dans cette institution *sublime* & *bienfaisante* tout est contre la nature de l'homme social, ou contre la nature de la société.

Un accusé est prévenu d'assassinat; il faut recueillir les preuves, peser les probabilités, entendre les témoins, discuter leur crédibilité, té, confronter leurs dépositions, interroger l'accusé, former une opinion, juger enfin. Il faut la connoissance des hommes, il faut la connoissance des loix, il faut sur tout être sans intérêt. Toutes ces conditions sont réunies dans un tribunal de juges. Leur éducation & leur choix garantissent à la société la connoissance qu'ils ont des loix; leurs habitudes garantissent la connoissance qu'ils ont des hommes; leur état, leur nombre, leur fortune, garantissent l'impartialité de leurs jugemens: je vois ce rapport nécessaire & dérivé de la nature des choses, entre des hommes choisis & des hommes éclairés, entre des hommes occupés à juger les hommes & des hommes qui les connoissent; entre des hommes qui n'ont rien de commun avec l'accusé & des hommes sans prévention : mais s'il s'assemble un *Jury* pour prononcer sur le fait & l'intention de l'accusé, je me demande quel rapport il peut y avoir entre des hommes souvent sans éducation & sans lettres, & la connoissance des loix; des hommes simples & grossiers, & la connoissance des hommes; des pairs de l'accusé, & l'impartialité du juge. Je vois, au contraire, un rapport évident entre beaucoup d'hommes simples, sans étude & sans connoissance, & beaucoup d'ignorance, de prévention & d'erreurs; entre l'identité des conditions, & la partialité de l'homme, entre l'unanimité absolue que la loi exige pour la

Tome III. I

condamnation de l'accusé, & l'impossibilité
d'accorder beaucoup d'ignorance, d'erreurs
& de préventions ; c'est-à-dire que je vois
un rapport évident entre l'institution du *Jury*,
& l'impunité du criminel dans les temps ordinaires, & la condamnation de l'innocent dans
des temps de factions. Aussi cette institution
conservée en Angleterre, parce qu'elle y est
ancienne, a été adoptée en France, parce
qu'elle y est nouvelle ; là, sa conservation est
l'effet d'un respect louable pour les anciennes
habitudes ; ici, son introduction provient de
la manie funeste des innovations. En Angleterre comme en France, elle n'a pu convenir
que dans l'enfance de la nation, & elle est
l'ébauche informe & grossière de la procédu-
re criminelle. La nature de la société perfectionnée la repousse, & depuis long-temps,
elle avertit l'Angleterre de la nécessité de la
réformer par le grand nombre de malfaiteurs
qu'elle soustrait au supplice, comme elle a
averti la France du danger de l'introduire
par le grand nombre d'innocens qu'elle a con-
duits à l'échafaud.

La prévention de la nation angloise pour
toutes ses institutions, prévention qu'elle a
eu l'adresse d'inspirer aux autres nations, lui
ferme les yeux sur les inconvéniens de cette
forme de procéder, qu'elle apprécie à sa juste
valeur, lorsqu'elle la retrouve chez quelque
autre peuple. " L'institution du *Jury* en
» Suède, dit M. Coxe dans son voyage de

„ Suède, n'eſt dans le fait qu'une pure for-
„ malité. Ces *jurés* ſont ſi ignorans & ſi pau-
„ vres que la plupart ſuivent aveuglément
„ l'avis du juge. D'ailleurs leur opinion n'eſt
„ comptée que quand ils ſont unanimes, &
„ ils ne ſont pas *obligés de l'être comme en An-*
„ *gleterre :* leur négligence, leur nullité ſont
„ ſi notoires, que c'eſt une comparaiſon uſi-
„ tée en Suède que de dire : *endormi com-*
„ *me un Juré.* ”

Je reviens à la compoſition des tribunaux.
On ne manquera pas de m'oppoſer que les
étudians en droit n'étudient pas, que les exa-
minateurs n'examinent pas, que le roi & les
ſeigneurs nomment & ne choiſiſſent pas, que
les compagnies agréent & ne diſcutent pas ;
c'eſt la faute des hommes, dirai-je, & non
celle des inſtitutions. Conſervez les inſtitutions, redreſſez les hommes. La révolution
a fait, en France, le contraire ; elle a corrompu
les hommes & changé les inſtitutions.

Je n'ai pas parlé du conſeil qui admet les
requêtes en caſſation d'arrêts des cours ſouveraines. Le roi, chef ſuprême de la juſtice,
doit veiller à l'obſervation rigoureuſe des loix,
& tout ſujet doit pouvoir appeler au juge ſuprême des fautes que ſes délégués peuvent
commettre contre le texte des loix. Mais
ſi toutes les requêtes ſont admiſes, & tous
les arrêts caſſés, alors les corps ſe combattent, la juſtice s'avilit, les affaires s'éterni-
ſent, & la mauvaiſe foi triomphe.

F 2

On fait aux rois un crime de ne pas faire de meilleurs choix ; mais à moins que la probité d'un homme ne soit déjà suspecte, ou ses talens connus, qui peut sonder l'abîme sans fond du cœur de l'homme, ou connoître la portée & la nature de son esprit ? Parce qu'on voit peu de grands talens, on suppose qu'il y en a beaucoup de cachés. Rien de plus rare qu'un vrai talent, c'est-à dire, un bon *esprit* uni à un *cœur* sensible, un homme en qui le sentiment soit pensée, & la pensée soit sentiment.

S'il y a quelques abus dans l'administration de la justice, ils tiennent à l'homme & non à l'institution. Une meilleure éducation, ou sociale, ou judiciaire, les fera disparoître. Mais un abus monstrueux, parce qu'il seroit contre la nature de la société, seroit la loi souvent proposée qui, fixant au juge civil des honoraires, feroit payer les frais de justice à celui qui a gagné le procès que la mauvaise foi lui a intenté, & même à celui qui ne plaide pas. La fonction de juge civil regarde l'individu, & ne doit pas être payée par la société ; mais la fonction de juge criminel est sociale, parce que tous les crimes sont destructifs de la société. Sous ce rapport, le juge peut & doit même recevoir des honoraires, & il me semble avoir apperçu que le défaut de rétribution, quelquefois même de remboursement pour frais avancés, jetoit de la lenteur dans la pourfuite des délits de la part des juftices royales inférieures.

Quand la loi a parlé, elle doit être obéie; ce qui diftingue effentiellement un peuple vertueux, c'eft-à-dire, libre, eft le refpect pour la loi. Trop fouvent on regardoit en France comme une preuve de fupériorité d'efprit ou de rang de s'y fouftraire. N'ordonnez rien que de jufte, mais aufli que tout périffe pour que *force demeure à juftice*. La loi eft plus que l'homme, & la juftice plus que la fociété, car la juftice eft Dieu même.

POLICE.

Je comprens fous ce titre: 1.° le régime municipal des communautés ou communes; 2.° le régime adminiftratif des provinces; 3.° les mœurs; 4.° les lettres; 5.° la bienfaifance publique.

CHAPITRE III.

Régime municipal des communes.

LES officiers municipaux, ou adminiftrateurs particuliers des communes, font les élémens de l'adminiftration, comme les familles font les élémens du corps focial. Aufli, en

I 3

qualité d'élémens, les corps municipaux font indeſtructibles, & ils ont ſurvécu en France, à peu près ſous leur forme ancienne, à la deſtruction & à la recompoſition de toutes les autorités. Ils ſont donc *néceſſaires*, il ſont donc le dernier anneau de la chaîne dont le ſouverain eſt le premier.

L'adminiſtration des communes doit·elle être *une* ou collective?

Avant de repondre à cette queſtion, il faut ſavoir ce que c'eſt qu'une commune. Une commune eſt une grande famille, une petite ſociété, compoſée d'hommes de la commune & de propriétés de la commune.

Donc les officiers municipaux ſont les pères de la famille, ou les *pouvoirs* de la ſociété, chargés d'en gouverner les hommes, d'en adminiſtrer les propriétés.

Donc les officiers municipaux doivent être à la fois *autorité* & *conſeil*; *autorité* pour gouverner les hommes, *conſeil* pour adminiſtrer les propriétés.

Donc l'adminiſtration municipale doit être à la fois une & collective; c'eſt·à·dire qu'il doit y avoir un chef & des membres. Le chef eſt *autorité*, les membres ſont *conſeil*; c'eſt en petit l'adminiſtration de l'état, avec cette différence que le roi eſt *pouvoir*, c'eſt·à·dire, la ſource de l'autorité. Le chef de la municipalité ne peut rien ſans ſes membres, les membres ne doivent rien faire ſans le chef, & le chef doit être plus fort de sa considération personnelle que de l'autorité de sa place.

A ces motifs tirés de la nature de cette société, on peut en ajouter un autre, pris dans la nature de l'homme. Si dans les communes l'autorité étoit entre les mains d'un seul, elle seroit trop dure, parce qu'elle seroit trop sentie, à cause que le moteur seroit trop près du mobile; elle finiroit par devenir insupportable.

Je n'ai pas besoin d'avertir que le nombre des officiers municipaux doit être dans chaque commune, en raison du nombre d'hommes à gouverner, & de la quantité de propriétés à administrer.

Le choix des administrateurs de la commune ne peut jamais être indifférent. Il devient extrêmement intéressant, lorsque la société échappe aux horreurs d'une révolution.

Les habitans de la commune élisoient autrefois leurs officiers municipaux. Les choix étoient généralement bons, parce que tous avoient intérêt de bien choisir & que chacun redoutoit d'être choisi. Mais lorsque vers l'année 176. . . le gouvernement s'avisa de mettre les offices en vente, & que plus tard un *sous-ordre* choisit les officiers municipaux, les honnêtes gens s'éloignèrent des hôtels-de-ville, & ne voulurent pas ajouter aux peines sans nombre de la place, la sottise de l'acquisition ou le désagrément du choix.

I 4

Il faut revenir à la conſtitution, c'eſt à dire, à la nature des choſes.

Les fonctions d'officier municipal ne ſont pas une profeſſion, mais une ſimple commiſſion; il ne peut y avoir de familles municipales ni d'éducation municipale, comme il y a des familles ſénatoriales & une éducation judiciaire.

Les officiers municipaux ſont les pères de la commune, chargés d'en gouverner les hommes, d'en adminiſtrer les propriétés. Ils doivent donc être eux-mêmes habitans & propriétaires dans la commune, parce qu'il faut qu'ils en connoiſſent les hommes & les propriétés.

Ils doivent donc être choiſis parmi les habitans riches & conſidérés de la commune, parce qu'une plus grande conſidération leur donne plus d'*autorité* pour gouverner les hommes, une plus grande propriété leur donne plus d'intérêt & de moyens pour adminiſtrer les propriétés.

Ils doivent donc être choiſis par les habitans riches & conſidérés de la commune; car les propriétaires riches & conſidérés ſont ceux qui ont le plus de moyens de connoître & le plus d'intérêt à choiſir des propriétaires riches & conſidérés pour adminiſtrer les hommes & les propriétés de la commune.

On me demandera peut-être, pourquoi je fais nommer les officiers municipaux par les habitans, tandis que je refuſe aux juſticiables le droit de nommer leurs juges. La rai-

fon de cette différence n'eſt pas difficile à appercevoir.

1.° Les offices municipaux font une ſimple
commiſſion, c'eſt-à-dire, un devoir auquel
l'homme n'eſt ſoumis que pour un temps.
Les fonctions de juge qui demandent une longue éducation & des études préparatoires,
font un *office*, c'eſt-à-dire, un devoir auquel
l'homme eſt ſoumis pour toute ſa vie : 2.° le
juge prononce ſur les plus grands intérêts qui
puiſſent occuper les hommes en ſociété ; les
officiers municipaux ne prononcent que ſur
les intérêts les moins importans. 3.° Perſonne n'eſt aſſuré qu'il ne ſera pas traduit devant
le juge comme *partie civile*, ou même comme
accuſé ; mais tout honnête homme peut ſe
répondre qu'il ne ſera pas repris par l'officier
de police comme délinquant.

Ne craignez-vous pas, dira-t-on, la dureté du riche envers le pauvre ? non ; car
cette dureté eſt contraire à la nature de l'homme riche qui veut dominer par le bienfait ;
mais je craindrois les attentats du pauvre contre le riche, car ces attentats ſont dans la nature de l'homme pauvre, qui veut devenir
riche.

Pour faire la nomination des officiers municipaux, il eſt de toute néceſſité que les habitans de la commune ſoient diviſés en claſſes de gradués, bourgeois, marchands, arti-
ſans, comme ils étoient avant la révolution.

Pour faire l'élection, 1.° on prend ſur le

rolle des frais locaux de la commune les premiers de toutes les classes pour électeurs; 2.° On peut prendre dans chacune des premières classes un officier municipal. Au moyen de cette disposition, personne n'est humilié; chaque élu est le premier de sa classe; & ce n'est pas l'homme qui passe après tel ou tel autre, mais la profession qui passe après une autre profession.

Sans cette distribution de citoyens absolument nécessaire, les électeurs ne pourroient fixer leurs choix, ni assortir les convenances d'âge, de parenté, d'amitié, & ils seroient exposés à choquer à tout moment l'amour-propre si exigeant dans les petites villes, si actif chez les petits esprits. Or, l'art de satisfaire tous les amours-propres doit être la première étude de l'administration.

Enfin sans cette disposition qui fixe à chaque individu sa place, en assignant à chaque profession son rang, la société n'est plus qu'un lieu de confusion, & les villes un théâtre de discorde.

La nomination des officiers municipaux doit être approuvée par le conseil, sur le rapport de l'administrateur suprême de la province, parce que l'administrateur & le conseil doivent connoître & agréer leurs subordonnés dans la hiérarchie de l'administration.

Les officiers municipaux doivent être renouvelés au bout d'un temps assez court, de deux ou trois ans. 1.° Parce que l'amour de la domination, qui se glisse si aisément dans le cœur de l'homme, peut rendre l'autorité de l'homme même le plus modéré, fâcheuse, si elle se prolonge, à l'amour-propre de ses concitoyens; une commune est une petite république, & elle en a les passions.

2.° Des administrateurs nouvellement élus ne manquent jamais, dans la première ferveur de leur autorité récente, de remonter le ressort de la police qui se détend si aisément dans de petites administrations, où il faut tout exiger par l'affection & peu par l'autorité.

3.° Si les fonctions municipales sont un honneur, elles doivent être partagées entre tous; si elles sont un fardeau, elles ne doivent pas peser exclusivement sur les mêmes personnes.

4.° Les fonctions municipales sont propres à former des hommes capables des détails d'administration : or, il est avantageux pour la société qu'il se forme des hommes capables, quand même le gouvernement ne devroit pas les employer.

Les officiers municipaux ne doivent pas avoir d'honoraires, car des honoraires, quels qu'ils soient, éveillent la cupidité & affoiblissent la considération.

Les fonctions municipales sont incompatibles 1.° avec les fonctions ecclésiastiques. Les ministres de la religion ne peuvent élire ni être élus. On ne sauroit séparer avec assez de soin le religieux du civil dans les moyens, parce que le religieux & le civil se réunissent dans le but.

2.° Elles sont incompatibles avec toute fonction qui demande l'absence actuelle hors de la commune.

3.° Toute autre excuse est non recevable; car on n'a pas droit à jouir des avantages de la commune, lorsqu'on ne veut pas en partager les charges. Aucune fonction, hors les fonctions ecclésiastiques, n'est incompatible avec la faculté d'élire, & tout habitant de la commune peut & doit être contraint de la remplir.

J'ai dit que les officiers municipaux doivent gouverner les hommes de leur commune. La commune est une famille, dont les officiers municipaux sont les pères. Ils doivent former les mœurs du peuple, diriger ses habitudes, réprimer ses passions, donner l'exemple de l'attachement à la religion, & de la fidélité au *pouvoir* de l'état, maintenir la paix dans les familles, l'union entre les parens, l'obéissance envers les maîtres, les égards envers les inférieurs, la bienveillance réciproque entre les citoyens; ils doivent pourvoir à la santé, à la subsistance, à la sureté de leurs concitoyens, à l'éducation du peuple, au soulagement des pauvres: il faut les entourer d'affection & de respect. Il faut donc les délivrer des fonctions odieuses de répartiteurs d'impôts publics.

Les officiers municipaux ne deviennent ja-

mais odieux, lorsqu'ils reprennent avec juſtice, lorſqu'ils puniſſent avec ſévérité, parce
que l'homme, même le plus corrompu, avoue
la néceſſité du châtiment par le ſentiment de
ſa faute : mais comme les règles à ſuivre dans
la répartition des charges publiques, ſont
moins fixes que celles qui font la diſtinction
du juſte & de l'injuſte, l'homme le plus honnête & le plus éclairé commet involontaire-
ment un grand nombre d'erreurs, que le
peuple, ſoupçonneux, parce qu'il eſt igno,
rant, injuſte, parce qu'il eſt intéreſſé, ne
manque pas d'attribuer à la paſſion de l'homme & non à la préoccupation inévitable du
magiſtrat.

Il eſt impoſſible que les officiers municipaux ſoient aimés, ſoient conſidérés, ſoient
utiles, tant qu'ils auront des impôts à répartir. Ils doivent, à la vérité, répartir les frais
locaux, & il n'en réſulte pas le même inconvénient ; car outre que la ſomme en eſt peu
conſidérable, comparée à celle des contributions publiques, les frais locaux ſont une levée qui ſe fait, en famille, pour des objets
utiles à la famille entière, & dont tous les
membres conſentent la répartition, parce qu'ils
en voyent l'emploi.

Les officiers municipaux doivent adminiſtrer les propriétés de la commune. J'entends
par propriétés communes, les édifices, lieux
publics, ou établiſſemens qui ſervent à l'inſtruction, à l'agrément, à la commodité, à

l'utilité enfin de l'habitant, à la salubrité ou
à l'ornement de la cité; tout ce qui a rapport
à ces objets intéreffans doit être adminiftré
avec foin, conftruit avec folidité, je dirois
prefque avec une magnificence relative juf.
que dans les villages fes plus ignorés. Par.
tout le luxe doit être pour le public, la mo.
deftie pour le particulier. Quelques communes ont des propriétés foncières, ou des *droits*
au moyen defquels elles acquittent leurs frais
locaux : le plus grand nombre y fubvient
par une impofition dont je déterminerai les
bafes.

Quand on a parcouru l'intérieur des provinces éloignées, on ne peut s'empêcher d'être
frappé d'un contrafte qui fe préfente fréquem.
ment. On voit des édifices publics, comme
ponts, églifes, tours, aqueducs, conftruits
anciennement à grands frais & avec luxe,
dans des communes qui ne peuvent aujour-
d'hui fubvenir aux dépenfes locales de première néceffité, & réparer un hôtel de ville,
ou une fontaine publique qui tombent en
ruines. Dans les mêmes lieux, on remarque
quelquefois un luxe tout neuf de maifons
particulières qui contrafte avec le délabrement
des édifices publics. On fe dit à foi-même,
qu'autrefois l'état demandoit moins aux fujets, & que les communes pouvoient demander davantage à leurs habitans; ou que les
citoyens faifoient moins de dépenfes perfonnelles, & fubvenoient plus volontiers aux dé-

penfes communes. Le luxe a rendu l'état plus avide & le particulier plus égoïfte.

Un abus oppofé, dont on trouve fréquemment des exemples, & quelque fois dans les mêmes villes, eft la profufion indifcrette d'embelliffemens, de théâtres, de promenades, qui, concentrant dans les villes toutes les jouiffances, fait déferter les campagnes & transforme une nation de cultivateurs en un peuple de citadins. La fociété ne gagne pas à ce changement: les habitans des villes ont *néceffairement* des habitudes républicaines, qui naiffent de leur réunion habituelle & de leur vanité. Le citadin eft corrompu, parce qu'il eft oifif; il a de l'efprit fans jugement & de la politeffe fans vertus. L'habitant des campagnes a des principes plus monarchiques parce qu'il eft lui-même *pouvoir* & chef de fon petit état; il fent mieux le befoin d'une autorité tutélaire parce qu'il eft plus ifolé; il eft vertueux, parce qu'il eft occupé, & raifonnable parce qu'il eft vertueux.

Les règles qui conviennent au régime municipal des communes, & dont je n'ai fait que développer les motifs, ne peuvent pas s'appliquer au gouvernement intérieur de ces cités immenfes dont l'adminiftration particulière eft intimement liée à l'adminiftration générale de l'état, parce que la tranquillité générale de l'état dépend de leur tranquillité particulière. Non feulement les principes d'après lefquels les adminiftrations des autres com-

munes font compofées, ne font pas dans la
nature de ces grandes communes, mais ils
font formellement contre leur nature, parce
que leurs habitans, trop nombreux pour être
affemblés, font trop étrangers les uns aux
autres pour pouvoir fe connoître. Dans les
autres villes, il faut réunir, dans les mêmes
mains, tous les objets qui tiennent à l'adminiftration de la commune, pour augmenter la
force, c'eft-à-dire, la confidération de l'autorité municipale : dans celles-ci, il faut féparer ces mêmes objets pour diminuer une
influence qui ponrroit devenir un *pouvoir*, &
qui le devient prefque toujours dans les temps
de trouble. Cependant il eft effentiel de conferver la modeftie des noms & l'apparence
des formes, car il ne faut pas qu'aucune cité
de l'empire fe croye autre chofe qu'une cité.
On peut même remarquer que dans les deux
plus grandes villes de France, Paris & Lyon,
le chef de la municipalité s'appelloit du nom
plus modefte de prévôt des marchands.

Ces grandes cités font dangereufes, fans
doute, à la tranquillité de l'état : mais quelle
reffource n'offrent-elles pas à un gouvernement qui *gouverne* pour diriger l'efprit public!
ce feroit fe priver d'un puiffant moyen d'influence générale, & ôter en même temps aux
grandes villes un moyen de profpérité particulière, que de morceler leur adminiftration municipale en plufieurs petites adminiftrations,
comme

comme viennent de le faire les tyrans de la France à l'égard des principales villes du royaume. Ce n'est qu'à une autorité usurpée, au *pouvoir* particulier, que peut convenir la maxime *de diviser pour régner.*

Dans les provinces du midi de la France, les consuls ou syndics de village sont nommés par le seigneur sur la présentation des habitans. Cette forme doit être conservée : les électeurs sont en trop petit nombre dans les communes de campagne, les intérêts personnels trop rapprochés & trop actifs pour laisser aux habitans le choix définitif de leurs officiers de police. Le seigneur ou son juge peuvent connoître, peuvent distinguer & n'ont jamais d'intérêt à faire un mauvais choix. Un fief est une monarchie en petit. La perfection de la constitution monarchique est d'être comme une grande pièce de méchanique dont toutes les roues s'engrènent les unes dans les autres & concourent toutes à produire un seul & même effet. Ces roues ne sont pas *égales*, mais elles sont *semblables* entr'elles : leurs vitesses ne sont pas égales, mais uniformes & leurs mouvemens simultanés. La famille, la commune, le royaume sont *semblables* sous le rapport de l'administration, la famille, le fief, le baillage, le parlement, sont *semblables* sous le rapport de la justice.

CHAPITRE IV.

Adminiſtration des provinces.

J'OSE fronder une opinion aſſez générale, & m'élever contre le ſyſtème des adminiſtrations collectives, quelles que ſoient leur compoſition, leur forme, & leur dénomination.

Je les regarde comme contraires à la conſtitution, & par conſéquent à la nature, à la raiſon.

On n'a pas aſſez obſervé la marche des opinions en France. Les uns vouloient aſſimiler le régime des provinces au régime des communes, & établiſſoient dans les provinces des adminiſtrations collectives; les autres ont voulu aſſimiler le régime de l'état au régime des provinces, & ont établi dans l'état le gouvernement républicain.

Qu'eſt-ce qu'une province? Ce n'eſt pas une ſociété, ce n'eſt qu'une fraction de ſociété. Je m'explique.

Une famille eſt une ſociété: elle en a le caractère; elle a des hommes & des propriétés, des hommes naturels & des propriétés naturelles. Il y exiſte un *pouvoir* naturel, le *pouvoir* de l'homme, un *conseil* naturel, celui de la famille, pour en gouverner les membres & en administrer les propriétés.

Une commune est une société : elle en a le caractère ; elle a des hommes & des propriétés, les hommes de la commune & des propriétés communes ; il faut un *pouvoir* commun ou municipal, un *conseil* commun ou municipal, pour gouverner les hommes & administrer les propriétés.

Le ressort d'une cour de justice est une société : elle a des hommes & des propriétés ; des justiciables & un tribunal : il faut un *conseil* pour exercer les fonctions du tribunal, un *pouvoir* pour soumettre les justiciables à ses arrêts.

Le royaume enfin est une société & la société générale : il en a le caractère ; des hommes & des propriétés, des sujets & des propriétés publiques. Il faut un *pouvoir* général ou royal & un *conseil* général ou royal pour gouverner les hommes & administrer les propriétés.

Une province n'est pas une société, car elle n'a ni hommes, ni propriétés particulières. Elle n'a que les hommes & les propriétés de la famille, de la commune, du ressort, du royaume. Elle ne considère pas les hommes, ni les propriétés sous une modification qui lui soit propre ; je vois l'homme de la famille, ou l'homme naturel, l'homme de la commune ou

K 2

le citoyen, l'homme du reſſort ou le juſticiable, l'homme du royaume ou le ſujet : je ne
vois nulle part l'homme de la province. Je
puis en dire autant des propriétés. La maiſon
& le champ appartiennent à la famille, les
égliſes, l'hôtel de ville, les fontaines à la
commune; le palais de la juſtice, & les pri-
ſons au reſſort; les chemins publics, les canaux, les ponts, les établiſſemens d'éducation, les propriétés navales ou militaires, au
royaume, parce que toutes ces propriétés
ont pour objet de faciliter les communications & le commerce des différentes parties
du royaume entre elles ou avec les états voi-
ſins, & d'aſſurer la défenſe de l'état, en ajou-
tant à ſes moyens de force & de proſpérité.

La province n'eſt donc pas une ſociété
particulière, *& lorſqu'une province veut être
une ſociété, l'état eſt en révolution.* Les prétentions de quelques provinces de France de former une ſociété particulière ont été, malgré
elles-mêmes, le ſignal de la révolution.

On me citera les pays d'états.

Les états particuliers des provinces n'é-
toient, dans l'origine, que les états-généraux
des grands fiefs, car chaque partie, en ſe ſé-
parant du grand tout, lorſque les gouverneurs
des provinces ſe rendirent héréditaires, en
retint la conſtitution.

Ces états-généraux des grands fiefs avoient,
comme ceux du royaume, la faculté d'accorder l'impôt, & depuis que les fiefs furent ré-

unis à la couronne, ils joignirent à cette faculté, aujourd'hui purement nominale, la réalité des fonctions adminiftratives, à peu près comme fi les états-généraux de France, les *cortés* d'Efpagne & le parlement Britannique s'érigeoient, contre la nature de leurs fonctions, en affemblées adminiftratives de leurs états refpectifs, devenus par le fort des armes, des provinces d'un vafte empire.

Or je dis que les états particuliers des provinces ont acquis les fonctions adminiftratives contre la nature de la conftitution.

1.° Le premier ordre doit défendre la fociété religieufe & non adminiftrer la fociété générale.

2.° Le fecond ordre doit défendre la fociété politique, & non adminiftrer la fociété générale.

3.° Le troifième ordre doit enrichir l'état & s'enrichir lui-même par fon travail, & non adminiftrer la fociété générale.

Toutes les ordres ou toutes les profeffions font donc déplacées dans une adminiftration collective. Or une inftitution qui déplace les profeffions fociales dans une fociété conftituée, commence une révolution, puifqu'une révolution, dans une fociété conftituée, ne peut s'opérer que par le déplacement des profeffions fociales.

Les faits viennent à l'appui du raifonnement, & la manie d'adminiftrer, que depuis

K 3

quelques années on avoit infpirée à tous les *ordres* de l'état n'a pas peu contribué à altérer leur efprit particulier , & à amener la révolution.

Les pays d'état , dira - t - on , profpèrent fous ce régime. Cette profpérité ne pouve rien pour la bonté de l'inftitution. Elle fait honneur, fi l'on veut , à la fageffe perfonnelle des adminiftrateurs : elle en fait encore plus à la nature, à la fertilité & à la fituation de la province. Dans le bien que les hommes croient faire , il ne faut voir fouvent que le bien que les hommes ne peuvent détruire. Tous les pays d'états en France , font ou des provinces maritimes, ou des provinces naturellement fertiles.

Dans le régime des adminiftrations collectives, les hommes valoient mieux que l'inftitution ; dans le régime d'adminiftration unique, l'inftitution quelquefois valoit mieux que l'homme.

Si les états particuliers de quelques provinces font, comme on n'en peut douter, les états généraux d'un grand fief, pourquoi ont - ils les fonctions adminiftratives ? s'ils ne font qu'affemblée adminiftrative, pourquoi délibèrent - ils fur l'impôt ?

S'ils font états - généraux , pourquoi ont - ils député aux états généraux du royaume ?

Ces provinces , dit - on , confervent leur conftitution, c'eft pour cela même que celle du royaume alloit en s'affoibliffant; je le prouve.

Dans les vrais principes de la conftitution, l'impôt pour les befoins fixes une fois accordé, la demande n'en doit plus être renouvelée, à moins qu'après un temps confidérable, une diminution de valeur dans le figne ne rende néceffaire une augmentation dans la quantité. Non feulement la demande n'en doit pas être renouvelée, mais elle ne peut pas l'être, puifque l'impôt n'eft *fixe* qu'autant qu'on n'en renouvelle ni la demande ni l'octroi. Si les états particuliers des provinces n'euffent eu que leurs fonctions naturelles, celles d'états-généraux, comme eux ils ne fe feroient affemblés, que lorfque les befoins extraordinaires de l'état auroient néceffité leur convocation. Mais comme ils avoient encore les fonctions adminiftratives, ils s'affembloient tous les ans & donnoient ainfi au gouvernement la facilité de demander & d'obtenir tous les ans un accroiffement d'impôt.

L'impôt n'avoit plus rien de *fixe*, parce que la facilité de le demander tous les ans fourniffoit l'occafion de l'accroître tous les ans. Or de l'accroiffement annuel de l'impôt, font venus l'accroiffement des dépenfes, le *déficit*, les états-généraux, &c. &c. Ces provinces, dit-on, avoient confervé une ombre de liberté. C'eft une erreur: fi dans une fociété monarchique les états-généraux

K 4

s'aſſemblent tous les ans, & à époques fixes,
ils finiront par renverſer la conſtitution en
établiſſant leur *pouvoir* particulier. Mais comme les états d'une ſeule province ne pouvoient
pas renverſer le *pouvoir* général de la ſociété,
ils étoient néceſſairement aſſervis par ce *pouvoir*.

J'oſerai dire, puiſque l'occaſion s'en préſente, que la convocation périodique des
états-généraux demandée par les cahiers eſt
formellement contraire à la conſtitution, &
doit finir par la renverſer. Ce n'eſt qu'en laiſſant à la nature de la ſociété le ſoin d'amener, lorſqu'il eſt *néceſſaire*, l'aſſemblée générale de la nation, que le monarque peut continuer d'être le *pouvoir* général de l'état, ou,
ce qui eſt la même choſe, que la nation peut
conſerver ſa liberté. Dans une ſociété conſtituée, des états-généraux aſſemblés à époques
fixes, s'aſſembleront ſouvent ſans *néceſſité*;
s'ils s'aſſemblent ſans *néceſſité*, l'état ſera en
révolution, parce qu'il eſt de l'eſſence de ces
corps de *faire*, & qu'ils *défont* là où il n'y a
rien à faire. On ne manquera pas d'alléguer
que, dans mes principes, la convocation des
derniers états-généraux de France, étoit néceſſaire, puiſque l'impôt ordinaire ne pouvoit
plus ſuffire aux beſoins de l'état, & que
cependant ils ont mis le royaume en révolution; mais je répondrai: 1.° que dans la
conſtitution la *forme* eſt auſſi *néceſſaire* que le
fonds, puiſque toutes les loix politiques ſont

des conséquences *néceſſaires* des loix fondamentales, & loix fondamentales elles-mêmes;
or, en France, on a violé les formes conſti-
tutives des états-généraux; 2.° que la nature ſaura ramener à ſes vues les hommes &
les choſes, & ſe ſervir des paſſions des uns
& du déſordre des autres, pour perfectionner, en France, la conſtitution politique &
religieuſe.

La province ne forme donc pas ſociété particulière, puiſqu'elle n'a ni hommes particuliers, ni propriétés particulières; il ne faut
donc pas une *autorité* particulière dans la province; il n'y faut donc pas un *conſeil* particulier. Elle eſt une fraction de la grande ſociété; elle n'a que les hommes & les propriétés de la grande ſociété: donc elle doit être
gouvernée par le *pouvoir* de la grande ſociété,
& adminiſtrée par ſon *conſeil*; c'eſt-à-dire,
par le roi & par le conſeil royal; & comme
le roi ni ſon *conſeil* ne peuvent pas gouverner
immédiatement les hommes ni adminiſtrer immédiatement les propriétés, il faut un *délégué*
du roi & du conſeil, un *commiſſaire* de l'un
& de l'autre.

Ce commiſſaire ne ſera pas *pouvoir*, mais
délégué du *pouvoir*; il ne ſera pas *conſeil*,
mais délégué du *conſeil*: ſa fonction ſera d'exécuter les ordres du *pouvoir*, & d'éclairer les
déciſions du *conſeil*; il ſera le lien, l'intermédiaire entre la grande ſociété royale & les ſociétés municipales, il ne ſera ni le centre, ni

la circonférence, mais le rayon qui unit le centre à la circonférence.

Les partifans des adminiſtrations collectives ſe rejettent ſur l'égale répartition des impôts, ſur l'encouragement à accorder au commerce, aux manufactures, à l'agriculture, ſur l'ouverture des communications par terre ou par eau; ils prétendent qu'une adminiſtration collective porte, ſur tous ces objets, une ſurveillance plus éclairée; mais 1.° l'adminiſtration générale n'a rien à faire, en fait d'impôt, qu'à en dépenſer le produit & à en rendre compte. Les états-généraux doivent l'accorder; les tribunaux inſtitués par la nation en éclairer la perception, en recevoir le compte: la répartition doit s'en faire ſur le produit des terres, ou le montant des conſommations, & elle doit ſe faire toute ſeule ſans rôle, ſans *cadaſtres*, par la ſeule *décimation* des produits du ſol ou de ceux de l'induſtrie. 2.° Le gouvernement doit ſe mêler le moins poſſible de commerce, parce qu'il le dérange; de manufactures, parce qu'il s'y ruine; il ne doit encourager l'agriculture qu'en laiſſant, dans l'intérieur, un cours libre à ſes produits, qu'en modérant, & plus encore en aſſeyant les impôts ſur les terres d'une manière éclairée, qu'en ſurveillant les mœurs du peuple, & l'arrachant à des diſtractions dangereuſes; il faut, ſur le reſte, laiſſer faire l'intérêt perſonnel bien plus clair-voyant & bien plus actif que l'adminiſtration générale

la plus clair-voyante & la plus active. Si
l'établissement d'une branche de commerce,
ou d'une manufacture est lucratif, si l'introduction d'un nouveau procédé d'agriculture
est avantageuse, l'intérêt personnel établira
l'un, introduira l'autre, & trouvera dans ses
profits les véritables encouragemens. Le
gouvernement n'établit jamais qu'à force d'argent des manufactures qu'il ne soutient qu'à
force d'argent, & qui enrichissent des fripons
en ruinant l'état.

Pour les communications générales, il doit
exister & il existe en France, une administration centrale qui embrasse, d'un coup d'œil,
l'ensemble des besoins & des relations de l'é-
tat, & dirige les communications d'une manière conforme à l'intérêt général. C'est précisément la partie qu'il ne faudroit pas laisser
aux administrations qui, trop souvent, demandent & obtiennent des chemins pour leur
province, sans consulter & sans connoître
le véritable intérêt des provinces voisines ou
de l'état en général. D'ailleurs toute décision,
à cet égard, confiée aux administrations collectives, y est presque toujours une pomme
de discorde & un aliment aux passions & aux
intérêts personnels.

Le caractère particulier & le défaut des
administrations collectives est de se laisser aller au vent des nouveautés, & des systêmes,
& d'être le bureau d'adresse de tous les faiseurs de projets. Dès que les hommes sont

réunis, ils éprouvent le befoin d'*agir* par le fentiment qu'ils ont de leurs *forces*, & le befoin d'agir lorfqu'il n'y a rien à faire, n'eft que le befoin de détruire ce qui eft fait. Or, l'adminiftration ne confifte pas à faire, mais à conferver.

Une adminiftration collective eft une république où chacun veut exercer fon *pouvoir*. Les moins imparfaites de toutes, celles où les adminiftrateurs étoient nommés par le roi, comme dans les dernières adminiftrations provinciales, avoient un inconvénient moral très-grave. Elles brifoient, dans les provinces, les liens de parenté, d'amitié, de cité, elles mettoient la hauteur & les tons miniftériels à la place de la *bonhommie*, & la jaloufie à la place de la cordialité. La province étoit divifée, fur-le-champ, & par la nature des chofes, en deux partis, celui des adminiftrans & celui des adminiftrés. Or il n'y a plus de liaifon poffible entre des *pouvoirs* & des fujets, & cet objet eft d'une autre importance que l'établiffement d'un haras, l'ouverture d'un chemin, ou même l'inftitution d'un cours public d'accouchement.

Le gouvernement peut rappeler un commiffaire qui ne fait pas fon devoir, mais il ne peut renouer, une fois qu'ils font rompus, des liens précieux qui font la douceur & le charme de la vie.

Si l'on m'objectoit que les cahiers de quelques ordres ont demandé les affemblées provinciales, je dirois qu'à cette époque cela devoit être ainfi, & j'en apprendrois la raifon.

L'adminiftration des provinces n'eft donc qu'une commiffion. La queftion fe réduit donc à favoir fi cinquante commiffaires valent mieux qu'un. Or il ne faut connoître ni les hommes, ni les chofes, pour ignorer, qu'en adminiftration, cinquante hommes médiocres ne valent pas un homme fupérieur, & que cinquante hommes fupérieurs, néceffairement jaloux & difcords, valent, encore moins un homme médiocre.

Mais la nature ne perd pas fes droits, *là où tous veulent dominer, il faut qu'un feul domine*, & malgré les hommes, elle concentre dans le plus petit nombre poffible, c'eft-à-dire, dans un feul, toute l'autorité de l'affemblée, qu'il exerce alors au nom de tous & fans refponfabilité perfonnelle. C'eft là le grand danger des adminiftrations collectives. Car puifque l'adminiftration eft une commiffion chargée d'exécuter les ordres du *pouvoir* qui gouverne les hommes, elle peut outrepaffer les ordres du *pouvoir*, & opprimer les hommes. Si l'homme eft opprimé par un feul homme délégué du *pouvoir*, il s'en plaint au *pouvoir* qui l'a délégué, & l'homme focial peut en obtenir juftice par ce motif fecret qu'il eft poffible à l'homme naturel d'en tirer vengeance; mais quand l'homme focial eft opprimé par un corps délégué du *pouvoir*,

ou au nom de ce corps, il ne peut en obtenir juſtice, parce qu'il eſt phyſiquement impoſſible que l'homme naturel en tire vengeance. Cette raiſon tirée de la nature de l'homme *naturel*, & qui, par conſéquent, ne peut
recevoir aucune application dans la ſociété
conſtituée, eſt la démonſtration la plus évidente que le gouvernement républicain eſt
non ſeulement contraire à la nature de l'homme ſocial, mais même à celle de l'homme
naturel.

Mais le régime des intendans n'avoit-il
pas de grands abus? il en avoit ſans doute
& cela ne pouvoit pas être autrement, 1.°
parce que l'homme s'étoit perverti avant que
l'inſtitution ſe fût perfectionnée: 2.° parce
qu'il avoit un impôt à répartir contre l'eſprit
& la lettre de la conſtitution. Il faut donc,

1.° Former l'homme; 2.° perfectionner l'inſtitution; 3.° lui ôter toutes fonctions relatives
à l'impôt.

CHAPITRE V.

Régime des intendans ou commiſſaires.

———————

COMMENT perfectionner le régime des intendans ou commiſſaires?

L'éducation ſociale a formé l'homme ſocial; l'adminiſtrateur, délégué du conſeil, ſe formera en faiſant l'apprentiſſage de ſes fonctions près du conſeil d'état, & c'eſt préciſément dans cette claſſe de magiſtrats employés près du conſeil appelés Maîtres des requêtes, que les intendans étoient choiſis.

L'intendant a donc reçu l'éducation particulière de ſes fonctions: il a été nommé magiſtrat près du conſeil & ordinairement reçu en une cour ſouveraine. Le roi le nomme ſon commiſſaire, & celui du conſeil; ce choix eſt agréé par le conſeil, & d'ailleurs il peut toujours être révoqué, puiſqu'il ne donne qu'une commiſſion, & ne confère pas un office; véritable raiſon pour laquelle cette place n'a jamais obtenu une conſidération proportionnée à l'importance de ſes fonctions. Les commiſſions répugnent au principe de la monarchie, qui tend à rendre tout héréditaire. C'eſt pour s'en rapprocher le plus possible, & perfectionner par conséquent l'institution, qu'il faut fixer le commissaire dans sa province.

Ainsi un réglement absolument nécessaire est qu'un intendant ou commissaire ne puisse pas quitter la province à laquelle il aura été nommé pour passer à une autre.

1.° Il ne peut y avoir de motif au changement tiré de l'intérêt de l'état, parce que toutes les provinces doivent être également chères au pouvoir de l'état, & qu'aucune n'est faite pour servir de *sujet* aux expériences d'un ministre, ni de théâtre aux coups d'essai d'un apprentif: parce que l'administration de toutes les provinces doit rouler sur les mêmes objets, & que l'administration d'une province plus étendue ne demande pas plus de talens dans l'administrateur, mais plus de secrétaires dans ses bureaux.

2.° Il ne peut y avoir de motif au changement pris de l'intérêt de la province, parce qu'un intendant qui ne convient pas à une province ne peut convenir à aucune autre; parce que chaque intendant doit se former dans la province à l'administration de laquelle il a été nommé, & s'il ne peut pas s'y former, il faut le rappeler.

3.° Il ne peut y avoir de motif tiré de l'intérêt de l'intendant, parce que si ses intérêts l'appellent ailleurs, il est libre; il n'a qu'une commission, il peut la rendre. Je n'exclus

clus cependant pas tout congé extraordinaire & limité à un temps très - court.

Les Romains, dont le gouvernement étoit mauvais & l'administration parfaite, ne cherchoient pas, comme nous, à assortir les talens aux provinces, ce qui n'est presque jamais que consulter des intérêts particuliers; ils tiroient au sort les provinces, & quelles provinces! dans une société constituée, les choses doivent faire aller les hommes; une province qui *a besoin d'un tel homme* pour administrateur, est bien à plaindre; un état qui *a besoin* d'un *tel homme* pour ministre, travaille à entrer en révolution ou à en sortir. Les exemples ne sont pas loin de nous.

Si un administrateur peut espérer de changer une fois de province, & pour un motif, tous les administrateurs changeront & même sans motif.

Si un intendant ne se regarde pas irrévocablement fixé dans sa province, il ne remplira ses fonctions qu'avec dégoût ou impatience, parce qu'il s'attendra, parce qu'il désirera de passer à une autre. Plus d'habitudes, plus d'affections réciproques entre l'administrateur & les administrés; plus de connoissance approfondie des hommes ni des propriétés, connoissance sans laquelle on ne peut gouverner les uns, ni administrer les autres, plus de projets utiles dont il faut laisser à un successeur l'exécution & le mérite. L'inten-

Tome III. L

dant n'eſt plus qu'un inſpecteur en tournée.
Il paſſe, il prend des notes, il *verra*.

Le roi, ni ſon conſeil, ne peuvent pas tout
voir par eux-mêmes dans le royaume; ils
nomment des commiſſaires pour voir à leur
place; mais le roi, ni ſon conſeil, ne doivent
rien faire par eux-mêmes, & leur commiſſaire n'a donc rien à faire par lui-même. Il y
a des officiers publics, chargés chacun dans
leur partie, de *faire* ſous les ordres du roi &
du conſeil, tranſmis par le commiſſaire. Ainſi
les intendans ou commiſſaires ſont les yeux,
le roi & ſon conſeil ſont la penſée où la vo-
té, les officiers publics, chargés d'une partie
quelconque d'adminiſtration, ſont les mains.
Ainſi, dans les affaires des communes, l'intendant voit & rend compte, le conſeil prononce, les officiers municipaux exécutent.

Dans ce qui a rapport à la ſureté publique,
l'intendant voit, le conſeil ordonne, les officiers de police civils & militaires exécutent.

Dans ce qui a rapport aux communications
& autres ouvrages publics, l'intendant doit
voir & rendre compte, le conſeil prononcer,
les ingénieurs exécuter. Il faut cependant ex-
cepter de cette règle générale deux circonſ-
tances extraordinaires; lorſque la ſureté publique eſt menacée par une ſédition ou un
complot, & les ſubſiſtances générales com-
promiſes. Alors le commiſſaire a néceſſairement une autorité exécutive: il voit, il ordonne, & rend compte des ordres qu'il a don-

nés; & c'est ce qui démontre encore mieux le vice des administrations collectives, qui, dans des circonstances semblables, seroient obligées de s'écarter de leur forme constitutive qui ne pourroit s'accorder avec le secret & la célérité nécessaires, & de créer dans leur sein une sorte de dictature.

Dans les grandes communes, où le choix des habitans appelle aux fonctions municipales des sujets éclairés, considérés & riches, les officiers municipaux doivent agir sous la surveillance du commissaire & leur propre responsabilité; mais il n'en est pas de même dans les campagnes où l'on ne pourroit, sans inconvénient, confier certaines fonctions à des hommes sans lumières & sans fortune suffisantes.

Ce seroit un autre abus que de croire remédier à cet inconvénient, en réunissant les communes de campagne dans des arrondissemens, pour n'en former que de grandes communes; car outre que dans certains pays on pourroit réunir plusieurs villages & de grands territoires, sans trouver des hommes qui eussent les qualités requises pour être administrateurs de ces grandes communes, il y auroit un danger réel à laisser des villages écartés sans officier de police & sans moyen de répression.

Il faut donc conserver des correspondans ou subdélégués pour surveiller l'administration des communes de campagne.

L 2

Par qui feront préfentés ces correfpondans? par ceux qui les connoiffent: par qui feront-ils choifis? par celui qui peut les diftinguer. Par qui feront-ils approuvés? par le confeil dont ils font les délégués médiats.

Ainfi ils feront préfentés par les habitans de l'arrondiffement, choifis par l'intendant, & approuvés par le confeil; c'eft-à-dire, que, dans chaque commune de la fubdélégation, les dix, quinze ou vingt plus forts propriétaires préfenteront à l'intendant trois fujets de l'âge, état & fortune requis, en obfervant de fpécifier leur âge, leur état, leur fortune; après trois mois l'intendant, qui aura eu le temps de prendre les informations néceffaires, fera paffer au confeil toutes ces liftes avec fon avis particulier, & le confeil nommera fans être tenu à obferver aucune pluralité de fuffrages. Ce moyen, qui n'exige aucune affemblée générale d'électeurs, mais fimplement une affemblée partielle dans chaque commune des plus forts propriétaires, auroit l'avantage de mettre de temps en temps fous les yeux de l'adminiftration générale, des hommes capables dans les provinces, & dont elle pourroit fe fervir au befoin.

Le correfpondant ne fera qu'un commiffaire révocable, puifque l'intendant lui-même n'eft pas autre chofe.

Il doit avoir une fortune honnête, & obligé à fe déplacer fréquemment, il recevra des appointemens décens. La fociété ne demande à aucun de ses membres des sacrifice sans compensation.

La fonction de correspondant ou subdélégué sera, comme elle étoit anciennement & pour les mêmes raisons, incompatible avec celle de juge; mais si les cours souveraines doivent lever l'incompatibilité comme elles le faisoient trop souvent, il vaut mieux ne pas l'ordonner: sur deux abus, c'est en épargner un.

Il ne faut pas que l'intendant soit un *potentat* qui ne puisse se mouvoir sans qu'on sonne toutes les cloches, & que toute la jeunesse d'un pays prenne les armes; ni son correspondant, un *important* qui ne puisse aller dans un village, sans se faire annoncer, un mois à l'avance, au plus riche habitant du lieu qui, pour le recevoir, met en réquisition toutes les volailles de la paroisse & tout le gibier du canton. L'intendant, comme son correspondant, doivent être des hommes actifs, laborieux, *allans*, affables pour les administrés, inflexibles pour leurs sous-ordres, cherchants à connoître les hommes & à voir par eux-mêmes les choses, dignes de représenter l'autorité suprême par la décence de leurs mœurs, l'austérité de leurs principes, la dignité relative de leur représentation & sur-tout par l'intégrité de leur conduite.

Ces correspondans n'auront en cette quaté aucune fonction, au moins publique, dans les villes, ou bien il faut renoncer à avoir dans les villes, pour officiers municipaux, des hommes riches & confidérés.

Ce que j'ai dit des officiers municipaux doit s'appliquer aux intendans. Ce qui les rendoit odieux étoit l'impôt, parce que c'étoit malgré la conftitution qu'ils s'occupoient de l'impôt.

Comme une fociété peut périr par l'impôt, la nature a redoublé de précautions pour éloigner ce danger. Elle a féparé les fonctions entre la fociété & fon pouvoir.

Le roi doit demander, la fociété accorder, par les états-généraux.

Le roi doit percevoir, la fociété éclairer la perception, par les cours des aides.

Le roi doit employer, la fociété recevoir le compte, par les chambres des comptes.

Mais il s'étoit établi un impôt fans la fociété, je veux dire la capitation perfonnelle, & parce que cet impôt étoit contre la conftitution ou contre la nature de la fociété, il étoit, & je le ferai voir en traitant de l'impôt, contre la nature de l'homme. Comme le monarque feul avoit établi l'impôt, feul il le répartiffoit, le percevoit, en furveilloit la répartition & la perception.

Il ne le faifoit pas par lui-même, il le faifoit par fes délégués, ce qui les rendoit odieux à ceux même qui ne connoiffoient pas la conftitution. Un autre abus qui tenoit à la même cause, étoit l'abus des modérations, des *dégrèvemens* sur la capitation, des dons accordés pour grêle, incendie, mortalité de bestiaux &c., Un des plus précieux avantages de l'impôt en nature, est d'être toujours en proportion exacte avec les bienfaits de la nature, ou avec ses rigueurs. Je dis plus : c'est une proportion que l'homme ne peut jamais trouver, & il y a de quoi rire de la présomptueuse ignorance d'un expert, qui affirme, & par serment, que la gelée ou la grêle a diminué la récolte juste d'un tiers, ou d'un quart, dans toute l'étendue d'une paroisse. Un propriétaire souffroit une perte de bestiaux évaluée 1500 liv. : il obtenoit de l'intendant, une modération de dix écus, ou, si l'on veut, un don extraordinaire de soixante livres : mais pour un don, dérisoire à force d'être insuffisant, combien de dons injustement appliqués, combien d'impostures dans l'exposition, de faussetés dans le rapport, de démarches, de bassesses, de corruption quelquefois de la part des sous-ordres? quand on trouveroit de trop grandes difficultés à établir l'impôt en nature, je ne regarderois pas moins comme une mesure essentielle, en morale comme en administration, de supprimer tout don particulier. Que l'impôt soit modéré, & il n'y aura aucune injustice à cette disposition.

Au reste il faut observer que je n'ai considéré la capitation que dans les pays de taille

L 4

réelle, où elle eſt diſtinguée de l'impoſition territoriale, & où elle porte directement & uniquement ſur la perſonne.

Si l'on veut perfectionner le régime des intendans, il n'eſt pas inutile de changer la dénomination de cette fonction. La dénomination d'intendant rappelle des fonctions de domeſticité peu conſidérées : que celle qu'on lui ſubſtituera ſoit modeſte, car la conſidération n'eſt pas dans l'orgueil; qu'elle ennobliſſe les fonctions ſans enfler la perſonne; qu'elle ſoit, s'il eſt poſſible, *ſans épithète*, parce que notre langue, & c'eſt une de ſes beautés, tend à abréger, & la ſupprime. Le titre de *commiſſaire départi* n'a jamais été employé que dans les arrêts du conſeil, ou le ſtyle des parlemens. La dénomination de ſubdélégué doit également être changée, & ſur les mêmes principes.

CHAPITRE VI.

Mœurs.

LES Mœurs font privées ou publiques, de l'homme naturel ou de l'homme politique. Les mœurs privées se forment par l'éducation domestique; les mœurs publiques par l'éducation publique & l'éducation particulière de la profession; les unes comme les autres se perfectionnent par les bons exemples, ou se détériorent par les mauvais.

Le gouvernement peut donc former les mœurs privées & les mœurs publiques, puisqu'il peut veiller sur l'éducation domestique & sociale & sur celle de la profession, & procurer de bons exemples, ou réprimer les mauvais.

Il est inutile de prouver qu'une bonne éducation domestique ou sociale forme les mœurs privées & les mœurs publiques. Une bonne éducation domestique ou sociale est une éducation religieuse; or, la religion commande toutes les vertus, & elle réprouve tous les vices.

En vain le philosophisme qui n'a ni *cœur*

ni *sens*, parce qu'il n'a jamais rien refusé à l'un ni à aux autres, (ainsi que l'homme physique n'auroit pas l'idée de la *force*, s'il n'avoit celle de la résistance); en vain le philosophisme veut-il tout faire avec l'*esprit*; en vain appelle-t-il la *raison* pour dompter les passions, & l'*intérêt* pour produire la vertu; il suppose ce qui est en question: car la *raison* n'est que la passion domptée, & la vertu n'est que l'*intérêt* connu. Il appelle, pour dompter la passion, la *raison*, qui n'existe que quand la passion est domptée; il appelle, pour produire la vertu, l'*intérêt* qui n'est connu parfaitement que quand la vertu est pratiquée; ainsi il ne peut exister de *raison* sans religion, puisque la religion dompte les passions qui s'opposent au développement de la *raison*; & il n'existe pas de connoissance de nos vrais *intérêts* sans vertu, puisque la vertu n'est que la connoissance parfaite & *pratique* de nos vrais *intérêts*.

L'éducation propre à la profession forme aussi les mœurs publiques, ou les habitudes de la profession.

Ainsi, c'est dans l'éducation particulière de la profession royale, que l'homme destiné à régner contracte l'habitude de toutes les vertus, de toutes les bienséances, de tout l'empire sur son *esprit*, sur son *cœur*, sur ses *sens*, que demande cette profession auguste où l'homme est *pouvoir* par son exemple, plus encore que par ses ordres, & où son exemple est plus *pouvoir à mesure que la société est plus constituée.*

Ainsi, c'est par l'éducation particulière de leurs professions respectives, que le jeune ecclésiastique formera son *esprit* par l'instruction, son *cœur* par la charité, ses *sens* par le recueillement; que le jeune militaire pliera son *esprit* à la subordination, dirigera son *cœur* par l'amour de son roi, développera ses *sens* ou ses forces par les exercices de son état; que le jeune magistrat apprendra à cultiver son *esprit* par l'application, à former son *cœur* par l'amour de ses semblables, à commander à ses *sens* par l'habitude de la gravité & de la décence; & observez qu'on ne peut considérer, comme mœurs privées, les mœurs des individus dans les professions sociales; je veux dire, royales, sacerdotales & nobles, parce que, dans l'individu revêtu d'une de ces professions, la profession est inséparable de l'homme, puisqu'elle tient à un caractère indélébile, de consécration ou de naissance. Ainsi leurs mœurs privées forment ou corrompent les mœurs publiques par leur bon ou mauvais exemple.

L'on peut même en démontrer la raison, en observant que le principe de tout ce qui intéresse la conservation de la société se trouve *nécessairement* dans les professions *essentiellement* conservatrices de la société. Or, les mœurs publiques intéressent essentiellement la conservation de la société, puisque les bon-

nes ou mauvaifes habitudes des hommes en
fociété ne font que l'habitude de faire ce
qui eft utile ou nuifible à la fociété.

Donc les mœurs privées ont plus d'influence fur les mœurs publiques, à proportion
que la profeffion eft plus importante au maintien de la fociété.

Donc les mœurs privées du mónarque font
effentiellement confervatrices ou corruptrices
des mœurs publiques : donc plus une fociété
fera conftituée, plus les mœurs privées du
monarque influeront fur les mœurs de fes
fujets, parce qu'à mefure qu'une fociété eft
plus conftituée, le monarque eft plus *pou-*
voir confervateur de la fociété.

Pourquoi la France héritière de la conftitution des Germains, n'a-t-elle pas hérité de
la févérité de leurs mœurs ? " Perfonne, dit
„ Tacite, n'y fait du vice un fujet de plai-
„ fanterie, & l'on n'y traite pas de *mœurs du*
„ *jour* la féduction ou la foibleffe. „ *Nemo il-*
lic vitia ridet, nec corrumpere aut corrumpi fæ-
culum vocatur. Des hommes, dont les Romains
ne confidéroient qu'avec étonnement la force
prodigieufe, fe faifoient *un point d'honneur de*
s'interdire, avant l'âge de vingt ans, tout ce
qui pouvoit l'énerver, & les habitants amol-
lis de nos *villes* corruptrices ofent, à quinze
ans, parler de leurs *befoins !*

Si les individus exerçant des profeffions fociales peuvent corrompre les mœurs publiques
par leurs exemples, l'adminiftration peut les

corrompre par ses institutions. Revenons aux principes.

La fin de la société civile est la conservation de l'homme moral & de l'homme physique, parce que la société civile est la réunion de la société religieuse & de la société politique.

La société religieuse conserve l'homme moral en réprimant sa passion de dominer, elle le conserve en protégeant sa foiblesse.

Mais si le gouvernement laisse affoiblir la religion, ou s'il en détruit le sentiment par des institutions dépravées, il exalte la passion de dominer, au lieu de la réprimer, il opprime la foiblesse au lieu de la protéger. Donc il nuit à la conservation de l'homme moral, donc il le détruit.

Entrons dans le détail.

A la honte des nations chrétiennes, les anciens avoient, pour le culte public, un respect qui, même dans une religion essentiellement corruptrice, étoit utile, puisqu'il entretenoit les peuples dans la croyance de la divinité.

A Rome le gouvernement, au lieu de réprimer la férocité naturelle de l'homme, l'exaltoit par ses institutions; sous ce point de vue, les combats publics de gladiateurs, & les spectacles qu'on donnoit au peuple d'hommes dévorés par les animaux, étoient des institutions immorales.

Dans la Grèce, la foiblesse du sexe ou de l'enfance étoit opprimée par la licence des institutions religieuses, institutions immorales.

puisqu'en corrompant la religion, elles cor-
rompoient les mœurs jusques dans leur principe.

Mais à Rome, ainsi que dans la Grèce,
le respect pour les vieillards étoit une institution morale, puisqu'elle protégeoit la foiblesse
de l'âge.

Chez les modernes, l'irréligion avoit fait depuis un demi siècle des progrès effrayans, &
sans parler des ouvrages qui affoiblissoient la
croyance de la religion dans l'*esprit* de ceux
qui se croyoient éclairés, de mauvais exemples en altéroient le *sentiment* dans le *cœur* de
de ceux pour qui les exemples sont des raisons, & qui doivent avoir la religion dans le
cœur, parce que le défaut d'éducation & la
nature de leurs occupations ne leur permettent
pas d'en approfondir les preuves. Ainsi c'étoit
un usage immoral, parce qu'il étoit très-irré-
ligieux, que l'usage introduit dans les grandes villes, de travailler publiquement les dimanches & les fêtes, sans nécessité, même
sans motif, aux travaux les plus inutiles,
& c'étoit préparer le peuple à voir sans regret
abolir la solemnité du Dimanche, que de
faire construire, sous ses yeux, une salle de
spectacle, les jours particulièrement consacrés
au culte religieux.

C'étoit donc une institution immorale que
celle qui, dans le militaire, ôtoit à l'ancienneté de service ses justes droits, ou l'extrême
facilité avec laquelle on accordoit des dispen-

fes d'âge, parce que c'étoit affoiblir le respect dû à la vieilleffe. Auffi les jeunes gens gouvernoient la cour, donnoient le ton dans les cercles, dominoient dans les compagnies de magiftrature, parvenoient même dans l'Eglife; de là venoit l'inftabilité de nos modes, de nos mœurs, de notre adminiftration même; la jeuneffe veut changer, parce qu'elle change elle-même : la vieilleffe réfifte au changement, parce qu'elle ne change plus; elle veut que tout refte en place autour d'elle, parce qu'elle voudroit y refter elle-même, & que les changemens lui rappellent une idée de deftruction & de mort qu'elle repouffe : cette inflexibilité de goûts & d'opinions, dans le vieillard, qui le rend ennemi de toutes les innovations, eft le plus ferme rempart de la conftitution des fociétés, & jamais gouvernement n'a paffé des mains des vieillards dans celles des jeunes gens, fans tomber dans la confufion & l'anarchie.

J'ai dit que la licence opprimoit la foibleffe du fexe, & l'on me demandera peut-être comment le fexe peut être opprimé lorfqu'il jouit de la liberté la plus entière.

Tout être a une *fin* à laquelle il *veut* parvenir. Sa liberté confifte dans fa faculté d'y parvenir, & fa perfection confifte à y parvenir.

Donc tout ce qui détourne un être de fa fin lui ôte fa liberté & s'oppofe à fa perfection. Donc il l'opprime.

La fin naturelle & sociale de la femme est le mariage, ou l'accomplissement de ses devoirs, dans sa famille, envers son mari & envers ses enfans.

Or la licence brise ou relâche les liens du mariage, & détourne la femme de ses devoirs envers sa famille ; donc la licence lui ôte la faculté de parvenir à sa fin, donc elle lui ôte sa liberté naturelle & sociale, donc elle l'opprime.

Donc le divorce l'opprime, puisque le divorce rompt les liens du mariage & empêche la femme de remplir ses devoirs envers son mari & envers ses enfans.

Donc les spectacles licencieux, les écrits licencieux, les productions licencieuses de l'imagination ou des arts oppriment la femme, puisqu'ils détournent son *esprit*, son *cœur* & ses *sens*, des devoirs que la nature & la société lui imposent envers sa famille.

Il faut observer que, quoique l'homme soit destiné par la nature au mariage, il est aussi destiné par la nature à la conservation de la société civile : ainsi la licence & le divorce l'oppriment en ce qu'ils le détournent de sa fin naturelle ; mais ils ne le détournent pas, au moins directement, de sa fin civile ; au lieu que la femme, n'ayant pas d'autre fin naturelle & civile que le mariage, est opprimée par la licence & le divorce, dans sa fin naturelle & civile à la fois. De là vient que
les

les mêmes défordres font plus criminels dans la femme que dans l'homme.

Mais l'homme moral qui n'a point de fexe, a une fin intellectuelle ou religieufe à laquelle il *veut* parvenir & qui eft fupérieure à fa fin naturelle ou phyfique, comme l'homme moral eft fupérieur à l'homme phyfique. Ainfi les inftitutions religieufes, qui détournent librement l'homme ou la femme de leur *fin* naturelle ou fociale pour les amener à leur fin religieufe, protégent l'homme moral au lieu de l'opprimer.

Si je donnois à ces vérités tous les développemens dont elles font fufceptibles, je ferois un traité de religion ou de morale, & je ne fais qu'un traité d'adminiftration.

Les mœurs publiques peuvent être corrompues par le défaut d'inftruction. C'eft à la religion à inftruire les peuples, & à l'autorité religieufe à veiller à ce que les peuples foyent inftruits par les miniftres de la religion. Les mœurs publiques peuvent être corrompues par de mauvais exemples; ainfi tout ce qui préfente aux peuples une fortune faite par des voyes injuftes, une élévation fans mérite, ou le mérite dans l'oubli, un falaire fans travail, ou des fervices fans récompenfe, la vertu opprimée, ou le vice triomphant, offre de mauvais exemples & ne peut que corrompre les mœurs publiques.

« Il y a, dit Montefquieu, de mauvais

„ exemples qui font pires que des crimes, &
„ plus d'états ont péri, parce qu'on a violé
„ les mœurs, que parce qu'on a violé les
„ loix. "

Assurément l'exemple des succès de l'intrigue fait plus d'imitateurs que l'exemple d'un assassin impuni.

Je dois le dire, parce que je ne veux rien taire. La cause la plus féconde de l'extrême corruption des mœurs, en France, étoit l'histriomanie. Elle étoit devenue une maladie épidémique qui avoit corrompu la capitale, & infecté les provinces. Les petits spectacles de Paris étoient un établissement monstrueux dans un état chrétien, & certaines pièces de théâtre un scandale dans une société policée. La fureur avec laquelle on y couroit, auroit dû être, pour le gouvernement, la mesure de l'immoralité des spectateurs. Dans les provinces, des spectacles au dessous du médiocre pervertissoient les mœurs privées & publiques sans aucune utilité pour les progrès de l'art. Le jeune homme quittoit une compagnie décente pour la licence des coulisses; le père de famille, au retour du spectacle, ne retrouvoit, dans son ménage, que dégoût & ennui. Je ne parle pas du choix des pièces. Elles étoient, depuis long-temps, toutes dirigées vers un but unique, celui de faire une révolution dans la religion & dans le gouvernement, & de rendre odieuses ou ridicules les professions sociales. Ce but paroît quelquefois à découvert sous la morgue d'une sentence : plus souvent, il ne se montre qu'à travers *le transparent* des allusions ; & comme s'il eût fallu des poisons pour tous les lieux & pour toutes les classes de la société, des histrions munis de *patentes*, parcouroient impunément les bourgs & les campagnes, débitant, à la fois, des drogues nuisibles & des farces ordurières & donnoient au villageois ébahi l'exemple de la vie la plus licencieuse & de l'escroquerie la plus effrontée.

Il faut observer que les Romains ne mettoient sur la scène comique que des Grecs, peuple qu'ils méprisoient, des marchands d'esclaves, des parasites, des courtisannes, des esclaves, professions viles ou infâmes. La constitution des sociétés ne permet pas d'introduire dans la comédie les professions sociales, parce que l'homme ne peut pas être séparé de la profession sociale dont il est membre, & qu'ainsi, comme je l'ai déjà dit, les mœurs du roi, du prêtre, du noble, militaire ou sénateur, sont des mœurs publiques, lesquelles ne sont pas du ressort de la comédie, qui ne doit peindre que les mœurs privées.

Les mœurs publiques appartiennent à la Tragédie ; elle est l'école des professions sociales. Elle honore dans Mithridate la profondeur des conseils ; dans Auguste, l'empire de la clémence ; dans Achille, la hauteur du courage ; dans Ulysse, l'ascendant de la

M 2

fageffe, comme elle rélève l'héroïque fainte-
té de Joad, la valeureufe fidélité d'Abner, la
vertueufe fermeté de Burrhus, & le fublime
attachement de Léontine au fang de fes rois:
elle blâme la précipitation dans Théfée, l'orgueil dans Agamemnon, la vengeance dans
Atrée, l'ambition dans Aggrippine, comme
la corruption dans Mathan, la flatterie dans
Œnone & la trahifon dans Pharnace; mais
ce qui eft remarquable eft qu'à mefure qu'une
fociété s'affermit en fe conftituant, & qu'elle
a moins à craindre des effets de l'ambition
du fujet, ou du defpotifme du monarque, la
mufe tragique s'attache à décrire les funeftes
effets de la volupté, feul danger qu'ayent
à redouter les fociétés conftitutées, & foit
qu'elle en montre les fureurs dans Orefte, ou
les foibleffes dans Titus, les imprudences dans
Britannicus, ou les indifcrétions dans Baja-
zet, la honte dans Phèdre, ou les malheurs
dans Ariane, elle cherche à prémunir les rois
contre cet écueil fatal à leur gloire & au
bonheur de leurs peuples.

Dans ce fiècle, par une fuite de l'affoibliffement de la conftitution dans toutes fes parties, on avoit donné des mœurs privées aux
profeffions publiques, pour pouvoir les introduire fur la fcène, & l'on repréfentoit des
hommes revêtus de profeffions fociales dans
des attitudes naturelles ou de famille. C'eft
ce qu'on appelle des *drames*. Le public applaudiffoit au talent de l'auteur; il entroit

dans la situation du personnage; mais l'homme de goût se reprochoit le plaisir qu'il y prenoit; un sentiment intérieur l'avertissoit de l'inconvenance du sujet, en le laissant jouir des beautés de l'ouvrage. C'étoit la *conscience* de la constitution qui s'élevoit contre ces productions bisarres, où l'on défiguroit l'homme de la société, pour nous peindre l'homme de la famille.

Ce n'étoit pas assez, pour corrompre les mœurs, des spectacles publics; on y joignoit la fureur des spectacles domestiques (*). Goût funeste, poison des mœurs privées, école de corruption & de persifflage, où l'on apprend à être sans cesse un autre que soi,

---

(*) Dans un dialogue *sur les orateurs* que quelques critiques attribuent à Tacite plutôt sur la pureté des principes qui y font développés que sur aucune ressemblance de style, l'auteur, quel qu'il soit, met au nombre des causes de corruption de la jeunesse romaine, les leçons que lui donnoient dans ses premières années des femmelettes *Grecques* ou des esclaves auxquels on en conferoit le soin, & dans un âge plus avancé, le goût des spectacles: *At tunc natus infans delagatur græculæ alicui ancillæ cui adjungitur unus aut alter ex omnibus servis, ... Horum fabulis & erroribus teneres statim & rudes animi imbuuntur. Jam verò propria & peculiaria hujus urbis vitia pæne in utero matris concipi mihi videntur, histrionalis favor &c. &c.*

M 3

à nouer des intrigues, ou à avouer des paſ-
fions, à n'aimer que des amuſemens futiles,
à n'eſtimer que des gens frivoles, où tous
les âges, tous les ſexes, toutes les profeſ-
fions, viennent ſe confondre, oublier leurs
devoirs & changer la décence des mœurs,
la ſolidité des goûts, la dignité des manières
contre l'afféterie & le jargon du théâtre. Ce
ſujet ſur lequel je me ſuis peut-être trop étendu, me conduit naturellement à parler des
gens de lettres.

CHAPITRE VII.

Des gens de lettres.

DANS une ſociété conſtituée, tout marche à ſa perfection, parce que la conſtitution
n'eſt que le développement de rapports *néceſ-*
ſaires ou parfaits. Le progrès des lettres eſt
donc le réſultat néceſſaire de la conſtitution,
mais il eſt *réſultat* & non pas *moyen*. La culture des lettres peut embellir la ſociété, mais
elle ne peut la conſerver; c'eſt-à-dire que les
lettres en ſont l'ornement, le luxe; il faut

donc en régler, ou pour mieux dire, en diriger l'usage, en prévenir l'abus.

Les auteurs d'ouvrages de littérature, que je distingue des gens de lettres, ne peuvent former une profession, un corps.

1.° Parce que la société monarchique tend invinciblement à mettre les professions dans les familles, & qu'il ne peut y avoir des familles littéraires, comme il y a des familles militaires ou sénatoriales.

2.° Parce qu'il ne peut y avoir d'éducation particulière pour l'homme qui se destine à la culture des lettres.

3.° Parce qu'il faut être plusieurs ou *corps*, pour remplir les fonctions militaires ou sénatoriales, mais pour faire un ouvrage de littérature, il faut être seul. Une réunion d'hommes de lettres ne peut faire en commun que des recueils, des compilations. En France les beaux esprits réunis n'ont fait que deux dictionnaires, & il y a un de trop.

Les savans peuvent faire *corps*, parce que dans les sciences de calcul un homme, avec du sens & de l'application, peut savoir ce qu'un autre fait ou a sçu, & qu'ainsi tous peuvent travailler avec les mêmes moyens & les mêmes données à perfectionner telle ou telle partie d'une science. Il est même nécessaire que les savans fassent *corps*, parce qu'il n'y a que les corps savans, qui, pour hâter les progrès des sciences, puissent tenter & suivre

M 4

des entreprises qui surpassent les moyens &
la durée d'un individu, & que le gouvernement, pour en faciliter le succès, peut faire,
en faveur d'un corps, des dépenses qu'il ne
risqueroit pas en faveur d'un particulier.

Mais les beaux esprits ne peuvent faire
corps; c'est à la fois contre la nature des choses, & contre l'intérêt des lettres.

1.° Parce qu'il n'y a pas de raison pour
qu'il se trouve à toute époque de l'existence
d'une nation, un nombre déterminé de beaux
esprits; il peut s'en trouver plus, il peut s'en
trouver moins, & la société est exposée à laisser le vrai talent sans récompense, ou à hono-
rer la médiocrité.

2.° Les lettres, lorsqu'elles font *corps*, font
nécessairement asservies. Elles plieront sous le
parti dominant, parce que le parti qui domine, sent l'avantage d'avoir pour soi les trom-
pettes de la renommée & qu'il s'attache à les
séduire ou à les intimider. Des corps qui font
dans la nature de la société, & qui existent
indépendamment des volontés du gouvernement, peuvent braver ses menaces, ou
mépriser ses caresses; mais une association qui existe malgré la nature des choses, & par la seule volonté du gouvernement, une association qui veut exister, car
tout ce qui existe tend à perpétuer son existence, ne peut opposer aucune résistance &
appartient toujours & toute entière aux

plus forts. Ainſi un corps littéraire louera, dans la même adminiſtration, les meſures politiques les plus contradictoires; ainſi il ſera dévot dans un temps, & philoſophe dans un autre. Si l'académie françoiſe eût ſubſiſté ſous Robeſpierre, il eût fallu le louer ou périr; & l'on peut appliquer à ce corps célèbre ces belles paroles de Tacite, en parlant d'Agricola: " Heureux, s'écrie-t-il, & par l'éclat ,, de ſa vie, & par *l'apropos* de ſa mort (*).

J'ai diſtingué les auteurs d'ouvrages de littérature, ou les beaux eſprits, des gens de lettres, & cette diſtinction n'eſt pas ſans fondement.

Le ſiècle de Louis XIV a vu des hiſtoriens, des poëtes, des orateurs, des traducteurs, des critiques, des grammairiens, des hommes diſtingués dans toutes les parties de la littérature; notre ſiècle qui a eu auſſi, dans tous les genres, des écrivains célèbres, a produit une eſpèce d'hommes connus ſous le nom de gens de lettres.

On pouvoit, en France, être *homme de lettres* ſans avoir fait ni hiſtoire, ni diſcours, ni pièce de théâtre, ni traduction, ni grammaire; il ſuffiſoit d'avoir lu ce qu'ont fait les autres, d'avoir retenu des anecdotes, des *traits*;

(*) *Tu verò felix, Agricola, non vitæ tantùm claritate, ſed etiam opportunitate mortis.*
Tac. de vitâ Agr.

& si l'on joignoit à ce mérite facile, celui qui ne l'est. guères moins, d'enrichir l'almanach des muses de quelque épigramme bien *précieuse*, ou les journaux de quelque *extrait* bien philosophique, on pouvoit hardiment arborer l'enseigne du métier, & quelquefois sous le costume économique d'homme d'église, plus souvent sous la dénomination insignifiante d'avocat, afficher l'indépendance de toute profession utile, le mépris de toute autorité & la haine de toute religion. Si les fonctions de ce nouvel état n'étoient pas pénibles, la morale n'en étoit pas austère; tout en frondant le gouvernement, on pouvoit tendre la main pour en obtenir une pension; en déclamant contre les grands, on pouvoit accepter leurs diners; en insultant la religion, on pouvoit vivre de ses biens, & se parer de ses livrées.

Les bons ne font pas d'association particulière, & ils ne doivent pas en former, parce qu'ils font la société; mais les méchans, qui font hors de la société, ne manquent pas de se réunir contre elle: ce font des gens sans aveu, de divers pays, que le hafard a jetés fur des côtes étrangères, & qui s'attroupent pour en troubler les paifibles habitans. Les gens de lettres formoient donc une coalition; le prétexte de leur réunion étoit le bonheur des hommes; le but, la propagation du republicanisme & de l'athéisme, les moyens . . . . . tous.

Les gens de lettres avoient usurpé un grand ascendant dans la société. Le gouvernement devenu plus timide, à mesure qu'il devenoit plus foible, les redoutoit par instinct du mal qu'ils pouvoient lui faire, sans se mettre en devoir d'arrêter celui qu'ils lui faisoient. Ils avoient engoué les femmes en leur donnant de l'*esprit*, & les hommes en leur faisant des réputations, parce qu'ils s'étoient érigés en distributeurs de l'esprit & des réputations, & qu'ils disposoient exclusivement en leur faveur, & en faveur de leurs amis, de je ne sais quelle opinion publique dont ils étoient les souffleurs & les échos. Cette société tourmentée de la fureur des conquêtes & du besoin de s'étendre comme toutes les sociétés républicaines (*), avoit fait de nombreux prosélytes dans les classes les plus élevées, par la licence de sa morale & la vanité du bel esprit. C'étoit des intelligences qu'elle s'étoit ménagées dans le pays ennemi, & tout étoit prêt pour un soulèvement général contre les principes conservateurs des sociétés, lorsque le tocsin des états-généraux vint hâter l'explosion & donner le signal aux conjurés. Ce parti vain & présomptueux crut alors que son règne étoit arrivé; il s'agita à la cour, intrigua à la ville, bouleversa la composition des états-généraux, confondit l'antique & *néces-*

(*) On dit avec raison, *la république des lettres.*

faire diſtinction des ordres, parvint à s'y introduire, & bientôt à y dominer: une fois
maître du terrain, tel qu'un uſurpateur qui,
en entrant dans un pays dont il médite la
conquête, rallie tous les mécontens, intimide
les foibles & féduit le peuple, en lui accordant l'exemption de tous les impôts, le parti philoſophe précédé de la terreur, groſſi par
la foule des ambitieux, ſouleva le peuple en
lui accordant l'exemption de toute morale, &
fit dans la ſociété civile, à la tête d'une armée de dupes & de ſcélérats, cette terrible &
à jamais mémorable invaſion dont la France
la première a éprouvé les effets, & dont l'Europe aveuglée a méconnu les ſuites.

Les dogmes fondamentaux de cette ſecte
étoient la liberté indéfinie de la preſſe, la tolérance illimitée des opinions. C'étoient ſes armes offenſives & défenſives: elle attaquoit
avec la liberté de la preſſe, elle ſe défendoit
avec la tolérance des opinions; principes de
circonſtance & qu'elle a violés ſans pudeur,
lorſqu'elle n'a plus eu à craindre que l'opinion,
ni à immoler que la penſée!

J'oſerai émettre ici ſur la liberté de la pref-
ſe, une opinion qui ne ſatisfaira peut-être
perſonne. C'eſt quelquefois le ſort des opinions modérées & raiſonnables.

Si le créateur a mis dans le cœur des hommes le ſentiment de ſon exiſtence & celui de
leur deſtination future, ſans daigner leur apprendre comment ils pourroient conſerver

l'un & l'autre ; fi, les ayant faits pour vivre en fociété, il n'a pas daigné leur enfeigner comment cette fociété pouvoit fubfifter heureufe & indépendante, lorfqu'il donne aux animaux même, qui forment fociété, des règles admirables qui en affurent la durée ; fi Dieu enfin n'a donné à la fociété humaine ni conftitution religieufe, ni conftitution politique, & s'il a laiffé aux paffions le foin de faire des religions, & au hafard le foin de faire des gouvernemens, les objets qui intéreffent le plus fur la terre l'homme focial, je veux dire la religion & le gouvernement, ne font plus que des queftions oifeufes & indifférentes, fur lefquelles la curiofité humaine peut s'exercer à loifir, femblables à ces fyftêmes fur le monde matériel que Dieu, comme dit le Sage, *a livrés à nos vaines difcuffions.*

Mais s'il y a pour l'homme focial une conftitution religieufe & une conftitution politique, comme il y a dans l'homme naturel une conftitution intellectuelle & une conftitution phyfique, c'eft-à-dire, un efprit & un corps, les actions qui tendent à détruire la conftitution religieufe ou la conftitution politique de l'homme focial, ou de la fociété, font auffi criminelles que les actions qui tendent à corrompre la conftitution intellectuelle de l'homme naturel, ou à détruire fa conftitution phyfique.

Or, il exifte pour l'homme focial, une & une feule conftitution religieufe, une & une

feule conftitution politique ; je le répète : *&*
je n'ai pas démontré cette vérité, d'autres la
démontreront ; parce que le temps & les événe-
mens l'ont mûrie ; parce que fon développement
eft néceffaire à la confervation de la fociété ci-
vile, & que l'agitation qu'on apperçoit dans la
fociété, n'eft autre chofe que les efforts qu'elle
fait pour enfanter cette vérité.

Je permettrois donc la difcuffion la plus
férieufe & la plus folemnelle de cette vérité,
parce que je fuis convaincu du triomphe de
la religion chrétienne fur toutes les religions,
& de la conftitution monarchique fur tous
les gouvernemens, comme je fuis convaincu
de l'égalité des diamêtres d'un même cercle.

Je dis la difcuffion la plus férieufe & la
plus folemnelle ; car fi un écrivain fe permettoit d'attaquer fourdement, de miner la religion & la conftitution, en paroiffant pénétré de refpect pour l'une & pour l'autre ; je
dirois : voilà un lâche à qui il ne manque
qu'un tyran pour être un efclave ; il eût loué
la *douceur* de Marat, & l'*humanité* de Robef-
pierre : il n'ofe ni attaquer l'erreur, ni défendre la vérité ; & je le punirois comme un vil
corrupteur de la morale publique.

Si un écrivain fe permettoit d'attaquer la
conftitution religieufe & politique, par des
plaifanteries & par des farcafmes : fi, dans
une difcuffion férieufe, il ofoit défigurer l'hiftoire, altérer les citations, tronquer les paf-
fages, je dirois : voilà un fcélérat à qui il ne

manque que du courage pour être un affaf-
fin; il ne feint de vouloir éclairer le peuple
fur les abus de la religion & les vices de la
conftitution que pour lui infpirer le plus profond mépris pour toute religion & pour tout
gouvernement; il veut ôter tout frein aux
paffions: il attaque la religion & la conftitution par des railleries & des impoftures, parce qu'il fait que ce n'eft pas par des railleries
& des impoftures qu'elles peuvent fe défendre; il cherche à pervertir & non à corriger,
& j'appellerois fur fa tête toute la févérité des
loix.

Si, pour avertir l'autorité des erreurs ou
des fautes de fes délégués, un écrivain exci-
toit les peuples à la révolte, fi au lieu d'employer l'expreffion de la fidélité à l'état & de
l'affection pour le monarque, il embouchoit
la trompette, il fonnoit le tocfin de la rebel-
lion; c'eft un factieux, dirois-je, ce n'eft
pas le maintien de la conftitution, mais fa
fubverfion qu'il demande, il ne veut pas
avertir l'autorité, mais égarer le fujet; il eft
le vil fauteur d'une faction défefpérée, ou
l'inftrument mercenaire du jaloux étranger;
& je le livrerois aux tribunaux.

Je ferois d'une extrême févérité fur les ouvrages qui offenfent les mœurs. Un écrivain
qui difcute, avec bonne foi, & fans exagération, les principes de la religion & ceux
de la politique, peut, même en fe trompant,
alléguer pour fa défenfe, qu'il a voulu éclai-

rer les hommes, & leur montrer ce que, dans fa confcience, il croyoit être la vérité. L'ouvrage peut être dangereux, fans que l'auteur foit coupable ; & fi le gouvernement doit févir contre les vices du cœur, il ne fauroit, fans une extrême févérité, punir les erreurs de l'efprit. Mais quel motif peut alléguer pour fa juftification l'auteur d'un ouvrage obfcène ? dira-t-il qu'il a voulu amufer fes concitoyens ? mais s'il ne fait pas inftruire les hommes fans les ennuyer, ne peut-il les amufer fans les corrompre ? mais l'homme eft-il en fociété pour s'amufer, ou pour devenir meilleur & rendre les autres plus heureux ? quel eft fon but ? veut-il apprendre à l'enfant ce que la nature ne lui a pas encore appris, ou révéler à l'homme ce qu'elle n'a pas voulu lui apprendre ? c'eft un écrivain infâme qui contrarie la nature en devançant fes leçons, ou qui l'outrage en dévoilant fes myftères ; & je le bannirois à jamais de la fociété.

Ce que je dis des productions de l'efprit, peut, avec bien plus de raifon encore, s'appliquer aux productions des arts : tous les efprits ne comprennent pas, mais tous les yeux voyent : *Segniùs irritant animos*. . . . .

Gouvernemens ! voulez-vous accroître la force de l'homme ? Gênez fon *cœur*, contrariez fes *fens* ; femblable à une eau qui fe perd dans le fable, fi elle n'eft arrêtée par une digue

digue, l'homme n'eft fort qu'autant qu'il eft retenu.

Si les lettres & les arts doivent corrompre les hommes & perdre la fociété, il faut anéantir les lettres & les arts ; mais ils peuvent porter l'homme à la vertu, perfectionner ou embellir la fociété ; il faut en encourager le goût, en diriger l'emploi, en récompenfer les progrès, & ne pas oublier que la fociété doit être févère dans fes châtimens, mais magnifique dans fes récompenfes, & qu'elle doit punir & récompenfer *en fociété*.

J'ai dit ailleurs que l'art de l'imprimerie étoit un développement néceffaire de la fociété religieufe & politique, & ceux qui, à la vue des défordres qu'a produit dans la fociété, par la faute des adminiftrations, l'abus de cet art précieux à l'humanité, regrettent le temps où l'on ignoroit, dans les claffes même les plus élevées, l'art de lire & d'écrire, femblent craindre qu'une difcuffion trop approfondie, ne faffe évanouir les vérités confervatrices de l'homme & de la fociété. Cette crainte eft injurieufe à la divinité, & les vérités qu'elle a daigné révéler aux hommes, ou celles qu'elle a permis que les hommes découvriffent, ne feront jamais affez approfondies par ceux que leur rang, c'eft-à-dire, leurs devoirs dans la fociété obligent à les étudier & à les connoître, & qui font faits pour gouverner, fi non par l'autorité des places, au moins par

Tome III.   N

celle de l'inftruction & de l'exemple, ceux
à qui la foibleffe de leur âge, de leur condition, ou de leur efprit ne permet pas de
fe livrer à des études pénibles, ni d'acquérir des connoiffances étendues.

Pourquoi l'adminiftration he feroit - elle pas
faire des éditions châtiées des auteurs célèbres? quel eft ce refpect fanatique pour les
impiétés, les obfcénités, les abfurdités d'un
écrivain? un fophifme eft - il plus refpectable
parce qu'il eft de Rouffeau, ou une raillerie
impie moins déplacée parce qu'elle eft de Voltaire? Le jeune homme ne peut - il lire la
Tragédie de Mérope ou l'hiftoire de Charles
XII, fans trouver à côté des contes philofophiques ou un Poëme licencieux? Eft - il abfolument néceffaire d'effuyer la lecture des
paradoxes de Rouffeau, l'égoïfme de fes *con-
feffions*, le fcandale de fon *Héloïfe*, pour connoître les beautés vraies & touchantes qui
font répandues dans fon *Emile?* Et les lettres
Perfannes font - elles une fuite néceffaire à
*l'hiftoire de la grandeur & de la décadence des
Romains?* Eft - ce de l'intérêt d'un auteur ou
de l'intérêt de la fociété que le gouvernement
doit s'occuper? doit - il être le partifan fanatique de J. J. Rouffeau, de Voltaire &c., ou
le défenfeur des vrais principes, & le tuteur
de la fociété? Tout ce qui feroit de l'écrivain focial feroit confervé, tout ce qui feroit
de l'homme feroit fupprimé, & fi je ne pou-
vois faire le triage, je n'héfiterois pas à tout

facrifier. Je ne demanderois pas avec le géomè-
tre? *Qu'eft-ce que cela prouve?* Mais je demanderois avec la nature: quel avantage peuvent en retirer l'homme & la fociété? parce
que c'eft uniquement fur cette règle que l'adminiftration doit juger le mérite de l'ouvrage,
& récompenfer le talent de fon auteur. Il
eft temps de revenir à des vérités fimples,
comme le font toutes les vérités fociales, à
des vérités triviales, comme toutes les vérités fociales devroient l'être. Il n'y a de beau
que ce qui eft bon: il n'y a de bon que ce
qui eft utile à la fociété; &, dans la fociété
conftituée, celle dans laquelle tous les êtres
tendent à leur perfection, l'on ne doit conferver que ce qu'il y a de bon & d'utile.

CHAPITRE VIII.

Bienfaifance publique.

J'AI remarqué, dans la feconde partie de
cet ouvrage, comme une preuve de la vanité des projets de la fageffe humaine, que
l'époque à laquelle les gouvernemens travail-
loient avec le plus d'ardeur à bannir de leurs

N 2

états la pauvreté, ou du moins la mendicité, a été l'époque d'une indigence & d'une expropriation presque universelles ; & je ne crains pas d'ajouter que les mesures que prenoit en France l'administration, pour atteindre un but aussi louable, devoient être une des causes de la ruine générale, comme elles en sont devenues un des instrumens.

La philosophie qui gâtoit tout, jusqu'au bien qu'elle faisoit, avoit, pour étaler sa fastueuse bienfaisance, imaginé d'attrouper les pauvres dans des *atteliers de charité*, mesure fausse & dangereuse, & qui prouvoit dans ses auteurs une ignorance profonde des règles d'une véritable charité, des principes de la constitution des sociétés, des règles d'une saine administration, du caractère des hommes en général, & du pauvre en particulier.

Tout ce qui a rapport à l'homme & à la société doit être considéré sous des rapports moraux & sous des rapports physiques, parce que la société est intérieure & extérieure, comme l'homme lui-même est intelligent & matériel. Examinons sous ce double point de vue cette mesure de bienfaisance publique qui a excité un si grand enthousiasme parmi ceux que leurs devoirs n'avoient jamais rapprochés de la classe obscure & pauvre, ni familiarisés avec les détails & la pratique de l'administration.

Les atteliers de charité étoient dangereux

fous des rapports moraux: 1.° parce qu'en réuniffant, par nombreufes troupes, les pauvres de tout âge, & de tout fexe, c'eft-à-dire, la partie d'une nation que le défaut d'éducation & l'urgence des befoins rendent malheureufement la plus corrompue & la plus corruptible, on dépravoit la foibleffe de l'âge & celle du fexe, l'enfant & l'adolefcent y entendoient, y apprenoient ce qu'ils ne devoient ni entendre ni favoir, & ils en revenoient avec quelques fols de-plus dans leur poche, & le germe du vice dans l'efprit & dans le cœur.

2.° Les jeunes perfonnes qui auroient trouvé dans des occupations plus fédentaires des moyens de fubfiftance plus convenables à leur fexe, préféroient ces nombreufes affemblées où régnoit la joie groffière, c'eft-à-dire, la licence du pauvre qui a du pain.

3.° Ces attroupemens autorifés, foldés par l'adminiftration, enhardiffoient le pauvre & lui ôtoient le frein de la honte, jufte châtiment de la pauvreté qui, dans le pauvre valide, n'eft jamais que le réfultat de la pareffe & du vice; & tel homme qui auroit rougi de demander des fecours à la charité particulière, ou de les recevoir dans les maifons publiques, follicitoit, le front levé, une place dans l'attelier de charité; il y avoit même une honteufe émulation pour s'y faire infcrire; il falloit des protections pour en obtenir

N 3

la faveur; enforte que, pour bannir la mendicité publique, on la provoquoit, on la cré-
oit, & cet abus étoit pouffé fi loin, qu'on
voyoit quelquefois des bourgeois aifés envoyer leurs domeftiques travailler à l'attelier de
charité.

Les atteliers de charité étoient nuifibles
fous des rapports extérieurs & politiques; 1.°
ils nuifoient à l'agriculture, parce que le pauvre préféroit d'aller travailler, ou, pour mieux
dire, ne rien faire dans ces raffemblemens que
l'on ne pouvoit furveiller, où il fe rendoit
plus tard, travailloit moins affidûment, que
dans les travaux particuliers, & d'où il fe retiroit
plutôt; il y contractoit l'habitude de l'indo-
lence & d'un travail fans activité: qu'on ne
dife pas qu'on n'occupoit le pauvre que dans
les faifons mortes; car les faifons mortes pour
les travaux annuels & ordinaires de l'agriculture, font les temps les plus propres aux travaux extraordinaires & d'amélioriation.

2.° Dans la plupart des lieux, on faifoit
des travaux fans objet utile, & uniquement
pour avoir occafion de former un attelier de
charité; enforte que le pauvre, qui voyoit
qu'on ne le faifoit travailler que pour avoir
un prétexte de lui donner, ne faifoit de travail que ce qu'il en falloit pour avoir un prétexte de recevoir, & qu'ainfi, au fcandale
d'une diftribution quelquefois fans befoin, fe
joignoit l'abus d'un travail fouvent fans utilité.

3.° On admettoit dans les atteliers de charité des pauvres hors d'état, par leur âge, ou leurs infirmités, de faire aucun travail; or, il eſt contre la nature & la raiſon qu'on faſſe travailler celui qui ne peut pas travailler, ou qu'on paye celui qui ne travaille pas.

Enfin les atteliers de charité, ſont devenus dangereux, à la tranquillité publique, & les factieux s'en ſont ſervis avec ſuccès pour commencer la révolution. A leur voix, les pauvres ſe ſont métamorphoſés en brigands & les ſecours de la charité en ſolde de crimes.

Cherchons dans la conſtitution religieuſe & politique des ſociétés, les vrais principes de la bienfaiſance publique & des moyens efficaces de réprimer la mendicité.

L'homme ſocial eſt l'homme & la propriété; or la nature de la ſociété tend à faire de tous les hommes, des hommes ſociaux; donc elle appelle tous les hommes à la propriété. Mais l'homme ne peut y parvenir que par le travail & ne doit y parvenir que par un travail légitime; donc tout homme doit s'occuper à un travail permis, pour devenir propriétaire, & s'élever ainſi au rang d'homme ſocial; & comme l'homme ne peut travailler ſans acquérir quelque propriété, on peut dire de tout homme qui travaille, qu'il eſt homme ſocial, & de celui qui ne travaille pas, qu'il eſt hors de la ſociété.

N 4

L'homme eſt donc propriétaire où il ne l'eſt pas : s'il n'eſt pas propriétaire, & qu'il ſoit privé des facultés phyſiques & morales indiſpenſables pour le devenir en travaillant, la ſociété civile, c'eſt-à-dire, la ſociété politique & la ſociété religieuſe doivent ſuppléer au défaut de ſes facultés, & pourvoir à ſa ſubſiſtance, parce qu'elles doivent ſoulager toutes les foibleſſes phyſiques & morales de l'homme. C'eſt là l'objet des hôpitaux & autres fondations pieuſes. La ſociété politique envoye le pauvre dans ces établiſſemens, qu'on peut regarder comme les hôtelleries de la providence ſur la longue route des miſères humaines. La ſociété religieuſe l'y reçoit, & ſi le gouvernement aſſure à ſon corps une ſubſiſtance qu'il eſt hors d'état de ſe procurer par le travail, la religion donne à ſon eſprit des leçons utiles à l'ignorance & à ſon cœur des conſolations précieuſes à l'infortune. C'eſt par ces inſtitutions ſublimes, qu'au milieu d'un peuple de propriétaires, l'indigence même, grâces à la charité, eſt devenue le propriétaire le plus ancien & le plus opulent. Ces établiſſemens, dans leſquels toutes les foibleſſes humaines, phyſiques & morales, trouvent un aſyle & des ſecours, apprennent au peuple que le malheur eſt de tous les temps & la religion de tous les ſiècles ; que ſi la nature ordonne le travail à l'homme, la religion défend au chrétien l'inquiétude ſur ſa ſubſiſtance, poiſon du cœur humain, ſource d'attentats &

d'injuſtices, & dans ſes beſoins extrêmes, lui offre des reſſources qui ne doivent rien coûter à ſon amour propre, puiſqu'ils n'ôtent rien à ſon indépendance de ſon ſemblable. Dans ces fondations pieuſes, à l'adminiſtration desquelles concouroient, du moins en France, toutes les autorités religieuſes & politiques des villes où elles étoient placées, le pauvre voyoit avec reſpect, avec reconnoiſſance, les perſonnes élevées en dignité, que dans ſon abaiſſement, il croyoit peut - être indifférentes à ſes maux, ſe réunir ſous ſes yeux, dans l'enceinte qui renfermoit toutes les miſères, pour s'occuper enſemble des moyens de les ſoulager. C'eſt ſous ce point de vue, c'eſt ſous le rapport de l'homme moral, qu'il falloit conſidérer ces établiſſemens. La philoſophie les a conſidérées ſous le rapport de l'homme phyſique, & dans ceci, comme dans tout le reſte, elle a mis des *opinions* problématiques, exagérées, à la place de *ſentimens* vrais & profonds. Je crois, je ſais que quelques abus ſe gliſſoient dans l'adminiſtration de ces riches établiſſemens, que le goût des bâtimens & la manie des ſpéculations en avoient plus d'une fois égaré les adminiſtrateurs; que des ſoins donnés à un auſſi grand nombre d'individus n'étoient ni auſſi éclairés, ni auſſi affectueux que ceux que l'homme aiſé reçoit dans le ſein de ſa famille; le gouvernement devoit perfectionner la manutention des hôpitaux, en ſurveiller la régie, interdire à leurs adminiſtra-

teurs un fafte déplacé, ou des fpéculations
hazardées; rien de plus utile & de plus aifé.
La philofophie eft venue avec fes projets, la
philantropie avec fes calculs, la vanité avec
fon étalage de bienfaifance, le bel efprit avec
fes phrafes. On a calculé ce que coûteroit le
lit & les bouillons, le fervice & les remèdes
dans des hofpices particuliers; rien de moral,
encore moins de religieux, n'eft entré dans
ces combinaifons fauffes ou perfides. On a
jeté dans l'efprit du pauvre des foupçons fur
la probité, ou du moins fur la fageffe des adminiftrateurs, & dans l'efprit du gouvernement, des doutes fur l'utilité des établiffemens; & le gouvernement abufé, honteux
lui-même de fa démarche, n'ofant pas ordonner, *invite* les hopitaux à vendre une partie des propriétés foncières qui formoient leur
dotation, pour en placer le capital fur un état
obéré, & il ne craint pas d'affocier, par cette méfure, la charité publique au jeu coupable de l'agiotage, & l'indigence publique aux
fuites probables du *déficit*. Mais le fléau des
calamités humaines s'eft débordé fur la France; la philofophie a pu réalifer fes projets de
deftruction; les biens, les maifons de ces établiffemens ont été vendus ou renverfés, &
la France fans hôpitaux, eft devenue elle même un vafte hôpital. Après cette digreffion
néceffaire, je reviens à mon fujet.

L'homme qui n'eft pas propriétaire & qui
ne veut pas travailler pour le devenir, quoi-

qu'il ait le libre ufage de fes facultés phyfi-
ques & morales, doit être contraint au travail par les *pouvoirs* réunis de la fociété religieufe & de la fociété politique; l'une doit
déterminer la volonté, & l'autre contraindre le
corps, s'il eft néceffaire, parce que l'une &
l'autre doivent faire, de tout homme valide,
un membre de la fociété, un homme focial,
un propriétaire. D'ailleurs l'homme qui ne vit
pas de fa propriété, vit néceffairement de celle d'autrui : il force par conféquent quelqu'un
à travailler pour le faire vivre ; il *opprime* donc
quelqu'un dans la fociété ; le *pouvoir* de la fociété politique, inftitué pour défendre la liberté de tous contre toute efpèce d'oppref-
fion, doit donc contraindre le pareffeux valide
au genre de travail auquel fes facultés phy-
fiques & morales le rendent propre. Quelque
foit le genre de travail auquel il l'applique,
& les moyens qu'il emploie pour l'y contraindre, le gouvernement ne doit jamais perdre
de vue la dignité de l'homme moral; mais il
ne doit pas craindre de gêner fa liberté, puifqu'il le rétablit au contraire dans fa véritable liberté, qui n'eft, comme on l'a vu, que
l'obéiffance aux loix, ou rapports *néceffaires*
dérivés de la nature des êtres en fociété, &
que la néceffité de travailler pour devenir
membre utile de la fociété, eft une loi ou rapport *néceffaire* dérivé de la nature de l'homme
intelligent & phyfique.

Il fe préfente deux queftions importantes.

1.° Si le pauvre ne trouve pas du travail, l'administration générale ne doit-elle pas lui en donner? Non: car l'administration ne peut lui en donner, sans tomber dans tous les inconvéniens que j'ai relevés en traitant des atteliers de charité, mais elle doit faire en sorte qu'il en trouve, c'est-à-dire qu'elle doit *influer* par des dispositions générales, & non *agir* par des mesures particulières.

Or cette facilité qu'a le pauvre à trouver du travail, est le résultat nécessaire d'une bonne administration, c'est-à-dire, d'une administration sage, attentive, prévoyante & économe, soit parce qu'une bonne administration ouvre des travaux dans les atteliers publics, employés à la confection ou à l'entretien des propriétés de l'état, lesquels atteliers, surveillés par l'intérêt personnel d'un entrepreneur, n'ont aucun des inconvéniens moraux & physiques des atteliers de charité; soit parce qu'une bonne administration, permettant au propriétaire l'emploi libre & décent du superflu, que lui laissent des impôts modérés, & dont la loi qui veille à la défense de la propriété, lui assure la paisible jouissance, l'invite à employer une partie de ses revenus à améliorer ses fonds: genre de luxe qu'il est très-aisé au gouvernement d'introduire, ou plutôt de favoriser, & qui, à quelque excès qu'il soit poussé, ne peut qu'être utile à la prospérité publique, lors même qu'il dérangeroit la fortune du particulier. C'eſt ce qui fait que les grands propriétaires ſont *néceſſaires* dans une grande ſociété, parce qu'eux ſeuls peuvent cultiver en grand, cultiver avec intelligence, & ſe livrer à des *eſſais* qui donnent à vivre au pauvre, & tournent toujours au perfection-nement de l'agriculture. C'eſt par un ſalaire payé à un travail utile, plutôt que par des largeſſes faites à l'indigent oiſif, que les riches rempliſſent leur deſtination religieuſe & politi-que, & qu'ils ſont, conformement aux vues de la providence & à l'intérêt de l'état, les économes & les diſpenſateurs des fruits que la nature fait naître pour tous les hommes. Ces grandes propriétés viennent des ſubſtitutions, du droit d'aineſſe &c., car tout ſe tient dans une ſociété conſtituée. Si le gouvernement doit faire enſorte que l'homme trouve du tra-vail, il ne doit pas laiſſer la femme ſans oc-cupation: parce que c'eſt en l'occupant qu'il peut ſoulager ſa foibleſſe phyſique & morale. Il doit donc *influer* pour que les hommes ne s'emparent pas excluſivement des métiers aux-quels la nature, & je dirai même la bienſéan-ce appellent les femmes, parce que la nature & la bienſéance ne permettent pas aux fem-mes de ſe livrer aux travaux qui ſont réſer-vés aux hommes.

Cet abus exiſtoit en France, & tandis que la molleſſe & le luxe multiplioient les métiers ſédentaires, un autre genre de luxe les con-fioit excluſivement aux hommes, & dépla-

çoit un fexe, en opprimant l'autre. Les claffes qui ont généralement fourni le plus d'a-
gens mercenaires de révolution & de défordre
ont été celles des hiftrions, des laquais, des
filles publiques, c'eft à dire, celles où la force de l'homme étoit le plus déplacée & la foibleffe de la femme le plus opprimée.

2.° Doit-on renfermer dans les hôpitaux
& les maifons de force les pauvres invalides?
Non, car le pauvre invalide peut être impor-
tun, mais il n'eft pas dangereux; or il n'y
a qu'un danger imminent pour la fociété qui
puiffe autorifer le gouvernement à attenter à
l'indépendance de l'homme. D'ailleurs il faut
en revenir à la maxime du grand maître:
*vous aurez toujours des pauvres au milieu de
vous*; & il eft plus important qu'on ne penfe
de laiffer fous les yeux de l'homme heureux,
le fpectacle de l'humanité fouffrante, & fous
les yeux du pauvre, le fpectacle de la richeffe
bienfaifante; l'adminiftration aura beau faire;
elle ne foulagera jamais toutes les mifères in-
dividuelles; les différentes affemblées qui ont
opprimé la France ont ruiné tous les riches
fans pouvoir nourrir tous les pauvres, &
dans l'impuiffance de leur donner du travail
& du pain, elles ont été réduites à les envoyer périr dans les armées. Bien plus, quand
l'adminiftration pourroit foulager toutes les
mifères, elle devroit bien fe garder d'ôter à
la charité particulière un aliment néceffaire,
un puiffant moyen de rapprochement entre

les 'diverfes conditions; dans une fociété où
il n'y auroit perfonne à foulager, il n'y auroit
que des égoïftes, dont le cœur infenfible
aux malheurs des autres, ne feroit dilaté que
par la vue de l'or, ne palpiteroit jamais que
de la crainte de le dépenfer. Dans ces fociétés, on ne connoîtroit qu'une vertu, la richeffe; qu'un vice, la pauvreté: voyez la
fureur, la rage d'acquérir qui dévore, qui
confume la nation de l'Europe autrefois la
plus défintéreffée, depuis que les inftitutions
républicaines ont établi le *pouvoir* particulier,
ou l'*amour de foi*, à la place du *pouvoir* général, ou de l'*amour des autres*. La religion rapproche la pauvreté & la richeffe d'une manière admirable; en faifant un devoir du travail, & un bonheur de la médiocrité, elle
invite le pauvre à devenir riche par fon travail, & le riche à devenir pauvre par fes
bienfaits, & elle prévient ainfi le danger de
l'oifiveté dans le pauvre, & de la dureté dans
le riche: elle confole celui que fa condition
pourroit jeter dans le défefpoir, elle fait craindre celui que fa fortune pourroit enfler d'orgueil: fi elle fanctifie, *par le précepte de l'aumône*, la richeffe, réfultat néceffaire du travail qu'elle prefcrit, elle défend l'attachement
aux richeffes qui dégrade l'homme, en ren-
dant efclave de la propriété celui qui eft fait
pour ufer en maître de la propriété, & elle
rend l'homme pauvre au milieu des richeffes
comme elle le rend tempérant au milieu des

plaifirs; car la religion permet qu'on ufe de tout, & veut qu'on n'abufe de rien.

L'adminiftration doit empêcher avec foin le vagabondage des enfans, au moins hors de leur paroiffe, parce que cette vie errante les prive de tout moyen d'inftruction & les expofe à tous les genres de féduction; on peut le permettre aux vieillards & aux infirmes, qui d'ailleurs ne peuvent s'écarter bien loin de leur domicile. Il s'en va fans dire que l'état ne doit pas fouffrir que ceux qui ont perdu à fon fervice, la faculté de travailler, aillent folliciter les fecours de la charité particulière; l'adminiftration doit donner aux fujets l'exemple de toutes les vertus; & fi la première vertu fociale eft la juftice, la feconde eft la reconnoiffance. Il y avoit en France un établiffement deftiné aux foldats invalides. Ce feroit un grand abus que d'y admettre des foldats valides & dont l'état ou la famille peuvent encore employer utilement les forces.

CHAP.

CHAPITRE IX.

Des Finances.

J'APPELLE finances de l'Etat tout ce qui sert à en solder les dépenses.

J'ai considéré ces dépenses sous deux aspects : dépenses personnelles du Roi, dépenses publiques de l'Etat. J'ai dit qu'elles devoient être soigneusement séparées, & j'en ai donné la raison.

La société fournit aux dépenses personnelles du roi, par les domaines qu'elle lui assigne.

Elle fournit aux dépenses publiques de l'état, par les contributions qu'elle lève sur les peuples.

Il faut au roi des propriétés, parce que le *pouvoir* doit être indépendant ; il doit être le plus grand propriétaire de l'état, parce qu'il doit être le plus independant de tous les membres de la société.

Il faut que ces propriétés soient répandues dans tout le royaume, pour mille raisons politiques, & principalement pour rendre impossible, dans une guerre civile, ou une révolte partielle, l'envahissement de toutes les propriétés royales à la fois.

Il seroit à désirer que le roi eût, dans ses domaines, peu de droits litigieux, afin qu'il eût le moins possible d'intérêts particuliers à démêler avec les sujets. Le roi est toujours trop fort ou trop foible, lorsqu'il plaide contre un particulier.

L'observation pourroit convenir aux domaines de la religion.

Je voudrois que le roi eût des domaines dans chaque province, ou division du royaume, & que, dans chaque province, ces domaines fussent contigus & réunis, autant qu'il se pourroit, en un ou plusieurs grands corps d'exploitation.

1.° Il y auroit alors moins de prétextes & de facilité à des échanges frauduleux, à des engagemens ruineux, qui ne font que des ventes à vil prix.

2.° L'exploitation en seroit plus facile & par conséquent plus avantageuse, & la régie en seroit plus simple & par conséquent plus aisée à éclairer. Ces domaines exploités & régis dans une forme particulière, qu'il est inutile de développer ici, & que je crois réunir de grands avantages à de légers inconvéniens, deviendroient, dans chaque province, de véritables & grandes écoles d'économie rurale, bien supérieures aux académies ou sociétés d'agriculture & à leurs journaux, parce qu'elles réuniroient la pratique la plus étendue à la théorie la plus perfectionnée. Elles pourroient servir à introduire dans une province de nouvelles cultures ou de nouveaux procédés d'agriculture, à améliorer les races des bestiaux, l'espèce des productions, &c. &c.

Cette réunion des domaines royaux dans chaque province en un ou plusieurs grands corps, ne peut être que l'ouvrage du temps, & le résultat d'un plan uniforme & invariable. Ce plan demande une grande suite & des précautions infinies dans son exécution, mais il résulteroit naturellement du mode d'exploitation & de régie dont j'ai parlé.

Une fois l'opération consommée, il faudroit briser le moule des échanges, fussent-ils *extrêmement avantageux pour S. M.*, & lui proposât-on *en contr'échange des objets situés dans son parc de Versailles*. Car on avoit quelquefois recours à ces misérables subtilités.

Je viens aux impôts.

La société emploie à sa conservation les hommes & les propriétés, puisque la fin de la société est la conservation des hommes & des propriétés, & que la société elle-même n'est qu'hommes & propriétés.

L'homme doit être employé par le service personnel; la propriété doit être employée par l'impôt; parce que le service personnel est dans la nature de l'homme, & l'impôt dans la nature de la propriété.

L'homme & la propriété appartiennent à la famille avant d'appartenir à la société:

Il fuit de là : 1.° que la fociété doit employer, plus ou moins, l'homme & la propriété, à mefure que l'homme & la propriété font plus ou moins nécéffaires à la famille :

2.° Que les exemptions dont jouiffent partout, relativement au fervice militaire, les pères & les aînés de famille font dans la nature de la fociété.

3.° Qu'un emploi uniforme de la propriété, fous le nom d'impôt unique, eft contre la nature de la fociété.

Si l'homme ne doit être employé que par le fervice perfonnel, l'impôt fur l'homme connu dans les pays de taille réelle, fous le nom de *capitation*, eft contre la nature de l'homme.

Si la propriété doit être moins employée ou moins impofée, à mefure qu'elle eft plus néceffaire à la famille, le bled doit être impofé, *à proportion*, moins que l'amidon,

Le vin moins que les liqueurs,

Le fel moins que le fucre,

La viande moins que le caffé,

Les toiles moins que les mouffelines,

Les draps moins que les velours,

Les cuirs moins que les cartes à jouer &c.; c'eft-à-dire, qu'il faut impofer *beaucoup* fur le fuperflu, *peu* fur l'utile, *rien* fur le néceffaire.

Tous les hommes, tous les animaux domeftiques font deftinés à travailler pour la fociété, & l'homme doit tout son temps à la société.

Donc celui qui occupe, pour le service seul de sa personne, des hommes ou des animaux qui pourroient être employés à l'utilité de la société, & celui qui employe à ses plaisirs un temps qu'il doit à la société, doivent un dédommagement à la société.

Donc l'impôt sur les domestiques ou sur les chevaux de luxe, & celui sur les cartes à jouer, les dés &c., sont dans la nature des choses & dans la nature de la société.

La société doit employer, pour sa conservation, toutes les propriétés, parce qu'elle défend & qu'elle conserve toutes les propriétés.

Ainsi toutes les productions du sol & de l'industrie sont imposables, parce qu'elles sont une propriété.

Mais on ne peut pas imposer le célibat, comme ont fait les Solons modernes, puisque c'est imposer le malheur des circonstances, le travers de l'esprit, les infirmités du corps, les vices du caractère, qui ne sont pas des propriétés : puisque c'est dénaturer l'idée de l'impôt que de le faire regarder comme une peine, & que c'est consacrer le célibat que de l'imposer. En effet, un homme que la société impose, parce qu'il vit dans le célibat, achète de la société même, par l'impôt qu'il lui paye, le droit de rester célibataire.

O 3

Un gouvernement réduit à faire de pareilles loix pour encourager les mariages, est bien ignorant ou bien oppreffeur.

Impofer une propriété, eft en prendre une partie.

Il y a des propriétés dont on peut prendre une partie en nature, parce qu'elles ne font pas un tout indivifible.

Ainfi l'on peut prendre une partie d'une quantité de bled ou d'une quantité de vin. J'ai donné ailleurs la raifon politique qui doit faire préférer la perception en nature.

Il y a des propriétés dont on ne peut prendre une partie en nature, foit parce qu'elles font un tout indivifible, comme la plupart des productions des arts; on ne peut pas prendre un panneau d'une voiture, ni une piéce d'un fervice de porcelaine; foit parce qu'on ne pourroit conferver ou employer la partie que l'on prendroit; ainfi l'on ne pourroit prendre un morceau de viande, ni une aulne de toile ou de drap fur une pièce de toile, ou fur une pièce de drap &c., alors la fociété fe fert de l'évaluation que le commerce à fait, pour la facilité des échanges, en un figne commun & convenu, & elle vend, fur-le-champ, au propriétaire la partie de fa propriété qu'elle a droit d'exiger, mais qu'elle ne peut percevoir en nature, fans fe nuire à elle-même ou fans nuire au propriétaire.

Diſtinction néceſſaire de l'impôt en nature & de l'impôt en argent.

Certaines propriétés ſont impoſables directement & en elles-mêmes, ſoit en nature, ſoit en argent, comme le bled, le vin, le ſel, parce qu'elles peuvent être employées comme la nature les a faites : mais il y en a d'autres qui ne ſont impoſables qu'indirectement & lorſque l'art leur a donné une autre forme ou une nouvelle deſtination. Ainſi le chanvre, les bêtes à laine, les vers à ſoye ne peuvent pas être impoſés directement, parce que, pour faire ſervir le chanvre, la laine ou la ſoye à l'uſage de l'homme, il faut des procédés & une induſtrie qui eſt elle-même une nouvelle propriété, & qui, en cette qualité, doit ſa part de l'impôt. Ainſi, j'impoſe, à la fois, la matière du chanvre, l'induſtrie du tiſſerand & celle du blanchiſſeur, en percevant un droit ſur la toile ; la matière de la laine, celle de la ſoye & l'induſtrie des différens ouvriers qui les mettent en œuvre, en percevant un droit ſur le drap, & ſur l'étoffe de ſoye. Les droits ſur la toile & ſur le drap ſeront plus forts à meſure que l'induſtrie ſera plus grande, & l'ouvrage plus précieux : car à meſure que l'induſtrie eſt plus grande & l'ouvrage plus précieux, le drap ou la toile ſont moins néceſſaires pour vêtir l'homme.

Diſtinction néceſſaire de l'impôt direct & de l'impôt indirect.

O 4

C'eft une grande queftion de favoir fi le bled & le vin doivent, dans l'impofition en nature, être *décimés* dans une proportion relative aux avances qu'exigent la culture du fol & le produit qu'il donne. Il femble d'abord que les plaines fertiles de la Beauffe ou les coteaux de la Limagne doivent payer dans une proportion fupérieure à celles des fables de la Sologne ou des montagnes arides du Gévaudan; mais il faut obferver que, fi l'on prend le parti de claffer les fonds fuivant leur degré de fertilité, on fe jette dans un labyrinthe d'opérations & d'eftimations qui feront incertaines & fautives à proportion de l'ignorance préfomptueufe d'un expert; opérations, pour trancher le mot, impoffibles à faire avec exactitude; au lieu qu'en laiffant aux propriétaires eux-mêmes le foin de rétablir l'équilibre entre l'impôt & le produit, cette même opération fe fera avec la plus grande facilité, avec la plus parfaite exactitude, fans aucuns frais pour l'état, par la feule eftimation faite entre particuliers dans les ventes, les partages & les échanges; & comme tous les fonds, dans un temps donné, font vendus, échangés ou partagés, la proportion de l'impôt avec la valeur productive du fonds fera, dans un temps donné, rétablie à l'égard du propriétaire.

2.° Il faut obferver que la nature a établi une balance de productions & de valeur à-peu-près égale par-tout. Ainfi les pays où la dîme sur le bled seroit onéreuse à raison de la stérilité du sol, sont riches en pâturages qui ne payent qu'un impôt très-indirect & peu sensible au propriétaire; tandis que les pays riches en bled & en vin n'ont ordinairement que cette denrée, & par conséquent payent tout à l'état en impôt direct, sans compter l'impôt qu'ils payent à la nature par la *casualité* de ces productions.

Le bled ne peut être soumis qu'à l'impôt direct, tant qu'il ne sert qu'à la subsistance de l'homme : mais si le luxe le dénature, & en fait de l'amidon, alors il doit être soumis à un autre impôt, & ce n'est pas le bled que je taxe, mais l'industrie & le gain de l'amidonnier.

Certains vins reçoivent du luxe une valeur très-disproportionnée à celle des autres vins: il est donc juste qu'ils payent davantage, parce qu'ils forment une plus grande propriété. Ainsi ils peuvent être soumis à l'impôt en argent, quoiqu'ils ayent payé l'impôt en nature.

Les mêmes matières peuvent payer deux fois l'impôt indirect, lorsqu'elles sont devenues par les procédés de l'industrie une matière différente. Ainsi la toile a payé des droits, & le papier fait de morceaux de toile doit en payer aussi, & ce n'est pas la matière que je taxe, mais l'industrie du papetier.

Les foins ne doivent pas d'impôt, parce qu'ils servent à la nourriture des bêtes de labour qui fervent elles-mêmes à la production du bled; mais les fourrages employés à nourrir les chevaux de luxe, payeront un droit par la taxe impofée fur les chevaux de luxe.

Si, dans un canton, il n'y avoit pas de chevaux de luxe, l'état n'y perdroit rien; parce qu'il y auroit plus d'animaux utiles, plus d'engrais, plus de bled, plus d'impôt.

Les chevaux de labour & les bœufs ne doivent rien, puifqu'ils ne font que l'inftrument d'une production qui paye l'impôt; mais les bœufs font foumis à l'impôt, lorfqu'ils fervent à un autre ufage & qu'ils font employés à la fubfiftance de l'homme; ils forment alors une nouvelle propriété. Les bêtes à laine peuvent être l'occafion ou la matière d'un double droit, puifqu'elles fervent au vêtement & à la nourriture de l'homme.

Ce droit fur les matières de première néceffité doit être affez modique pour ôter l'envie de le frauder, & il vaut toujours mieux négliger un droit que créer la contrebande.

Quoique les animaux ayént payé fous un rapport, leur dépouille ou leurs cuirs doivent payer, parce qu'ils repréfentent l'induftrie du tanneur & du mégiffier.

D'ailleurs il y a une raifon plus forte pour faire payer aux différentes matières extraites des animaux, comme cuirs, laines, poil, graiffes, un droit particulier, car outre que ce droit eft l'impôt fur la propriété induftrielle des différens ouvriers en cuirs, laines, suifs &c., c'est la seule manière dont on puisse atteindre la partie considérable de la propriété territoriale, qui sert uniquement à la subsistance des bestiaux.

Les maisons doivent-elles payer un impôt? oui; mais à la commune seulement; elles doivent être la *matière* de la contribution pour les *frais locaux*, parce qu'elles font, ainsi que la famille, *l'occasion* des frais locaux.

Les maisons sont les véritables propriétés de la commune, car sans maisons il n'y a point de communes; donc elles doivent payer les frais locaux, qui font l'impôt de la commune.

Les propriétés territoriales sont les propriétés de l'état, car sans terres il n'y a pas d'état; donc elles doivent payer les contributions de l'état.

La famille & la maison font l'occasion des frais locaux, car s'il n'y avoit pas d'habitans, il ne faudroit ni églises, ni hôtels de ville, ni fontaines, ni lieux publics; s'il n'y avoit pas de maisons, il ne faudroit ni réverbères, ni pavés des rues, ni précautions contre les incendies; donc les maisons doivent être la matière & la base des contributions locales des communes.

L'homme, chef de la famille, ne doit pas de service personnel à la société, sauf les circonstances extraordinaires ou un engagement particulier: car si la société employe le chef de la famille, la famille sera en danger de périr ; mais le chef de la famille doit un service particulier à la commune, lorsqu'il en est requis. Ainsi cette espèce de propriété qu'on appelle *maison*, ne doit pas de contribution à la société, mais elle en doit une particulière à la commune, parce que la commune ne considère que l'homme & la propriété de la famille. Or la maison est la véritable propriété de la famille ; car la famille peut subsister, sans avoir aucune propriété territoriale ; mais elle ne peut être membre de la commune, si elle n'y a une habitation.

Les maisons doivent-elles être taxées dans une proportion autre que celle de leur étendue ? Oui, car il y a des maisons qui ne servent qu'à loger la famille, & des maisons qui servent à la loger & à la nourrir : ainsi une hôtellerie, un magasin, une maison baillée à loyer, des usines doivent payer à la commune comme habitation, & peuvent payer à l'état comme propriété.

Comment les capitalistes seront-ils soumis à l'impôt ?

Tant que l'argent reste dans le coffre, il ne doit pas d'impôt, car puisqu'il n'est pas propriété utile pour le maître, il ne peut pas être propriété utile pour l'état ; mais dès qu'il en sort pour être placé à intérêt, & devenir ainsi propriété utile pour le maître, il doit être propriété utile pour l'état ; donc il faut que l'état la connoisse, donc il faut qu'un acte public en constate la quotité ; comment l'état pourroit-il imposer une propriété, qu'il ne connoîtroit pas? Donc la loi ne doit à l'homme aucun moyen de défendre ou de réclamer en justice une propriété mobiliaire, qui n'aura rien payé à la société; comment l'état pourroit-il protéger une propriété qui ne payeroit pas le prix de la protection que l'état lui accorde.

Donc les droits de contrôle, ou de timbre, les droits aux mutations de propriétés immobiliaires, mobiliaires, ou d'offices, sont fondés en raison, parce que l'état protecteur de toutes les propriétés & de tous les hommes, doit connoître tout déplacement qui survient dans les hommes & dans les propriétés.

Mais la publicité des emprunts & des placemens, n'a-t-elle pas des inconvéniens? Aucun. Relativement à l'état, la publicité des propriétés mobiliaires n'a pas plus d'inconvénient que la publicité des propriétés immobiliaires ou territoriales; relativement au particulier, le mystère ne favorise que la mauvaise foi ou la mauvaise économie Si l'intérêt de quelques marchands est que tout soit secret dans leurs affaires, l'intérêt du commerce honnête & loyal est que tout soit public. Or l'intérêt de la société n'est pas l'intérêt des marchands, mais l'intérêt du commerce. Quant aux capitalistes, ceux qui cherchoient à jeter un voile impénétrable sur leurs affaires n'étoient presque jamais que des gens peu délicats, qui vouloient rejeter sur les autres le fardeau des charges publiques, ou léser des légitimaires dans des partages de famille. Au reste il ne seroit pas impossible de concilier le secret des affaires avec l'intérêt de la société.

Les denrées exportées hors du royaume, les denrées importées dans le royaume, doivent des droits, parce que le particulier doit un dédommagement à l'état pour les dépenses en chemins, ports, vaisseaux, &c. que lui occasionnent l'exportation & l'importation.

Les droits sur les denrées exportées & importées sont les impôts que paye le commerce.

Quel principe doit-on suivre dans la taxe des droits sur l'exportation ou sur l'importation?

La règle générale sur les droits à l'exportation des denrées est que les droits doivent être plus forts sur les denrées de première nécessité pour les retenir dans le royaume, & moins forts sur les objets de luxe pour les en faire sortir. C'est absolument le contraire sur les droits à l'importation. Il faut mettre des droits modiques aux objets de première nécessité, pour les attirer dans le royaume, & des droits plus forts sur les objets de luxe pour les en éloigner. Au reste ce principe général est susceptible de modifications infinies, parce que la denrée de première nécessité peut devenir objet de luxe, si elle est trop abondante, & l'objet de luxe devenir, jusqu'à un certain point, objet de première nécessité, s'il est trop rare. Les matières brutes que demandent les manufactures d'un pays peuvent être un objet de première nécessité, quoique les productions de ces manufactures ne soient que des objets de luxe. Une nation qui a des colonies peut encore modifier différemment ce principe qui ne peut être considéré comme général que sous ce rapport, qu'il faut que tout ce qui est nécessaire à la société reste ou entre dans le royaume, & tout ce qui est inutile ou dangereux pour la société en sorte ou n'y entre que difficilement.

Il me reste une réflexion à faire sur l'impôt en nature. Je connois toutes les objections qu'on peut faire contre la perception en nature, mais il n'est aucune difficulté qui ne disparût par l'habitude de percevoir; & lorsque certaines productions présenteroient une *décimation* trop difficile, il s'établiroit *nécessairement* & par la force des choses entre l'intérêt éclairé du fermier & l'intérêt éclairé du propriétaire, une taxe en argent ou abonnement de gré à gré, bien plus exact que toutes les estimations des experts, & que toutes les évaluations des cadastres. Dans les Cevennes, où la feuille de mûrier forme un revenu considérable, on en est venu à ce point de précision & de connoissance, que l'on estime à la seule vue & avec une grande exactitude combien un arbre donne de livres pesant de feuilles.

Au reste, quelque système que l'on adopte

fur l'impôt, il y a des bafes générales def quelles on ne doit jamais s'écarter.

1.° Il ne faut pas, dans un état agricole, que l'impôt écrafe & décourage l'agriculture; il ne faut pas oublier que l'habitant des campagnes eft pauvre, parce qu'il cultive mal, & qu'il cultive mal, parce qu'il eft pauvre.

2.° Il ne faut pas, dans un état commerçant, que l'impôt écrafe & décourage le commerce.

3.° Il ne faut pas, dans une fociété opulente, que l'impôt étouffe tout luxe relatif, c'eft-à-dire, tout emploi décent du fuperflu de fon opulence.

4.° Il ne faut pas dans une fociété civile, c'eft-à-dire, religieufe & politique, que l'impôt foit une occafion de corruption & de défordre.

Ainfi il eft néceffaire d'abolir ou de rectifier les lotteries qui infpirent le goût de gagner fans travail, & par conféquent de dépenfer fans utilité; les emprunts viagers qui infpirent le dégoût de la propriété foncière, & l'infouciance de la poftérité; les droits de contrôle, qui préfentent des piéges à la fimplicité, & des reffources à la mauvaife foi; les droits exceffifs & inégaux fur des denrées de première néceffité, qui excitent la contrebande, & entretiennent dans le royaume une guerre inteftine entre le *pouvoir* & les fujets.

Si toutes les propriétés doivent payer un impôt

impôt, les propriétés de tous, ou les propriétés communes en doivent aussi leur part. Ainsi il est urgent de rétablir en France un impôt sur le sel, ressource précieuse, mais dont l'administration avoit abusé. Le sel doit payer, à son extraction seulement, un droit *uniforme*, pour ne léser aucune province, ni exciter la contrebande; un droit modique, parce que le sel est une denrée nécessaire, & que l'administration ne doit ôter à personne ce que la nature donne à tous.

L'état peut se réserver la culture ou la fabrication *exclusive* de certaines productions du sol ou de l'industrie, telles que le tabac, les cartes à jouer, &c. Mais 1.° il ne faut pas que ce soient des objets de première nécessité, parce que, pour les besoins de première nécessité, l'homme ne doit dépendre que de lui-même. D'ailleurs l'administration s'exposeroit à des murmures continuels, & peut-être à une révolte générale, si la fourniture des objets, dont elle se seroit réservé la fabrication ou la culture exclusive, venoit à manquer par la faute des élémens ou par celle des hommes. 2.° Il faut que l'état les vende à peu près au même prix que feroit le commerce, & qu'il les fournisse d'une meilleure qualité, parce que l'état ne peut gêner en rien le particulier, ni borner l'essor de son industrie, que pour rendre la condition du public meilleure.

Tome III. P

Ce n'eſt pas aſſez que l'impôt ſoit modéré, réparti avec intelligence, perçu avec économie; il faut encore, il faut ſur tout, qu'il ſoit ſagement adminiſtré; &, loin de chercher les règles d'une bonne adminiſtration dans les exemples ou les ſyſtêmes des financiers modernes, je les trouve dans le livre de raiſon d'un particulier aiſé, intelligent & ſage.

Un particulier ſage, intelligent & aiſé ſe nourrit, ſe loge, ſe meuble conformément à ſa fortune & à ſon état; il entretient ſa famille avec décence; il fait élever ſes enfans avec ſoin; ſes domeſtiques ſont bien vêtus, ſes chevaux bien nourris, ſes métairies bien entretenues; il a dans ſa repréſentation la dignité que ſon état demande & que ſa fortune comporte; il défend, quand il le faut, ſa propriété contre un voiſin injuſte; il ſecourt un ami malheureux; il met une ſomme en réſerve, pour faire face à des beſoins imprévus; il étend ſa propriété par des acquiſitions & des améliorations; il l'orne, il l'embellit; &, moyennant un intérêt légitime, il peut aider ſon voiſin à améliorer ſes biens & à ſe relever de ſes pertes.

Il doit en être de même dans une ſociété bien adminiſtrée. Son *pouvoir* général doit être repréſenté avec la dignité qui convient à ſes fonctions, ſes armées de terre & de mer bien entretenues, ſes arſenaux bien fournis, ſes places fortes en bon état; elle doit faire avec grandeur, avec magnificence, toutes les dé-

penfes qui ont pour objet l'éducation & l'inftruction publiques, la commodité, la fanté,
l'utilité, l'agrément même du citoyen, la fureté de l'état au dedans, fa défenfe & fa confidération au dehors; elle doit foutenir avec
une inflexible fermeté des droits légitimes,
permettre à fon opulence un fafte convenable; elle doit mettre en réferve une fomme
deftinée à faire face à des befoins urgens &
extraordinaires, & qui la difpenfe de recou-
rir aux emprunts ou aux impôts: elle doit
étendre fa propriété non par des acquifitions,
mais par des améliorations, des conftructions
de chemins, de canaux, de ports &c., par
des avances faites à l'agriculture, & à l'induftrie; elle doit l'embellir par des encouragemens donnés aux fciences, à la culture des
lettres & des arts agréables; elle peut, elle
doit fecourir un état voifin ou éloigné, que
fa pofition rend un allié précieux, & à qui fes
reffources intérieures ne permettent pas d'être
un allié utile.

L'homme, fans conduite & fans raifon,
veut faire des dépenfes au deffus de fon état
& de fa fortune; il emprunte pour intenter
un procès injufte à fon voifin, ou pour donner un repas à fes amis; les emprunts s'accumulent; il ne peut fuffire aux dépenfes in-
difpenfables; les intérêts le ruinent; il
tombe, pour vivre dans la dépendance de
ceux qui lui prêtent. Ses revenus ne peuvent

P 2

suffire à ses engagemens. ses capitaux sont
aliénés, ses terres saisies, & sa fortune anéantie.

Telle est au naturel la position d'une société mal administrée : économie vicieuse,
profusions insensées, emprunts ruineux, dépenses frivoles, besoins sans cesse renaissans,
emprunts continuels : elle tombe dans la dépendance des capitalistes, & des banquiers;
elle tombe dans la dépendance des peuples,
en leur demandant sans mesure des subsides
qu'elle prodigue sans utilité ; elle est forcée
de manquer aux engagemens les plus sacrés,
& en consommant à l'avance ses revenus,
elle se met dans l'impossibilité de se livrer à
aucun système général d'amélioration au dedans, & de soutenir au dehors aucun système de politique.

Il faut donc que la recette surpasse la dépense dans l'administration des finances d'un
état, comme dans la conduite des affaires d'un
particulier. Le crédit personnel d'un ministre
des finances & son habileté à *faire* de l'argent,
sont donc également inutiles; l'esprit d'ordre
doit être son génie , & la probité son talent.

Quel royaume que la France ! s'écrie le Pdt.
Hénault, en parlant du duc de Sully, *quand
elle produit un ministre égal à ses ressources !* "Ce
„ ministre apprit aux François que pour gou-
„ verner les finances, la première qualité est un
„ sens droit. Il paya deux cent millions de dettes
„ en dix ans, sur trente-cinq millions de

„ revenus, & amaſſa trente millions qui ſe
„ trouvèrent à la Baſtille quand il ~~mourut~~ „
parlut.

SECTION III.

ADMINISTRATION MILITAIRE.

J'ai diſtingué deux corps militaires: l'un hérédi-
taire, défenſif, conſtitutionel, que j'appelle
nobleſſe; l'autre amovible, accidentel, offenſif,
que j'appelle armée.

CHAPITRE I.

Nobleſſe.

Sous la première race de nos rois, la nobleſſe étoit ce qu'elle doit être dans une ſoeié-
té conſtituée, & ce qu'elle étoit chez les Germains, profeſſion ſociale ou défenſive de la
ſociété; mais comme la ſociété s'étoit aggran-
die, les diverſes fonctions s'étoient établies &

P 3

distinguées, & l'on voyoit des gouverneurs de provinces, ou *Duces*, des gouverneurs de villes, ou *comites*, des commandans fur les frontières, ou *marches*, qu'on appeloit *marchiones*. Ceux qui n'avoient pas des fonctions particulières étoient défignés par le nom de *feigneur ou homme libre*, expreffion qui, dans la langue germanique, fignifie encore un noble fans fonctions particulières, & répond exactement au titre de *baron*, dont elle eft la traduction littérale. Ainfi cette expreffion d'*homme libre*, qu'on retrouve à tout moment dans les écrits de ceux qui ont traité de l'état des premiers Francs, ne défignoit qu'un noble, libre de fonctions particulières, & tenu feulement des engagemens généraux de fa profeffion, qui étoient de défendre la fociété.

Sous la feconde race, les *duces* ou ducs, *comites* ou comtes, les *marchiones* ou marquis, profitant de l'affoibliffement de l'autorité royale, rendirent héréditaires dans leurs familles le gouvernement des provinces & des villes & le commandement des frontières ou *marches*; les titres jufque là viagers ou révocables comme les fonctions, devinrent héréditaires, comme elles. Voilà ce que les gens prévenus appellent la féodalité & qui en étoit l'abus & la corruption. L'ufage de porter des noms de terre, s'introduifit à cette époque parmi les nobles, parce qu'il étoit dans la nature des chofes que les terres poffédées à charge de fervice militaire, devinffent héréditaires dans les familles, puisque l'obligation de servir la société y étoit devenue héréditaire: la possession du fief caractérisa donc le noble, & le *de* qui, dans une grande partie de l'Europe, distingue & désigne le noble, ne signifie autre chose que le domicile dans le fief, un tel *de* tel endroit. Plus tard, on ajouta au nom de terre son nom de baptême, & l'on dit Bertrand du Guesclin, Olivier de Clisson; après l'établissement des troupes réglées, on se distingua par son grade, le capitaine Montluc, le maréchal de Trivulce.

Mais le seul titre qu'on retrouve dans les temps anciens pour la noblesse qui ne possédoit pas de fief en souveraineté est celui de baron ou d'homme libre, qui désignoit la noblesse restée profession sociale & qui n'étoit pas *pouvoir*: c'est en effet le seul titre qu'ait porté jusqu'à ces derniers temps, & que porte encore l'aîné d'une des premières maisons du royaume, qui n'a jamais possédé de fief en souveraineté.

Quand nos rois se furent ressaisis de tous les *pouvoirs* particuliers sur les familles qui les avoient usurpés ou en faveur desquelles nos rois eux mêmes les avoient retablis, alors les titres reparurent: ils ne désignèrent plus, comme autrefois, des fonctions, mais la capacité de les remplir, ou ils furent une présomption qu'on descendoit des familles qui avoient autrefois exercé ces fonctions ou usurpé des *pouvoirs*. Quelquefois ils ne prouvè, rent que la fortune d'un parvenu, ou l'effronterie d'un avanturier. L'abus des érections de terres en titres honorifiques fut pouſſé ſi loin qu'il fallut décider, conformément à la conſtitution, que le roi pouvoit faire quelqu'un *comte* ou *marquis* ſans le faire noble, déciſion qui prouve que la nobleſſe n'eſt *diſtinction* que parce qu'elle eſt profeſſion *diſtinguée*.

Dans ces derniers temps, les puînés de la nobleſſe, au lieu de prendre des noms de fief, adoptoient l'uſage de ſe déſigner par le nom de baptême, joint au nom de famille ; rien de moins conforme à la conſtitution. 1.° Les princes du ſang de France & l'héritier même du trône ne ſont déſignés que par des noms de fief. Cet uſage n'a lieu que dans quelques cours étrangères & par conſéquent ne nous convient pas. 2.° Il ſépare la nobleſſe de la poſſeſſion du fief qui eſt le caractère diſtinctif de la nobleſſe. 3.° La déſignation par des noms de terres fait revivre les noms de familles qui ne ſont plus, & c'eſt un avantage pour la ſociété qui conſommant les individus, doit, autant qu'elle le peut, éternifer les familles en conſervant les noms. Dans un temps éloigné, une famille entée ſur le tronc d'une maiſon illuſtre anciennement éteinte, ſe confond avec elle par la poſſeſſion du même fief, & quelquefois par la pratique des mêmes vertus : un nom qui rappelle de grandes actions peut fouvent en produire de nouvelles; le menfonge ne nuit à perfonne, & il a pour la fociété le même effet que la réalité. Cette immortalité de noms & de fouvenirs eft parfaitement dans l'efprit de la conftitution.

4.° Cette coutume populaire de fe défigner par des noms de baptême, tenoit, je crois, à la pente que tout prenoit, en France, vers les inftitutions de l'homme naturel.

Je ne fais fi l'ufage des *préfentations* à la cour eft bien conforme à la conftitution, à l'intérêt de la nobleffe, à celui de la fociété : il fe forme ainfi un ordre dans un ordre. La nobleffe de la cour fe diftingue de la nobleffe de province : elle fe divife, lorfqu'il faut combattre en maffe & à rangs ferrés. — Les préfentations fe multiplient, la faveur & l'intrigue s'en mêlent, & l'on eft préfenté malgré le généalogifte, & quelquefois malgré fa généalogie.

La nobleffe eft *une* aux yeux de la conftitution; dans les états-généraux, le noble le plus récent à fiégé à côté de chefs de nos plus anciennes maifons. Mais c'eft à l'opinion à diftinguer les familles, & à l'adminiftration à diftinguer les fervices. La diftinction que l'opinion publique, c'eft-à-dire, la fociété, met entre les familles, à raifon de leur ancienneté, eft autant dans la nature des chofes, que celle que l'adminiftration met entre les individus, à raifon de leurs fervices perfonnels. Plus il y a de temps qu'une fa-

mille eft confacrée à la défenfe de la fociété,
plus elle doit être confidérée par la fociété;
& lorfque la date de fon admiffion dans la
profeffion fociale n'eft pas connue, elle doit
jouir de la confidération juftement attachée
à l'exercice immémorial d'une profeffion diftinguée.

Si la nobleffe doit être *fonction*, elle ne doit
pas être *pouvoir*; encore moins, doit - elle
être *métier*. Donc elle ne doit pas commercer. Le défir d'acquérir des richeffes eft le
défir d'en jouir; le défir de jouir eft le défir
de vivre, & le défir de vivre s'accorde mal
avec une profeffion qui ordonne de compter
la vie pour rien, & fon devoir pour tout.
" Des loix qui permettroient, en France, le
" commerce à la nobleffe, dit Montefquieu,
" y détruiroient la nobleffe fans aucune uti-
" lité pour le commerce . . . . il eft
" contre l'efprit de la monarchie que la no-
" bleffe y faffe le commerce. L'ufage qui a
" permis, en Angleterre, le commerce à la
" nobleffe, eft une des chofes qui ont le plus
" contribué à y affoiblir le gouvernement
" monarchique. " Le même auteur, après
avoir remarqué l'efprit de défintéreffement de
cette nobleffe militaire, *qui fert toujours avec*
le capital de fon bien; qui, quand elle eft rui-
née, donne fa place à une autre, qui fervira
avec fon capital encore; qui, quand elle ne
peut efpérer les richeffes, efpère les honneurs,
& lorfqu'elle ne les obtient pas, fe confole par

ce qu'elle a acquis de l'honneur ; après avoir *considéré cet état de la robe qui, sans avoir le brillant de la Noblesse guerrière, en a tous les priviléges, cet état qui laisse les particuliers dans la médiocrité, tandis que le corps déposi- taire des loix est dans la gloire ; cet état enco- re dans lequel on n'a de moyen de se distinguer que par la suffisance & par la vertu, profes- sion honorable, mais qui en laisse toujours voir une plus distinguée ;* après avoir observé que *la pratique du royaume de France est très- sage en ce que les négocians n'y sont pas nobles, mais qu'ils peuvent le devenir,* ajoute ces pa- roles remarquables, & qui peuvent être re- gardées comme le texte de mon ouvrage : *& si depuis plusieurs siécles, la France a aug- menté sans cesse sa puissance, il faut attribuer cela à la bonté de ses loix, non pas à la for- tune, qui n'a pas ces sortes de constance (Esp. des Loix, L. XX, Ch. XXI & XXII).*

On peut remarquer dans la contradiction qui existoit, en France, entre les loix & les mœurs, relativement à la noblesse commer- çante, une preuve évidente de ce que j'ai avancé dans la première partie de cet ou- vrage ; que c'est à la nature seule à faire des loix dans une société constituée, parce que c'est elle seule qui établit des rapports *néces- saires* entre les êtres, & que, lorsque l'homme veut y substituer ses opinions, il ne peut éta- blir que des rapports contraires à la nature des êtres, des loix absurdes, que la nature

repousse, ou en les laissant tomber en désué-
tude, ou par les troubles qui en accompa-
gnent l'exécution. Une loi permettoit en France à la noblesse de faire le commerce en gros;
les mœurs, c'est-à-dire, la nature, plus sage
que l'homme, ne le lui permettoit pas; en
revanche, la nature avoit introduit la loi des
substitutions, parce que la loi qui rendoit
héréditaires les moyens de remplir une fonction héréditaire, étoit un rapport *nécessaire*
& dérivé de la nature des êtres; l'homme
avoit restreint, c'est-à-dire, avoit abrogé
cette loi; & remarquez la différence des loix
nécessaires, c'est-à-dire, parfaites, qu'introduit la nature, aux loix absurdes, immorales que l'homme établit. La nature, en pres-
crivant à la noblesse les substitutions & lui
défendant le commerce, lui inspiroit le soin
de sa postérité & le mépris du luxe & des
jouissances personnelles; elle mettoit l'amour
des autres à la place de l'amour de soi: l'homme, en restreignant la faculté de substituer
& permettant le commerce au noble, déta-
choit le noble de sa postérité pour lui donner le goût de l'argent & d'un genre de propriété plus disponible pour le luxe & l'égoïsme, & il mettoit ainsi l'amour de soi à la
place de l'amour des autres. Il en devoit résulter, il en a résulté en effet une fureur universelle de changer ses terres contre des capitaux, & l'on a vu à la fois, quelques années
avant la révolution, chez les notaires de Pa-

ris jufqu'à neuf mille terres en vente. L'adminiftration s'applaudiffoit, peut-être, de
voir le fifc fe groffir par des droits fur les
mutations de propriété, elle auroit dû gémir
de voir de nouvelles familles s'élever fur les
débris des anciennes familles, de nouvelles
propriétés infpirer le dégoût des anciennes
propriétés, de nouveaux principes prendre
la place des anciens principes. La mutation
fréquente des propriétés eft une playe mortelle à la conftitution; & c'eft pour la rendre
plus difficile que la nature même de la fociété a établi la loi des droits des *lots &*
ventes. La nobleffe ne doit donc pas commercer, encore moins agioter : fi elle doit
périr, qu'elle fe détruife fans s'avilir, puifqu'auffi bien elle ne pourroit s'avilir fans fe
détruire.

Rien de plus commun autrefois en France
que de voir la nobleffe pauvre offrir fes fervices aux grands *envers & contre tous*. On lit
dans les mémoires du temps que le duc d'E-
pernon, brouillé avec le duc de Sully, n'ofa
pas fortir de fon hôtel, parce qu'il n'avoit
autour de lui que fix cents gentilshommes &
que Sully en avoit huit cents. La Fronde a
fourni des exemples remarquables de ces dé-
vouemens des gentilshommes à des caufes particulières. Aujourd'hui la nobleffe fent mieux
fa dignité. La conftitution qui perfectionne
d'un côté, quand l'homme altère d'un autre,
l'a rendue plus indépendante des *pouvoirs* par-

ticuliers, & par conséquent plus dépendante du *pouvoir* général.

"Henri VIII, dit Mr. de Montesquieu,
" voulant réformer l'Église d'Angleterre, dé-
" truisît les moines, nation paresseuse par elle
" même, & qui entretenoit la paresse des au-
" tres, parce que, pratiquant l'hospitalité,
" une infinité de gens oisifs, gentilshommes
" & bourgeois, passoient leur vie à courir de
" couvent en couvent; il ôta encore les hô-
" pitaux où le bas peuple trouvoit sa subsis-
" tance, comme les gentilshommes trouvoient
" la leur dans les monastères: depuis ce temps
" l'esprit de commerce & d'industrie s'établit
" en Angleterre. "

On vient de voir tout-à-l'heure, que le même auteur a dit formellement: " que la loi
" qui avoit permis en Angleterre le commer-
" ce à la noblesse *étoit une des choses qui avoient*
" *le plus contribué à y affoiblir le gouvernement*
" *monarchique.* " Par conséquent les monastè-
res qui, selon l'auteur lui-même, empêchoient l'esprit de *commerce* de se répandre parmi la noblesse comme dans les autres classes, *étoient une des choses qui maintenoient*, en Angleterre, *le gouvernemnnt monarchique.*

On feroit un gros livre sur le passage que je viens de citer, dans lequel le philosophe décide bien légérement des questions qui pour-roient embarrasser le politique. On pourroit de-mander à l'auteur ce qu'il appelle une occupa-tion utile à la société; & si des corps qui, tout

dégénérés qu'ils pouvoient être de leur inftitution primitive, étoient, comme des médailles antiques dans l'hiftoire de la religion & de
la fociété , & des preuves matérielles & fenfibles
de la foi des anciens temps à l'exiftence de
Dieu & à l'immortalité de l'ame, n'étoient
pas, même politiquement, auffi utiles à la
fociété que ces clubs littéraires où l'on prêche
l'athéifme, & ces clubs politiques où l'on pro-
feffe le républicanifme : on demanderoit fi ces
tranquilles retraites n'offroient pas à l'homme
une reffource plus confolante dans le malheur,
un refuge plus religieux & par conféquent plus
focial contre l'injuftice de fes femblables ou
fes propres paffions, que le fuicide ; le fuicide ! qui bientôt ne laiffera plus à la juftice
humaine de fcélérat à punir, ni à la bonté
divine de coupable à pardonner. L'Angleterre
eft plus induftrieufe & plus riche depuis qu'il
n'y a plus de monaftères ; je le veux ; mais
y a-t-il plus de bonheur depuis qu'il y a
plus de richeffes, plus de mœurs depuis qu'il
y a plus de commerce, plus de vertus depuis
qu'il y a plus d'induftrie ? Il y a plus d'argent ; j'en conviens ; mais y a-t-il plus de
force ? S'il eft queftion de force extérieure,
il y a moins de foldats dans un état, à mefure
qu'il y a plus de commerce ; s'il eft queftion
de force intérieure, qui confifte dans l'amour
des fujets les uns pour les autres, & dans
l'amour de tous pour le fouverain, il y a
moins d'amour de l'homme, à mefure qu'il

y a plus d'amour de la *propriété*, & l'*auri*
facra fames, qui met tant d'activité & d'induftrie dans la fociété, n'eft pas plus, aux yeux
du véritable homme d'état, une vertu confer-
vatrice de la fociété politique, qu'elle n'eft,
aux yeux du moralifte, une vertu conferva-
trice de la fociété religieufe. On pourroit demander à Mr. de Montefquieu, s'il eft vrai
qu'il y ait moins de pauvres depuis qu'il n'y
a plus d'hôpitaux, & fi, après tout, il ne vaut
pas mieux être importuné par un pauvre que
d'être dévalifé en plein jour, à Londres même,
par un brigand. On demanderoit fi ces fondations pieufes, monumens de la piété & de la
charité publiques, où le pauvre trouve une
difcipline & des inftructions qui lui font plus
néceffaires que la fubfiftance même, ne font
pas plus utiles aux yeux de la religion & de
la politique que ces fecours obfcurs & privés
qui arrachent, fi l'on veut, l'indigent à la
mifère, mais qui le laiffent à la corruption.
On demanderoit fi ces monaftères, où le riche trouvoit, comme le pauvre, un afyle
gratuit, & s'affeyoit comme lui à la table
d'une religion hofpitalière, ne rappeloit pas
cette antique & loyale hofpitalité, ce premier devoir de l'homme envers fon femblable, cette première vertu des fociétés
naiffantes, d'une manière plus touchante
& plus vraie que ces hôtelleries faftueufes
où le riche entre avec fracas, que l'étranger

ger pauvre n'ose aborder où l'or trouve un ac-
cueil si grâcieux, & l'homme une hospitalité si
ruineuse, & quelquefois si insolente ; je conçois
que la paresse est un crime dans celui que sa profession & ses talens appellent à servir la société ; mais combien d'hommes qui ne la servi-
roient utilement qu'en ensevelissant dans la
paresse & le silence du cloître leur funeste industrie & leur dévorante activité ? L'Europe
seroit heureuse & tranquille, si J. J Rousseau
s'étoit fait chartreux : & qui oseroit assurer que
les changemens faits en France, il y a quelques années, dans le régime des ordres mo-
nastiques, n'ayent pas rendu à la société une
foule d'esprits inquiets & turbulens qui n'ont
d'activité que pour nuire, & de force que
pour renverser ? *C'est depuis ce changement*, dit
Mr. de Montesquieu, *que l'esprit de commerce & d'industrie s'établit en Angleterre*; mais qu'il
ajoute aussi que c'est depuis ce changement
que l'esprit d'athéisme, de matérialisme, de
républicanisme s'y est introduit, & de l'Angleterre dans toute l'Europe. Je reviens à la
noblesse.

Cette noblesse angloise passoit donc sa vie
à courir de couvent en couvent, à vivre des
fondations de ses ancêtres qui avoient donné à
garder à la religion des biens qu'ils ne savoient
pas garder eux-mêmes ; elle s'enivroit peut être
dans un réfectoire au lieu de porter des Toast
dans une taverne ; elle alloit peut-être à l'of-

fice, au lieu d'aller à l'opéra, & partageoit la collation des bons religieux au lieu de faire des petits foupers avec des courtifannes. La fociété, les mœurs, la nobleffe n'ont rien gagné au changement. Il valoit autant courir de couvent en couvent, que de Suiffe en Italie, de France en Allemagne, pour finir loin de fa terre natale par la confomption, ou le fuicide, après avoir traîné dans toute l'Europe le dégoût de fon pays & le mépris pour les autres nations. C'étoit cependant de cette nobleffe *pareffeufe* qu'étoient les Talbots, les Chandos, les Mauny ; c'étoit de cette nobleffe que defcendoient le généreux Montrofe, & ce brave & loyal anglois, qui en mourant pour fon roi, difoit à fes enfans : *mes enfans, tenez à la couronne, quand elle pendroit d'un buiffon.*

C'étoit dans un temps voifin encore de celui où la nobleffe couroit de couvent en couvent, que ces francs & généreux royaliftes, opprimés fans être abattus, mêlant au malheur de leur caufe la gaieté d'une ame pure, & quelquefois un goût exceffif pour le plaifir, répondoient à leurs fombres adverfaires, *les têtes rondes*, les jacobins de ce temps, les affaffins de Charles I, qui leur reprochoient pieufement leur vie licencieufe : *oui, nous avons les foibleffes des hommes ; mais vous, vous avez les vices des démons (Hume).* C'étoient enfin les enfans de ces nobles, fans goût pour le commerce, *fans induftrie*, qui, selon Montesquieu lui-même, *s'ensevelirent avec Charles I sous les débris du trône*; & pour juger jusqu'à quel point l'institution de la noblesse s'est perfectionnée en Angleterre par l'esprit de commerce & d'industrie, il convient peut-être d'ajourner jusqu'à la première révolution. En attendant je ne crains pas d'avancer que, si la nation angloise est devenue plus *industrieuse* depuis les réformes faites par Henri VIII, elle n'est pas devenue plus militaire, quoiqu'elle n'ait pas cessé d'être aussi brave: que, sans parler de la guerre présente, qui ne ressemble à aucune autre, les Anglois dans leurs combats contre les François, n'ont pas conservé, sur terre, l'égalité, la supériorité peut-être, qu'ils ont eue autrefois; & que, même dans les combats de mer, les succès à forces égales, ont toujours été balancés; mais aussi, car il faut être juste, chez cette nation vraiment industrieuse, la politique est devenue beaucoup plus savante, & ses moyens beaucoup plus profonds.

Ce temps où la noblesse couroit les châteaux & les couvents étoit celui de l'ancienne chevalerie, institution sublime dont le souvenir est venu jusqu'à nous à travers les exagérations de l'enthousiasme, comme la noblesse de ce temps, parviendra à la postérité à travers les exagérations de la haine. La raison de cette différence est aisée à appercevoir. Quand la noblesse n'étoit opulente que de vertus, avide que de périls, distinguée que par des fa-

Q 2

crifices, elle étoit un objet d'admiration plutôt que d'envie: on lui laiſſoit ſes dangereux honneurs, ſes pénibles diſtinctions qu'on n'étoit pas tenté de partager: mais lorſqu'elle a voulu entrer en concurrence de richeſſes avec le commerçant, de gloire littéraire avec le bel eſprit, & réſerver, en même temps, pour elle ſeule, l'honneur de ſervir l'état, & la juſte conſidération qui en eſt la ſuite, il s'eſt formé contre elle une ligue de la jalouſie & de la vanité, & elle a ſuccombé ſous le poids de leurs haines réunies.

Les progrès de la ſociété ont dû néceſſairement développer une autre profeſſion ſociale, aggrégée à la nobleſſe, & nobleſſe elle-même, puiſqu'elle eſt défenſive de la ſociété dans ſon objet, indépendante dans ſon exiſtence, inamovible dans ſes fonctions, propriétaire, & par conſéquent héréditaire dans ſon titre; je veux parler de la nobleſſe ſénatoriale. A meſure que la ſociété ſe conſtitue, la juſtice fait plus, & la force fait moins, ou pour mieux dire, la juſtice devient la force. C'étoit ainſi en France où les deux profeſſions de la robe & de l'épée ſe rapprochoient inſenſiblement. Leur point de contact étoit dans la royauté & dans la pairie, premier grade de la nobleſſe, offices conſtitutionnels qui rapprochent la nobleſſe de la royauté, puiſque ceux qui en ſont revêtus en ſont les *pairs*; magiſtrature militaire & appartenant même plus au ſénat qu'à l'armée. En effet les pairs laïques peuvent ne pas servir l'état dans la carrière des armes, mais ils ne peuvent pas n'être pas membres de la cour des pairs; cependant la profession sénatoriale restera toujours dans l'opinion un peu au dessous de la profession actuelle des armes, parce qu'il est dans la nature de l'homme qu'une profession, qui demande à l'homme le sacrifice de sa vie, soit plus considérée que celle qui ne lui demande que le sacrifice de son temps; mais s'il existe entre elles cette différence dans les temps ordinaires & lorsque l'état n'a à craindre que les ennemis extérieurs, elle disparoît, lorsque la société politique, en proye aux troubles intérieurs, appelle à son aide les professions conservatrices, véritable force publique, défensive de la constitution: alors toutes les professions sociales sont également exposées; le dépositaire des loix, le défenseur du trône, tombent également sous le fer des scélérats. La noblesse est *une* quand il faut périr.

Dans la société politique, il n'y a de force de *conservation* que dans la profession essentiellement *conservatrice*, c'est-à-dire, la noblesse. L'histoire s'accorde avec cette théorie, puisqu'il n'y a que les sociétés religieuses ou politiques, qui avoient un corps de noblesse héréditaire, religieuse ou politique, qui se soyent conservées, & ayent laissé de grands monumens de leur existence religieuse ou politique, comme les Juifs, les Egyptiens

Q 3

& même les Romains. Car j'ai prouvé dans la seconde partie de cet ouvrage, que les Lévites étoient un corps de noblesse religieuse, comme il est vrai de dire que dans la société monarchique, la noblesse est un sacerdoce militaire. Les républicains ne manqueront pas de m'alléguer l'exemple de la France-république, qui a proscrit la noblesse, & dont les armées ont eu de si grands succès.

Je n'examinerai point ici, si ces succès prodigieux sont dûs uniquement à la valeur des troupes françoises; mais je répondrai qu'il ne faut pas confondre la force d'aggression avec la force de conservation, & que ces mêmes armées, après avoir dévasté, subjugué les états voisins, deviendroient, comme les armées romaines, le fléau de leur propre patrie. Il y auroit cette différence entre la république romaine & la démocratie françoise, que Rome n'eut des troupes réglées & assemblées en temps de paix, que dans les derniers temps de la république; au lieu que la France seroit obligée, à cause du système présent de l'Europe, d'avoir en tout temps une force imposante, & qu'on a proposé, dans les débats de la convention, de porter, dès aujourd'hui, à 500 mille hommes.

J'ai remarqué au CH. V. du *Liv. IV ème* de la première partie de cet ouvrage, que depuis long-temps un changement progressif dans nos mœurs, dans nos arts, dans notre langue, dans notre littérature même, annonçoit la chûte accélérée par laquelle la France descendoit de la constitution de la nature de la société, ou de l'homme perfectionné, aux institutions de l'homme sauvage; j'en citerai un nouvel exemple relatif à la noblesse. L'usage s'introduisoit de se servir dans les combats singuliers, de l'arme la plus destructive & qui suppose le courage *passif* qu'on retrouve au plus haut degré chez l'homme sauvage, plutôt que le courage *actif* qui doit être celui de l'homme perfectionné, & qui avoit toujours été celui du François. Je n'entre pas dans le fond de la question; mais je ne crains pas de dire que ce changement prouvoit, plus qu'on ne pense, la détérioration de l'esprit de la nation. Ce n'étoient plus des rivaux généreux, qui oublient un instant, l'amitié qui les unit, pour ne s'occuper que de leur gloire, mais des ennemis implacables qui veulent se détruire.

CHAPITRE II.

Armée.

COMMENT se faisoit - il qu'en France chaque ministre de la guerre fît une ordonnance militaire, & que chacun de ceux qui étoient chargés de la faire exécuter y changeât quelque chose? Quand la nature amène des développemens nécessaires dans les usages politiques ou militaires d'une nation, elle a soin d'en indiquer le motif. Ainsi il étoit dans la nature des choses qu'une troupe à cheval acquît, dans ses évolutions, toute la rapidité dont le cheval est susceptible; que l'artilleur fût, dans certaines circonstances, mis à cheval, pour arriver aussitôt que la pièce qu'il sert; que le soldat fût habillé uniformément, d'une couleur difficile à salir & aisée à nétoyer: que son habit le défendît du froid sans l'embarrasser dans sa marche; qu'il fût coeffé de manière à garantir sa tête des injures de l'air, chaussé de manière à préserver ses pieds de l'humidité, armé de la manière la plus propre à tirer le meilleur parti de sa force & de son adresse; mais, ces objets une fois remplis, l'homme & les faisons restent les mêmes : pourquoi fatiguer le soldat & ruiner l'officier par des changemens continuels dans le nombre des boutons, la couleur des revers, la coupe de l'habit, la forme du chapeau ? Peut-on justifier ces changemens, & mille autres aussi inutiles par aucun motif, tiré de la nature des boutons, des couleurs, des habits ou des chapeaux ? La manie de *faire* est essentiellement celle des petits esprits, le goût de conserver est le caractère des bons esprits.

L'homme n'aime de changemens que ceux qu'il fait lui-même, parce qu'ils lui présentent une idée de création qui le flatte ; hors de là, il aime à contracter des habitudes, & ses habitudes lui sont aussi chères que sa vie.

Ce qui est nécessaire en France, & dont on pourroit justifier la nécessité par des motifs puisés dans la nature de la constitution monarchique, est :

1.º De rétablir les compagnies d'ordonnance de la maison du roi où la noblesse puisse faire un service qui lui tienne lieu d'éducation militaire, au lieu de demander des brevets à la suite & de courir après des grades sans fonctions.

2.º De rétablir les grenadiers à cheval, élite des troupes françoises & récompense pour le soldat brave & fidèle.

3.º De rétablir la gendarmerie, corps plus important qu'on ne pense aux yeux de la constitution, parce qu'il étoit le point de rallie-

ment militaire de la noblesse & de la bourgeoisie, avantage qui compensoit les inconvéniens particuliers à ce corps. Ces inconvéniens même disparoîtroient en partie, si l'on
ne plaçoit que de vieux officiers à la tête de
ce corps, comme à la tête de tous les corps
composés de jeunes gens de famille. Il est aisé
d'en sentir les raisons.

1.° Ce n'est pas assez de l'autorité du grade
pour contenir cette jeunesse fougueuse, si
l'on n'y joint celle de l'âge qu'aucune institution humaine ne peut remplacer.

2.° Le commandement de la part d'un supérieur, égal en tout à l'inférieur, révolte &
prend le caractère de la force à laquelle la nature oppose toujours une secrète résistance,
plutôt que celui de l'autorité. L'homme aime
à trouver le motif de son obéissance dans
l'âge ou la naissance de celui qui commande &
non dans son grade seul, c'est-à-dire,
dans la nature ou la constitution, & non dans
une préférence arbitraire & que chacun croit
mériter.

3.° Il est dans la nature de l'homme que
les vieillards qui commandent, sympathisent
avec les jeunes gens qui leur sont soumis &
leur rendent l'obéissance plus douce, ou par
l'affection qu'ils ont pour eux, ou par le respect qu'ils leur inspirent.

4.° Jamais le jeune homme qui obéit ne
manquera au vieillard qui commande, parce
qu'il est contre la nature de l'homme & les

loix mêmes de l'honneur qu'il puisse lui en donner raison.

Ce qui est nécessaire est de rétablir la considération des grades & de tous les grades. Déjà en France on étoit honteux de n'être que capitaine, & l'on auroit bientôt rougi de n'être encore que colonel. Voulez-vous diminuer de moitié la valeur de votre monnoie? augmentez-en du double la quantité circulante; voulez-vous doubler en quelque sorte la considération de vos grades militaires? diminuez-en le nombre de moitié. Pourquoi doubler les grades dans le même corps, dans la même compagnie? Unité en tout, unité. L'unité est indivisible, la division commence à 2. Quand il sera plus difficile d'être officier supérieur, ou officier général, vous aurez de meilleurs officiers supérieurs & de meilleurs officiers généraux. Louis XIV avoit laissé ou formé des corps à quatre bataillons. L'armée autrichienne, l'armée prussienne ont des régimens beaucoup plus forts que les nôtres: pourquoi ce morcellement de l'armée françoise en petits corps de deux bataillons? moins on a de corps, plus il est aisé d'entretenir entre eux une parfaite uniformité: moins de régimens, moins d'états-majors, moins de places, plus de sujets. Prenez garde que, pour bien gouverner les hommes, il faut *beaucoup d'appelés & peu d'élus*, ne décourager personne, & ne pas satisfaire tout le monde, tenir l'émulation en haleine, & ne pas rassasier l'ambition, c'eſt une coquetterie indiſpenſable en adminiſtration : attachez les hommes par l'eſpoir, contenez-les par la crainte, comptez peu ſur l'affection & encore moins ſur la reconnoiſſance.

Il faut rendre aux régimens les noms de province. Ces noms préſentent une idée à l'eſprit & un point d'appui à la mémoire. On n'oubliera jamais les actions valeureuſes des régimens de Navarre & de Champagne ; mais qui jamais ſe rappellera que le 35me ou le 57me régiment ſe ſont diſtingués, & quelle idée fixera l'eſprit & l'empêchera de les confondre avec le 34me ou le 58me ?

Ce qui eſt néceſſaire, & plus néceſſaire que tout le reſte, eſt de rétablir dans l'armée le reſpect pour la religion & les mœurs. La famille offre l'enfant à la ſociété ; mais la ſociété ne peut-elle le former à ſon ſervice ſans qu'il ſoit perdu pour la famille, ou que la famille ſoit perdue à cauſe de lui ? Que le fruit de vingt ans de bons exemples donnés par la famille, & de dix ans d'éducation donnée par la ſociété ne ſoit pas perdu dans trois mois d'éducation militaire, & que le jeune homme ne devienne pas l'opprobre de ſa famille en devenant le fléau de la ſociété. Cette ſurveillance ſur les premiers pas d'un jeune homme dans la carrière des armes, ſera le réſultat néceſſaire du reſpect des jeunes militaires pour les anciens officiers, & de l'affection de ceux-ci pour les jeunes gens. Ces ſentimens réci-

proques ne fauroient exifter fi le jeune homme afpire à commander fon ancien, ou fi celui-ci peut craindre d'être commandé par le
jeune homme, fi un corps n'eft plus qu'un
théâtre d'intrigue, d'ambition, de jaloufie,
d'artifices, au lieu d'être une école de loyauté, de fraternité, de politeffe & d'honneur.

Il eft poffible de concilier de juftes égards
pour l'âge & les fervices, avec l'encouragement que l'on doit au zèle & avec les moyens
de parvenir, qu'il faut laiffer aux talens.

D'ailleurs fi, dans tous les temps, on peut
montrer de l'application à fon devoir, on ne
peut en général montrer qu'à la guerre des
talens militaires, & peut-être faudroit-il réferver à s'écarter de l'ordre du tableau au moment où les occafions développent le talent,
& où les fuccès juftifient l'avancement. Rarement la difcipline a péri dans un corps parce que les officiers en étoient trop âgés, mais
plus d'une fois le défordre s'y eft mis parce
qu'ils étoient trop jeunes; qu'on n'oublie pas
fur-tout qu'une fociété telle que la France ne
peut périr que par elle-même, & qu'elle fe
défendra toujours moins, même au dehors,
par la perfection de fa tactique, que par la fidélité de fes guerriers & l'immutabilité de fes
principes,

Non feulement il eft *néceffaire* que l'efprit
de religion renaiffe dans l'armée, mais, à
moins que la France ne foit deftinée à périr
fans retour, il eft impoffible que la religion

ne s'y rétablisse pas, parce que la religion est dans la nature de l'homme social, ou de la société, & qu'il faut que la société périsse ou que les principes conservateurs de la société renaissent.

La religion renaîtra dans l'armée par le bon exemple des officiers, & c'est une raison puissante, pour mettre à la tête des corps des officiers moins jeunes : elle y renaîtra par un meilleur choix d'aumoniers, car il faut absolument un séminaire particulier pour cette profession. Que l'administration ne perde pas de vue que ce qui est philosophie dans l'officier, devient scélératesse dans le soldat : qu'il n'y a que les gens sans esprit & sans principes, qui ne puissent trouver un juste milieu entre la bigotterie & l'irréligion, & qui ne comprennent pas que, sans faire de chaque soldat un homme religieux, on peut introduire dans l'armée un respect général pour la religion, comme il y a un respect général pour l'honneur, quoique tous les soldats ne soient pas des Césars. Après tout, la religion s'accorde mieux, dans son principe, avec la profession militaire qu'avec toute autre, puisque la religion, comme la profession des armes, n'est qu'obéissance, combat & privations.

On lit dans les mémoires du Duc d'Yorck (depuis Jacques II), volontaire dans l'armée du maréchal de Turenne, que ce grand homme, à la veille d'attaquer les lignes d'Arras,

fit avertir son armée de se préparer à une
expédition périlleuse. Le Duc d'Yorck rap-
porte qu'on ne vit jamais dans l'armée autant
de confessions ni de communions que les jours
qui précédèrent l'attaque. Quelques jours
après les lignes furent forcées. On entend des
militaires dire que ces préparatifs intimident
le soldat; les soldats de Turenne étoient donc
plus fermes, ou ce général moins prudent.

Gustave-Adolphe veilloit avec le plus
grand soin sur la religion du soldat; & le fameux Scanderberg avoit une attention particulière sur ses mœurs.

On ne manquera pas de dire que les soldats de la république françoise se battent avec
courage, quoiqu'il n'y ait dans leur armée
aucun signe extérieur de religion : j'en conviens, & c'est précisément ce qui fait qu'ils
sont les soldats de la république françoise.

L'esprit de matérialisme matérialisoit tout,
semblable à ces eaux qui pétrifient tout ce
qu'elles touchent. Dans l'homme, on ne voyoit plus qu'un corps, & dans le soldat qu'une
machine qu'on ne pouvoit mouvoir que par
des moyens physiques. On oublioit que l'homme est intelligence & même plus intelligence
à mesure que la société est plus constituée.
C'est une verité que les factieux ont sentie &
dont ils ont tiré un prodigieux avantage. Les
Faiseurs, genre d'hommes qui fourmille dans
une société en dissolution, ne voyoient de
bons soldats que chez quelques nations dont

le foldat ne fait pas de chanfons & ne dit pas de bons mots; mais ils ne s'arrêtoient qu'à l'écorce; ils ne voyoient de *caufe* que la canne du caporal & d'*effet* que l'immobilité du foldat: s'ils euffent cherché à le voir ailleurs qu'à la parade & à la manœuvre, ils auroient appris qu'une adminiftration prudente ne néglige pas le moral de l'homme, & qu'une adminiftration ferme commande tout aux hommes & *même la religion.* L'exemple, l'habitude, le tempéramment, peuvent rendre le foldat brave; la religion feule le rendra fidèle, & les gouvernemens auront à l'avenir befoin de la fidélité du foldat plus encore que de fa valeur. Au refte les principes religieux tiennent à la première éducation, & ce n'eft pas au régiment qu'il faut pour la première fois en parler au foldat. Ce que j'ai dit de l'armée de terre peut s'appliquer à l'armée navale. Même immutabilité dans les principes, même refpect pour les formes, même furveillance fur la jeuneffe, mêmes égards pour l'ancienneté, même foin d'infpirer à l'officier comme au foldat du refpect pour la religion & des mœurs décentes.

Dans le fervice de terre, on peut, dans tous les temps, montrer du zèle & de l'aptitude, mais ce n'eft proprement qu'à la guerre qu'on peut faire preuve de talens. Dans le fervice de mer, dont la théorie eft calculée, & la pratique journalière, on peut, dans l'une & dans

& dans l'autre, développer, même pendant la paix, des talens diftingués que l'adminiftration doit encourager. Ainfi elle doit avancer les élèves de la marine, fuivant leur application & leurs connoiffances & fans avoir égard à la date de leur admiffion : tandis que, dans le fervice de terre, les cadets, à fageffe égale de conduite, doivent être avancés fuivant leur rang d'ancienneté. Dans l'armée de terre, on ne peut pas, dans l'officier en activité de fervice, féparer le grade des fonctions; dans l'armée navale, on peut être capitaine de vaiffeau fans avoir de vaiffeau à commander. La raifon de cette différence eft fenfible. Dans le fervice de terre, un commandant de corps eft fubordonné à des mouvemens généraux qu'il eft toujours forcé de fuivre, parce qu'il ne peut ignorer les ordres qui lui en transmettent la direction, ni éprouver, pour s'y conformer, que des obftacles prévus & poffibles à vaincre.

Mais le capitaine de vaiffeau, moins dépendant des hommes, parce qu'il eft plus dépendant des élémens, n'a fouvent de confeil à prendre que de lui-même, ni d'ordres à recevoir que de fa volonté. Or un vaiffeau eft par lui-même & par les hommes & les chofes qu'il contient, une propriété précieufe de l'état, que l'adminiftration ne doit confier qu'à des talens connus dans la théorie, & éprouvés dans la pratique. Ainfi, fi l'an-

Tome III. R

cienneté donne les grades, le mérite doit diftribuer les commandemens: mais fi la faveur
les diftribue, comme il arrive trop fouvent,
alors l'adminiftration eft refponfable envers
la fociété des fautes de fes protégés, & il
vaudroit mieux alors fuivre, même pour les
commandemens, l'ordre du tableau. Les choix
feroient meilleurs, car les gens de mérite par-
viendroient à leur tour; l'adminiftration, en
cas d'infuccès, auroit une excufe, & la préférence ne décourageroit pas le mérite.
L'ordre du tableau fuivi à la rigueur, peut
empêcher les talens de naître, & dans ce cas
on ne peut regretter des talens qu'on ne connoît pas; mais les choix de faveur étouffent
les talens développés & connus. Il eft dans
la nature des chofes que l'homme à talens
confeille, gouverne l'homme médiocre que
l'ancienneté place avant lui; mais il eft dans
la nature du cœur humain qu'il s'éloigne du
fot préfomptueux que la faveur lui préfère,
& peut-être qu'il voye fes fautes avec un fecret plaifir; car l'homme à talens peut fe foumettre à être commandé par un homme médiocre, mais il ne peut fouffrir d'être balotté
avec un fot.

Il s'étoit fait, en France, plufieurs changemens dans l'organifation de la marine. J'i-
gnore s'ils étoient néceffaires. Je lis dans le
plus judicieux de nos hiftoriens, M. Hénault,
à l'année 1681. " Ordonnance de la marine
" que les Anglois ont regardée comme un

„ chef-d'œuvre & qu'ils ont copiée. '' Il feroit intéreffant de favoir quel eft celui de ces deux peuples qui y a fait le plus de changemens, du François pour qui elle a été faite, ou de l'Anglois qui n'a fait que l'adopter. Il feroit fingulier, mais il feroit poffible que ce fût le François qui s'en fût le plus écarté.

Au refte, je ne fais, fi le corps de la marine avoit quelque chofe à gagner du côté de l'efprit particulier de fa profeffion, après la manière diftinguée dont il a généralement fervi pendant la dernière guerre, mais du côté de l'efprit public, il eft au deffus de tout éloge. Il eft difficile de méconnoître dans la pureté de fes principes & l'unanimité de fa conduite dans les circonftances préfentes, l'influence de l'exemple qu'ont donné les anciens officiers & du refpect qu'ils infpiroient à la jeuneffe, & c'eft un avertiffement pour l'adminiftration.

Dans ce moment, l'affreufe nouvelle des défaftres de Quiberon parvient dans ma retraite . . . . . . La plume tombe des mains, l'expreffion manque au fentiment & plus encore à la penfée; un feul jour voit périr l'élite de la marine françoife ; fix cents héros font égorgés, à la vue de leurs foyers, contre la foi d'une capitulation que, dans leurs guerres furieufes, des fauvages euffent refpectée. Le ciel & l'enfer femblent s'être réunis fur ce petit coin de terre pour étonner

R 2

l'univers par le fpectacle de tous les forfaits
& de toutes les vertus. Clergé de France,
nobleffe françoife, profeffions fociales, confervatrices de la fociété religieufe & de la fociété politique, je vous reconnois à la réfignation héroïque du miniftre de la religion,
comme à l'intrépidité magnanime du guerrier ! Sans doute, des revers ordinaires n'étoient
pas dignes de vous, & pour que l'Europe
pût vous apprécier, il vous falloit des malheurs auffi grands que vos vertus ! mais quelle fatalité femble pourfuivre la marine françoife ? Si les libérateurs de la France s'emparent d'un de fes ports, il eft détruit dans
leurs mains ; s'ils employent fes officiers de
mer, ils périffent fous leurs yenx ; fi la guerre civile s'allume en France, fon théâtre eft
précifément dans ces mêmes provinces, d'où
elle tiroit fes meilleurs matelots ; & cette guerre remarquable, même entre les guerres civiles, par les cruautés dont elle eft accompagnée, confomme dans ces malheureufes contrées jufqu'à l'efpoir de la population ; & ces
républicains fi heureux & fi braves, leur courage & leur fortune les abandonnent fur un
élément fur lequel toutes les républiques fe
font diftinguées ; & victorieux fur terre de
tous leurs ennemis, fur mer, ils ne peuvent
même fe défendre contre leurs rivaux !

Il me refte à parler des milices. On a vu
que la fociété employe moins l'homme à me-

sure qu'il est plus nécessaire à sa famille, on doit en conclure 1.° que les exemptions de milice dont jouissoient en France les pères & les aînés de famille étoient dans la nature de la société.

2.° Que la levée de la milice parmi les puînés des familles qui n'étoient pas engagées au service de la société ou sociales, étoit dans la nature de la société : car tous les hommes, toutes les propriétés doivent un service quelconque à la société.

3.° Que les prêtres, les nobles, les magistrats, les jeunes gens qui se destinent à une profession sociale ou à l'étude des arts utiles, ne doivent pas être soumis à la milice, parce qu'on ne peut pas servir la société de deux manières à la fois, ou dans deux professions.

4.° Que les domestiques attachés au service personnel ou de luxe doivent être exempts de service militaire, parce que leurs maîtres payant pour eux un impôt, achètent leur affranchissement, & qu'ils ne doivent rien à la société comme hommes, puisqu'elle les employe comme propriété par l'impôt qu'elle en retire.

Mais si la levée de la milice étoit dans la nature de la société, pourquoi le peuple la voyoit il généralement avec horreur ? C'étoit la faute de l'administration.

1.° Puisque la milice étoit une fonction

R 3

militaire, il étoit contre la nature des choſes de charger de ſa levée des officiers civils: elle eût infiniment moins révolté la jeuneſſe, naturellement guerrière, ſi elle eût été accompagnée de formes plus militaires, & confiée à des officiers reſpectables par leur âge, diſtingués par leur décoration, moins ſuſceptibles par leur état & leurs habitudes des reproches que le peuple, toujours injuſte, faiſoit à ceux qui en étoient chargés.

2.° L'adminiſtration, en faiſant dépendre la néceſſité de ſervir l'état d'un billet noir, ſembloit regarder les miliciens comme des coupables qu'il falloit décimer, & que le ſort dévouoit au ſupplice. Ce n'eſt pas ainſi qu'on gouverne les hommes. C'eſt une inſigne mal-adreſſe à l'adminiſtration de rendre révoltante, par les formes, une choſe honorable en elle-même, mais qui préſente des côtés fâcheux. Toutes les fois qu'on préſentera quelque choſe aux hommes ſous la forme de punition & de contrainte, on eſt ſûr, quoique ce puiſſe être, de le leur rendre odieux. Ce n'eſt pas une peine, mais un honneur de ſervir ſa patrie; donc il ne faut pas en faire un châtiment; donc il faut en faire un honneur; donc il ne faut pas préférer les mauvais ſujets pour en faire des miliciens comme on le faiſoit quelquefois. Les mauvais ſujets ne ſont bons à rien & ne ſont propres à aucun état: c'eſt contre eux que la ſociété a établi des loix, des peines & une force publique. D'ailleurs un mauvais sujet milicien en est beaucoup plus mauvais sujet, parce qu'il se regarde comme indépendant de sa famille & de toute police. & qu'il est plus insolent & plus dangereux.

Il est donc nécessaire que l'administration change ses formes, si elle veut changer les idées du peuple. La milice est regardée comme une peine; il faut en faire une récompense; elle est odieuse, elle deviendra honorable; elle est occasion de violences & de querelles, elle peut devenir moyen d'instruction & de répression.

Il faut que le peuple soit bien convaincu qu'on n'admettra que de bons sujets dans la milice; & pour cela tous ceux qui seront admis à concourir seront assistés par leurs parens ou curateurs qui attesteront les vertus domestiques du sujet, je veux dire son respect à leur égard.

2.° Il seroit porteur d'un certificat des officiers municipaux, visé dans les campagnes par le correspondant de l'intendant, qui attesteroit ses vertus publiques, je veux dire, son amour pour le travail & sa bonne conduite dans la commune.

3.° Il produiroit un certificat du curé qui attesteroit uniquement ses vertus religieuses extérieures, c'est-à-dire, qu'il a fait sa première communion & qu'il est assidu aux offices de l'Eglise les dimanches & fêtes. Si vous

R 4

voulez répandre par-tout un esprit de religion, il faut mettre la religion à tout.

Ces certificats de bonne conduite domestique, politique & religieuse dans la jeunesse, seroient nécessaires pour pouvoir occuper des fonctions publiques dans sa commune; le jeune homme les présenteroit, comme le soldat montre une bonne cartouche; & pour peu que l'administration y mît de la suite & de l'adresse, celui qui ne pourroit pas présenter ces attestations trouveroit difficilement à se marier. Si l'on demande pour le tirage de la milice des conditions morales, il faut supprimer toute autre qualité physique qu'un corps sain. On peut exiger une taille déterminée de celui qui s'engage volontairement, il ne remplit pas un devoir, il embrasse la profession des armes comme il auroit embrassé toute autre profession; mais le milicien remplit un devoir, & il est contre la nature des choses que l'homme, dont le devoir est de servir l'état, en soit empêché, parce qu'il n'a pas cinq pieds deux pouces. La milice, si l'on veut, sera un peu moins élevée, mais l'institution sera excellente, & il en résultera, à la longue, dans la nation, un esprit général de dévouement à l'état, d'estime pour la profession militaire, de respect pour la religion & les mœurs.

Je n'envisage cette institution que sous le rapport du perfectionnement de l'homme moral. Ce n'est pas qu'il n'y ait pour une adminiftration habile & vigilante des moyens de perfectionner l'homme même phyfique: ces moyens font: 1.º la répreffion du libertinage, que les petites villes commerçantes & fabricantes répandent dans les campagnes. 2.º *la modicité des dots des femmes*, qui fait qu'on s'attache plus aux avantages extérieurs; 3.º le foin de la première éducation phyfique des enfans; 4.º l'emploi des jeunes gens pour les travaux champêtres plutôt que pour les occupations fédentaires.

Je reviens à la levée de la milice.

Lorfque toutes les conditions que j'ai exigées feroient remplies, on pourroit faire tirer au fort, & ce feroit moins des criminels qui mettent, en tremblant, la main dans l'urne fatale, que des joueurs qui attendent que la roue de fortune leur donne un billet gagnant. Peut-être conviendroit-il que le milicien portât une marque diftinctive pendant tout le temps de fon fervice, marque peu difpendieufe dont l'état feroit les frais; peut-être encore feroit-il poffible de combiner l'inftitution de la milice en France avec celle qui eft établie dans quelques états d'Allemagne pour la cavalerie, & d'avoir des régimens effectifs de cavalerie qui feroient fournis par les communes qui, au lieu de donner tous les ans un milicien, fourniroient tous les huit ans un cavalier équipé, avec fon cheval, dont elles répondroient. Au bout de huit ans, ce cavalier feroit fidèlement renvoyé à fa commune, même lorfqu'il voudroit continuer de fervir: mais rien n'empêcheroit que la commune, par un nouveau choix, ne le renvoyât au régiment.

Le fervice de la cavalerie eft plus du goût de la nation, parce qu'il eft plus conftitution-nel; il eft plus conftitutinonel, parce qu'il eft plus défenfif qu'offenfif. Un état ne fe défend contre l'invafion qu'avec de la cavalerie, il ne fait des conquêtes durables qu'avec de l'in-fanterie. Auffi remarquez que, dans les révo-lutions des états monarchiques, la cavalerie eft la dernière féduite.

On a long-temps agité la queftion de fa-voir fi les compagnies de cavalerie devoient ou non appartenir au capitaine en propriété. Les *faifeurs* décident d'une manière & la conf-titution d'une autre. Ceux-là mettent au def-fus de tout la tenue du cavalier & la perfec-tion de la manœuvre. Mais la conftitution ef-time l'homme plus que l'habit & *les fentimens* plus que les *évolutions*. Or il eft certain que les cavaliers étoient mieux choifis & plus fur-veillés, lorfque l'officier avoit intérêt à les choifir & à les furveiller. On voyoit alors dans la cavalerie des jeunes gens d'une efpèce qui y étoient beaucoup plus rare aujourd'hui & que les parens avoient confiés à un officier voifin & connu. Des cavaliers ainfi choifis n'auroient ni trahi, ni livré, ni tué leurs of-ficiers. Cette formation étoit d'autant plus conforme à la conftitution qu'elle rappelloit le temps où la nobleſſe marchoit au combat avec ſes vaſſeaux. Elle n'avoit en ſoi aucun inconvénient, mais l'adminiſtration ne la ſur-veilloit pas, & les abus s'y étoient gliſſés. Alors on la détruiſit. Car en France on ne ſavoit que détruire, & l'on ne ſavoit ni main-tenir ni corriger. L'adminiſtration faiſoit com-me un homme qui rebâtiroit ſa maiſon, parce qu'il y a des gouttières. La guerre ſe fait mieux, dit-on, lorſque les compagnies appartiennent à l'état. Ne ſe déſabuſera-t-on jamais de regarder la France comme un état conquérant? La France eſt plus conſtituée qu'aucune autre nation; donc elle eſt plus qu'aucune autre nation dans les bornes que la nature lui a marquées; donc elle a plus à conſerver qu'à acquérir; donc ſes inſtitutions militaires doivent être plus défenſives qu'of-fenſives. Mais parce qu'elle a moins à crain-dre du dehors, elle a plus à craindre du de-dans. Je l'ai déjà dit: une ſociété conſtituée ne peut périr que par elle-même: donc la France doit perfectiomner ſon adminiſtration intérieure; donc l'adminiſtration doit diriger toute ſon attention vers le moral de l'hom-me, parce que le moral de l'homme, ſur-tout après une révolution, eſt à la fois l'ennemi le plus dangereux de la ſociété & le moyen le plus puiſſant de l'adminiſtration.

Je dois, pour ne rien omettre, parler des maréchauſſées. Cette inſtitution excellente, particulière à la France, à ce que je crois, y maintenoit l'ordre & la tranquillité. On me dira peut-être qu'il n'en existe pas en Allemagne; mais on ne fait pas attention que le grand nombre de souverainetés y multiplie, d'une autre manière, la force publique.

L'administration avoit très-bien fait de mettre cette troupe sur un pied militaire, car, puisqu'elle est force publique, elle doit en avoir tous les caractères; & ce n'est que par la rigueur de la discipline militaire la plus sévère qu'on peut retenir dans l'esprit & les habitudes de leur profession des soldats casaniers, dispersés dans les campagnes par petites troupes & sans réunion habituelle. Mais, 1.° parce qu'elle étoit sur un pied militaire, elle se croyoit quelquefois dispensée d'obéir, ou n'obéissoit qu'à regret aux réquisitions des officiers civils; & elle alléguoit ou attendoit des ordres tardifs de chefs souvent éloignés.

2.° L'arrangement, par lequel le cavalier étoit chargé du remplacement de son cheval au moyen d'une somme trop modique aujourd'hui, nuisoit au bien du service, en ce que le cavalier craignoit toujours d'excéder son cheval, & que l'officier craignoit par la même raison de l'envoyer trop souvent en course. Il ne faut pas donner à *forfait* le maintien de l'ordre public, ou bien il faut créer une chambre d'assurance contre les révolutions.

3.° Les cavaliers étoient trop jeunes. Ils avoient quelquefois toutes les passions de la jeunesse avec toute la fierté du métier, & ils pouvoient être cauſe ou occaſion de déſordre, eux qui étoient faits pour le réprimer.

4.° Par cette même raiſon, ils ſe marioient preſque tous, & le mariage étoit plus contraire à leurs fonctions qu'à la profeſſion de ſoldat de ligne. Une fois mariés, on ne pouvoit, ſans dureté, les éloigner de leur famille, ni éloigner leur famille, en déplaçant ſon chef des lieux où étoient ſes parens, ſes habitudes, quelquefois ſes moyens de ſubſiſtance. Le ſoin de ſa famille diſtrayoit le cavalier de ſon état, & faiſoit qu'il cherchoit à faire des épargnes aux dépens de ſa tenue, de ſa nourriture & de celle de ſon cheval, ou des profits aux dépens de ſon devoir. Le cavalier marié contractoit avec les habitans des liaiſons de parenté & d'amitié, nuiſibles au bien du ſervice.

Il faudroit qu'un cavalier eût ſervi au moins 16 ans & qu'il fût âgé au moins de 35 ans, parce que cette fonction demande à la fois de la force & de la prudence, & que, ſi le cavalier tire ſa force de ſes armes & de ſes habitudes, ſon âge ſeul peut lui donner la prudence néceſſaire.

La paye du cavalier doit être avantageuſe, parce que cette place doit être récompenſe. On ne devroit recruter la maréchauſſée que dans les troupes à cheval. Le ſoin des chevaux, la nature du ſervice le demande. D'ailleurs il me ſemble qu'on peut trouver plus aiſément dans le cavalier les qualités physiques ou les talens acquis que demandent des fonctions pour lesquelles il faut savoir au moins lire & écrire.

On a proposé de créer une maréchauffée à pied, uniquement parce qu'il y en avoit une à cheval & pour *faire* quelque chose.

L'inftitution feroit déteftable, parce qu'elle ne feroit point confidérée ; aux yeux du peuple ces foldats de police à pied ne paroîtroient que des recors. Le payfan ôte fon chapeau au cavalier, il ne regarderoit pas l'autre.

Il n'y a pas de raifon pour changer l'orga-nifation de la maréchauffée ; mais il y en a mille pour l'occuper beaucoup. Les cavaliers oififs deviennent libertins dans les villes, & chaffeurs dans les campagnes. Occupez le cavalier, ufez les chevaux ; l'adminiftration ne doit jamais craindre de confommer les hommes ni les chofes pour l'intérêt de la fo-ciété.

L'adminiftration accordoit quelquefois un peu légérement des ordres de défarmement général dans tout un canton. Il faut être très-circonfpect pour folliciter comme pour ac-corder de pareils ordres. Tout propriétaire a le droit d'avoir un arme chez lui, pour défendre fa maifon des voleurs, ou fes pro-priétés des animaux malfaifans. Mais s'il en fait un autre ufage, il en doit compte à la loi ; & il vaut mieux employer, pour l'en punir, la juftice que la force. Dans une fo-

ciété conftituée, la juftice doit faire beaucoup
& la *force* peu.

CHAPITRE III.

Marques diftinctives.

DANS les républiques, fur-tout démocratiques, où les *gens en place* exercent leur *pouvoir* particulier, il ne faut pas de marques
diftinctives qui éveilleroient dans le citoyen
l'envie d'exercer auffi fon *pouvoir*, en lui
en montrant le fymbole; & l'on appelle fimplicité & modeftie ce qui eft *prudence* & *ne-
ceffité*. A Rome cependant les marques extérieures des fonctions publiques étoient extrêmement multipliées, parce que Rome, conftituée originairement en monarchie, en avoit
retenu l'efprit & les inftitutions; & c'eft ce qui
fut une des caufes de fes progrès.

Dans une fociété conftituée, où le *pouvoir*
eft le *pouvoir* général, il faut qu'il paroiffe à
l'extérieur, parce que tous doivent jouir de
ce qui appartient à tous. L'empire que ces
fignes extérieurs du *pouvoir* ont fur les hommes eft irréfiftible, & cela doit être; car,
lorfque le *pouvoir* général fe montre aux yeux,

on le fuppofe accompagné de la *force* , puifqu'un *pouvoir* fans *force* n'eft pas un *pouvoir*.

Ces marques extérieures du *pouvoir*, qui
avoient tant d'effet en France , lorfqu'elles
étoient le fymbole du *pouvoir général* de la
fociété, n'ont fervi , dans la révolution,
qu'à confacrer des forfaits par leur préfence ;
parce que, dans la république, elles n'ont
plus été que le figne du *pouvoir* particulier
de quelques hommes.

Quel doit être l'objet des marques diftinctives ?

1.° Elles doivent défigner le *pouvoir*.

2.° Elles doivent diftinguer les fonctions.

Ainfi il faut une marque diftinctive générale pour diftinguer , dans la fociété , ceux
qui commandent de ceux qui obéiffent ;

Et une marque particulière qui défigne
quelle efpèce de commandement ou de fupériorité l'on exerce.

Toutes les fonctions publiques ont cela de
commun qu'elles impofent le devoir de commander , & fuppofent le devoir d'obéir, car
dans une fociété conftituée il n'exifte pas de
droits, il n'y a que des *devoirs* (*).

_____

(*) Ce n'eft que pour me conformer aux manières de parler ufitées que j'ai employé quelquefois le mot *droits*, il eft par-tout , dans cet ouvrage , fynonime de *devoirs*.

Dans

Dans le militaire, le général commande, & le dernier officier commande, & l'un doit être obéi comme l'autre.

Dans l'ordre judiciaire, le parlement, ou *cour* du roi, juge souverainement & le premier juge ou *cour* du seigneur, juge aussi souverainement, puisqu'il juge en dernier ressort jusqu'à une somme déterminée, & les sentences de la *cour* du seigneur doivent être exécutées comme les arrêts de la cour du roi.

Si toutes les fonctions publiques imposent le devoir de commander & supposent le devoir d'obéir, il faut une marque distinctive commune à toutes les fonctions publiques qui annonce le devoir de commander & prescrive par conséquent le devoir d'obéir.

Cette marque distinctive générale doit être égale pour toutes les fonctions, puisque toutes les fonctions imposent le même devoir de commander, & supposent le même devoir d'obéir.

Cette marque doit être précieuse sans être chère, & visible sans être embarrassante; elle doit être emblématique, parce qu'il faut, en parlant aux *sens*, dire quelque chose à l'*esprit* & sur-tout au *cœur*.

Cette marque distinctive seroit l'anneau d'or pour toutes les fonctions militaires brévetées du roi, & qui supposent un commandement militaire, & pour toutes les fonctions judiciaires qui ont un exercice quelconque de souveraineté ou de dernier ressort.

Tome III. S

Ainsi je ne le donnerois pas à ceux qui rempliffent, auprès des armées, en quelque degré que ce foit, des fonctions adminiftratives ou économiques, ni à ceux qui exercent, auprès des tribunaux, des fonctions fubalternes, quelle que puiffe être leur importance & la finance de leurs charges.

Le roi, fource de toute autorité militaire & judiciaire, porteroit le double anneau entrelaffé. Ce feroit la marque diftinctive de la royauté, parce que ce feroit le fymbole de l'accord de la *force* & de la *juftice*, accord qui conftitue le *pouvoir* royal de la fociété.

Perfonne ne pourroit partager cette marque avec le monarque; parce que toute autre perfonne, un Pair, par exemple, n'eft pas militaire au parlement ni juge à l'armée, mais le roi eft toujours & par-tout le chef de la force armée & la fource de la juftice.

La marque diftinctive de l'anneau d'or eft précieufe fans être chère, & vifible fans être embarraffante : elle eft emblématique, puifque, portée immédiatement fur le corps, elle préfente à *l'efprit*, & plus encore au *cœur*, l'idée de l'union inféparable de la perfonne & des fonctions, des fonctions & du *pouvoir* dont elles émanent, & c'eft pour cette raifon que l'anneau eft, chez toutes les nations, le fymbole de l'union la plus intime qui puiffe exifter fur la terre, celle de l'homme & de la femme.

L'anneau d'or étoit chez les Romains la

marque diftinctive de cet ordre qui exerçoit à la fois des fonctions militaires & judiciaires. Or, dans tout ce qui a rapport à la partie extérieure & fymbolique des fonctions publiques, les Romains n'ont rien laiffé à imaginer.

Il y a des troupes en Europe, chez lefquelles le général a la canne, & le caporal a la canne auffi; mais cette marque dangereufe avec la vivacité françoife, contraire aux mœurs d'une fociété conftituée, c'eft-à-dire, contraire à la conftitution, préfente plutôt l'idée de la *force* que l'emblême du *pouvoir*.

Le noble porteroit l'anneau d'or, parce qu'en fa qualité de noble, & par fa feule exiftence, il eft toujours en fonction.

Les bas-officiers porteroient l'anneau d'argent parce qu'ils font autorité militaire, & que leur autorité n'émane pas directement du *pouvoir* général, puifqu'ils ne font pas brévetés.

Le don de l'anneau feroit l'inveftiture de la fonction; la perte de l'anneau en feroit la dégradation, l'inveftiture comme la dégradation pourroient être accompagnées de quelques-unes de ces cérémonies religieufes que nos pères, qui croyoient une ame à l'homme & un Dieu à l'univers, avoient fi fort multipliées dans la réception des chevaliers & dans leur dégradation.

Il me femble que cette marque diftinctive,

que le bas-officier porteroit comme l'officier
supérieur, l'officier supérieur comme le capitaine, le capitaine comme l'officier général,
l'officier général comme le roi; que le juge
inférieur porteroit comme le magistrat en
cour souveraine & celui-ci comme le roi, seroit bien propre à donner à l'homme une haute idée de ses fonctions & à lui inspirer ce
respect pour soi-même & pour son état, qui
ne manque jamais d'en imposer à l'inférieur,
& qui, mieux que les châtimens ou la morgue, maintient la subordination & dispose à
l'obéissance.

Cette distinction s'étendroit à toutes les
fonctions publiques qui impriment caractère:
car un ministre d'état, un ambassadeur, sont
toujours ou magistrats ou militaires, & l'administrateur suprême d'une province est toujours un magistrat.

J. J. Rousseau, dans son gouvernement de
Pologne, propose une hiérarchie de grades
qu'il distingue par des plaques de métal,
dont la valeur spécifique décroît à mesure
que le grade s'élève, ensorte que la plaque
d'or répond au grade inférieur & la plaque
de fer au grade supérieur. C'est une sottise
philosophique qui est contre la nature des
êtres, & par conséquent contre la raison.
Ne diroit-on pas que la valeur de l'or,
comparée à celle des autres métaux est purement arbitraire & qu'elle ne tient pas à la
solidité, à la ductilité, à l'homogénéité de

ſes parties ? Ah ! c'eſt par de moins petits moyens qu'on doit inſpirer aux hommes le mépris des richeſſes ! il faut que l'homme connoiſſe le prix de l'or, & qu'il lui préfère la vertu.

2.° Non-ſeulement il faut une marque diſtinctive générale pour déſigner le *pouvoir*, il faut encore une marqne diſtinctive particulière pour diſtinguer les fonctions, car il eſt dans la nature du *pouvoir* d'être connu, & dans la nature des fonctions d'être diſtinguées entre elles.

Cette diſtinction doit être très-viſible & ne peut par conſéquent être que dans les vêtemens. Elle exiſte en France pour toutes les profeſſions ſociales & doit être ſoigneuſement maintenue.

Il faut obſerver qu'il ne doit jamais être permis à l'homme d'égliſe ni au magiſtrat de quitter le coſtume de leur état, parce que la religion & la juſtice doivent être toujours préſentes, & qu'il faut que le peuple contracte, en les ayant ſans ceſſe ſous les yeux, l'habitude de les aimer ; mais il n'eſt peut-être pas également néceſſaire que le militaire porte continuellement le ſien, parce que la *force* ne doit ſe montrer qu'au beſoin, & qu'en ſe familiariſant avec elle, le peuple peut ceſſer de la craindre.

Le roi dans les cérémonies publiques porte un coſtume qui tient à la fois du militaire &

S 3

du magiſtrat, & plus du magiſtrat que du militaire, parce que le *pouvoir* général eſt, relativement au ſujet, plus *juſtice* que *force* : peut-être devroit-il porter conſtamment un habit qui rappelât cette double fonction.

Faut-il une marque particulière pour diſtinguer les différens grades dans la même profeſſion ?

Cette diſtinction exiſte en France dans le militaire, où des épaulettes ou autres marques caractériſent les différens grades avec une préciſion bien minutieuſe, & je ne crains pas de le dire, bien inutile, pour ne rien dire de plus.

Dans les grades militaires, on doit diſtinguer les claſſes & non les grades. Je m'explique : on diſtingue deux claſſes d'officiers : officiers particuliers d'un corps, officiers généraux de l'armée.

Il eſt dans la nature de l'organiſation militaire de diſtinguer les officiers particuliers des corps des officiers généraux de l'armée, parce que le ſervice & la conſtitution même mettent entre eux cette différence que les officiers particuliers n'appartiennent qu'à un corps, & les officiers généraux à toute l'armée.

Toute autre diſtinction me paroît fauſſe & puérile ; elle ne peut avoir été imaginée que par le petit eſprit & par l'orgueil ; & elle eſt en effet une nouveauté dans le militaire françois. Entrons dans le détail. Quel eſt le but de cette diſtinction entre les officiers particuliers d'un même corps ?

Ce n'est pas sans doute d'apprendre aux officiers d'un même corps ce qu'ils sont dans le corps, ou de l'apprendre à leurs soldats : officiers & soldats du même corps, tous doivent se connoître entre eux : cette connoissance est même un des principaux devoirs de l'officier. Dans toute administration, il est plus important qu'on ne croit que le supérieur puisse appeler l'inférieur *par son nom*. Il acquiert, dès-lors sur lui un grand ascendant, parce que tout homme est flatté d'être connu, sur-tout de ses supérieurs dont la connoissance semble lui répondre de l'intérêt qu'ils prennent à sa personne (*).

Le but de cette distinction est-il de classer entre eux des militaires inconnus les uns aux autres que le hazard assemble à une table d'hôte, & d'établir entre eux des rangs & une préséance ? Dans ce cas, il ne peut y en avoir d'autre que celle de l'âge & de la décoration qui l'exprime. C'est un grand inconveniènt politique de ces distinctions minu-

---

(*) Le Cardinal de Retz, terrassé dans une émeute populaire, par un homme qu'il ne connoissoit pas & au moment d'en être poignardé, lui cria : *Ah! malheureux, si ton père te voyoit!* Cet homme crut être connu du cardinal, & se retira tout confus & en lui demandant pardon. C'est un des traits de la vie du Coadjuteur, qui prouve le plus sa profonde connoissance des hommes, & son extrême présence d'esprit.

tieufes qu'elles ne laiffent pas même à l'ancienneté d'âge la reffource d'une méprife.

Eft-ce d'apprendre au foldat qu'il doit un
autre refpect & une autre obéiffance au lieu-
tenant qu'au fous-lieutenant, au capitaine
qu'au colonel, &c.? Mais s'il y avoit des
nuances à marquer, aux yeux du foldat, dans
la fubordination, la différence feroit à l'avantage du fupérieur immédiat, & dans la hiérarchie des grades, l'inférieur doit reconnoître,
avant tout, les ordres de celui qui les lui
tranfmet fans intermédiaire.

Eft-ce enfin d'avertir les gens du monde
de mefurer leurs égards fur les foies de l'épau-
lette? L'âge, les décorations dont je parlerai
tout à l'heure, l'éducation doivent marquer
les nuances. On doit fouhaiter, plus qu'on
ne doit les craindre, les *quiproquo* de ce genre.
Il feroit heureux qu'à l'inftruction, à la décence des manières, à la févérité des principes, on fe méprît fur les grades. Le jeune
officier, qui s'apperçoit que fon grade eft peu
confidéré, ne le refpecte pas lui-même, &
trop fouvent les gens du monde & particu-
liérement les femmes fe permettoient de diftinguer les épaulettes d'une manière peu obli-
geante. Tous les grades doivent être confidérés par les gens du monde, parce que tous
les grades font utiles à la fociété: quant à la
confidération perfonnelle, elle n'eft pas attachée au grade, & le brevet du roi ne la donne pas.

Dans la profession sénatoriale, les distinctions entre les offices ne sont marquées qu'à l'audience. Il n'y en a de particulières que pour le chef de la compagnie, ou pour celui qui remplit les fonctions éminentes du ministère public.

En même temps que l'on s'attachoit en France à distinguer les grades avec une précision si scrupuleuse, le petit esprit s'exerçoit à faire disparoître toute distinction extérieure dans le costume entre l'officier & le soldat. Des idées étroites d'uniformité l'emportoient sur des considérations morales bien autrement importantes, sur la nécessité de relever le supérieur aux yeux de l'inférieur par tous les moyens qui peuvent parler à l'*esprit*, & frapper les *sens*. Frédéric donnoit à l'officier prussien le chapeau bordé & l'écharpe tissue d'argent; & en France on leur ôtoit le *jabot* & les *manchettes*. Il faut quelque chose de solide & de riche qui relève celui que son physique ne relève pas toujours. Le soldat estimera plus l'officier qui lui paroîtra opulent, & cette estime pour la richesse n'est pas immorale en elle-même, puisqu'elle est dans la nature de la société. L'homme plus propriétaire est en quelque sorte plus social. Il ne faut pas alléguer des motifs d'économie, il n'y a de cher que ce qui est inutile.

Il y a d'autres distinctions qui ne doivent être qu'accidentelles: ce sont celles des officiers de police ou municipaux. Une commune est une grande famille; l'autorité toujours re-présentée & extérieure y deviendroit insup-portable, si les yeux ne s'y accoutumoient pas, ou vaine & sans effet, s'ils s'y accoutu-moient trop. Les officiers municipaux ne sont que *conseil* dans l'exercice ordinaire de leurs fonctions; ils ne deviennent *autorité* que lors-qu'ils ont besoin d'exiger l'obéissance; alors le signe extérieur du *pouvoir* est efficace, par-ce qu'il annonce la présence de la *force*.

J'aurois proposé, comme très-convenable, de donner l'anneau d'or aux fonctions reli-gieuses qui donnent *charge d'ames*, si je n'eusse craint qu'on ne m'accusât de vouloir *civiliser* la religion, ce qui est bien loin de ma pensée. Je l'ai dit ailleurs, la société religieuse & la société politique doivent différer par les mo-yens, parce qu'elles s'accordent dans le but. Au reste la distinction de l'anneau est connue dans les fonctions éminentes du ministère de la religion, & c'est une raison de plus au gou-vernement civil pour l'adopter. Dans l'admi-nistration ecclésiastique tout ce que la nature de la société a établi est parfait. En Egypte, qui nous a offert le type de la constitution politique des sociétés. " les prêtres & les sol-» dats, dit M. Bossuet, avoient des marques » d'honneur particulières. »

CHAPITRE IV.

Châtimens , Récompenſes.

La ſociété emploie pour ſa conſervation les peines & les récompenſes , & elles ſont dans la nature de la ſociété , parce qu'elles ſont dans la nature de l'homme.

L'homme a des affections : il faut donc ſe ſervir de ſes affections pour le gouverner : il s'aime lui-même, donc il veut ſa *conſerva-tion*, ou ce qui lui eſt utile ; donc il craint ſa deſtruction, ou ce qui peut lui nuire ; donc il faut le porter au bien par l'eſpoir de la récompenſe, & le détourner du mal par la crainte du châtiment.

Quelles ſont les actions que la ſociété doit punir, quelles ſont celles qu'elle doit récompenſer ?

Il faut revenir à la diſtinction de famille & de ſociété, d'homme naturel & d'homme politique ou ſocial (*).

_____

(*) Je me ſers indifféremment de l'expreſſion d'homme ſocial ou politique, en parlant de l'hom-

Un principe vrai est toujours un principe
fécond

La société politique ne peut punir ou récompenser que l'homme qui lui appartient,
l'homme politique ou social, c'est-à-dire,
qu'elle ne peut punir ou récompenser que les
actions qui viennent à sa connoissance, ou par
la plainte d'une partie intéressée, ou par la
dénonciation d'un tiers, ou parce que l'action s'est passée dans un lieu public.

La fourberie, l'avarice, l'orgueil sont des
vices : mais tant que ces vices ne sortent pas
de l'intérieur de la famille ou de l'homme
naturel, la société les ignore, elle n'a aucune peine à décerner ; mais si la fourberie se
manifeste par un faux matériel, l'avarice par
le vol, l'orgueil par l'outrage, alors ces vices devenus sociaux, si je l'ose dire, ou
publics, ne peuvent plus être ignorés de la
société qui les punit suivant la gravité du
délit.

Un homme est brutal & violent, des en-

_____

me de la société politique par opposition à l'homme naturel ou à l'homme de la famille ou société
naturelle, parce que, dans le langage ordinaire,
on n'entend par le mot *société* que la société politique. L'homme de la société naturelle est homme
social comme l'homme de la société politique, &
pour parler très-correctement, il faudroit dire :
l'homme *social* naturel, l'homme *social* politique,
l'homme *social* religieux. . .

fans font peu refpectueux envers leurs parens; tant que fes actions fe paffent dans le fein de la famille, la fociété les ignore, elle ne peut les punir. Mais fi une femme vient fe plaindre des déportemens de fon mari, ou un père des mauvais traitemens de la part de fes enfans: fi un voifin dénonce à la police les excès qui fe commettent dans une maifon, où fi un mari maltraite fa femme, ou des enfans leur père dans un lieu public, ces actions deviennent extérieures & publiques, la fociété les connoît, elle doit les punir.

Si la fociété attendoit que les actions criminelles vinffent à fa connoiffance par la plainte d'une partie intéreffée, la dénonciation d'un tiers, ou le flagrant délit, elle ignoreroit prefque tout ce qu'elle a intérêt de connoître, parce que la plainte eft dangereufe, la délation odieufe ou immorale, & que le crime fuit le grand jour. Il étoit donc de la nature de la fociété d'ôter tout danger à la plainte, tout odieux à la délation, & de forcer le crime à fe produire, en établiffant des officiers chargés de la recherche, de la dénonciation & de la pourfuite des crimes. C'eft ce qu'elle a fait par l'inftitution du miniftère public, qui exifte, fous divers noms, près de tous les tribunaux fuprêmes ou fubalternes, & qui, dans les cours fouveraines & les juftices royales porte le nom de procureur général du roi, ou procureur du roi, pour marquer qu'il eft fpécialement établi pour l'intérêt de la société & par son *pouvoir*, inftitution fublime, véritable cenfure publique, à l'autorité de laquelle il faut ajouter toute la force qui naît du choix le plus févère, le plus éclairé des perfonnes.

La fociété flétrit le vice, mais elle ne punit que l'action publique du vice, qu'on appelle crime : de même la fociété honore la vertu, mais elle ne doit récompenfer que l'action publique de la vertu. Elle punit le crime qui fuppofe l'oubli ou le mépris de tous les devoirs de l'homme focial ; elle récompenfe la vertu qui fuppofe un facrifice au deffus des devoirs de l'homme naturel ; ainfi elle ne récompenfe pas un enfant qui nourrit fon père, mais elle récompenfe un homme qui expofe fa vie pour fauver celle de fon femblable : la fociété ne punit pas les vices de l'homme dans fa famille, parce qu'elle ne les connoit pas, mais elle ne récompenfe pas les vertus domeftiques ou de famille, même lorfqu'elle pourroit les connoître, parce que l'homme vicieux eft ce qu'il ne doit pas être ; il s'écarte de la règle & il en doit être puni ; mais l'homme vertueux dans fa famille eft ce qu'il doit être, fa conduite eft conforme à l'ordre ; il n'y a pas lieu a récompenfe de la part de la fociété.

C'eft à la religion à punir ou à récompenfer les vices ou les vertus domeftiques, parce qu'elle feule peut connoître les uns ou apprécier le motif des autres.

Ainſi les inſtitutions connues ſous le nom de *roſières*, ſi multipliées de nos jours, ſi vantées par nos beaux-eſprits, qui récompenſoient la vertu domeſtique dans la femme, c'eſt-à-dire, dans un ſexe qui n'appartient qu'à la famille, tous ces prix fondés dans quelques académies pour récompenſer les actions vertueuſes étoient des inſtitutions fauſſes ou corruptrices, parce qu'elles erigeoient, contre la nature de la ſociété, les vertus domeſtiques en vertus ſociales, & les devoirs d'homme naturel en fonctions d'homme politique; qu'elles mettoient l'intérêt à la place de la religion, & la vanité à la place de la conſcience; qu'elles tendoient à affoiblir le reſpect dû à l'autorité ſuprême, puiſqu'il eſt contre la nature de la ſociété que le *pouvoir* général chargé de punir le crime, laiſſe à quelques particuliers le ſoin de récompenſer la vertu.

Je n'ai parlé que de l'homme de la famille, mais l'homme de la ſociété, celui qui exerce une profeſſion ou fonction ſociale a ſes devoirs particuliers à remplir, & il doit être ou puni ou récompenſé, ſelon qu'il les remplit ou qu'il les néglige.

Comme il y a des devoirs plus ou moins importans, il y des infractions plus ou moins graves, & par conſéquent des peines plus ou moins ſévères.

Tout homme revêtu d'une fonction publique qui a mérité que la ſociété lui retirât ſa confiance & lui ôtat fes fonctions, doit être dépouillé de la diftinction générale qui marquoit fa fupériorité, & renvoyé à l'état d'où la fociété l'a tiré. Il y a ici une diftinction importante à faire. Si un bas-officier, dans le militaire, ne remplit pas fes devoirs, la fociété lui retire fa confiance, mais elle le laiffe dans la profeffion, & le renvoye à l'état de fimple foldat. C'eft elle qui s'eft trompée en l'appelant à une fonction qu'il n'étoit pas en état de remplir; mais un officier manque d'*honneur*, c'eft-à-dire, de vertu, dans l'exercice des fonctions qui lui font confiées, la fociété ne le fait pas defcendre à un grade inférieur, parce que l'homme qui n'a pas eu affez de vertu pour être officier, n'en aura pas affez pour être foldat. Elle le *dégrade*, c'eft-à-dire, qu'elle lui ôte tout grade, & ne le fouffre pas même dans la profeffion. Elle lui ôte la marque diftinctive générale qui défigne l'*autorité*, & la marque diftinctive particulière qui diftingue la fonction, & le renvoye à fa famille. Dans le premier cas, la fociété s'eft trompée, en faifant d'un fimple foldat un bas-officier, & l'individu ne doit pas fouffrir de l'erreur de la fociété; dans le fecond, c'eft la famille qui a trompé la fociété en lui propofant un fujet indigne de fa confiance, & la fociété ne doit pas fouffrir de la faute de la famille. De même un noble dégradé, (& cette expreffion prouve bien

bien que la nobleſſe eſt une profeſſion) n'eſt pas renvoyé dans le troiſième ordre ou tiers-état, puiſque tout individu du tiers-état à la capacité d'entrer dans le ſecond ordre, & que le noble dégradé ne l'a pas; il eſt mis hors' de la ſociété & renvoyé à ſa famille: ſes propriétés doivent une contribution à l'état, parce qu'elles font partie des proprié-tés ſociales & qu'elles ſont protégées par le *pouvoir* de la ſociété, mais lui-même n'eſt plus de la ſociété & ne lui doit aucun ſervice per-ſonnel.

Cette obſervation eſt importante en ce qu'elle explique la raiſon pour laquelle un des caractères de l'autorité deſpotique eſt de renvoyer un ſupérieur qu'elle veut punir à un grade inférieur. Ainſi Pierre I faiſoit d'un gé-néral un ſimple ſoldat, ainſi le grand ſeigneur fait d'un commandant de janiſſaires qui a en-couru ſa diſgrâce, le dernier officier du corps, quelquefois un *chef de chambrée*, parce qu'il avoit fait d'un chef de chambrée qui avoit gagné ſes bonnes grâces, le commandant du corps; parce que, comme il ne ſuit d'autre règle que ſa volonté ou ſon caprice dans la diſtribution des emplois, c'eſt lui ſeul qui ſe trompe lorſqu'il élève un ſujet à une place qu'il n'eſt pas en état d'occuper, & il ſeroit contre la juſtice & la raiſon qu'un homme fût déshonoré & mis hors de la ſociété, parce que de jardinier ou de cuiſinier, qu'il étoit,

Tome III.   T

il a plu au maître, à qui rien ne réfifte, d'en faire le grand vifir, ou l'aga des janiffaires. On voit donc la raifon pour laquelle le monarque ne doit pas s'écarter fans néceffité des règles qui lui font tracées par la conftitution dans la diftribution des emplois. Il fe rend garant envers la fociété des choix qu'il fait, lorfqu'il s'en écarte, & c'eft bien plus pour le monarque que pour le fujet, qu'eft établi l'ordre du tableau auquel peut · être il ne doit jamais déroger fans de puiffans motifs.

Pour le noble, le militaire & le magiftrat, la dégradation confifteroit à les dépouiller de la diftinction générale & de la diftinction particulière, & fi l'on fe rappelle tout ce que la religion accumuloit de malédictions fur la tête du chevalier dégradé, on fentira combien la confécration religieufe du chevalier, ou fon excommunication fociale, s'il étoit parjure à fes fermens, devoit imprimer dans les efprits de confidération pour les fonctions, de refpect pour la perfonne, ou d'horreur pour la félonie & de mépris pour le traître.

Dans nos inftitutions modernes, il femble que nous rougiffions de faire entrer le moral pour quelque chofe. Nous paroiffons douter fi l'homme n'eft pas uniquement matière, & en attendant que nous ayons découvert s'il eft efprit, nous croyons plus fûr & fans doute plus utile de n'en faire qu'une machine que nous remuons avec un levier.

Dans l'homme naturel, la fociété ne récom-

pense que les actions vertueuses qui supposent un sacrifice au dessus de la nature de
l'homme ; & dans l'homme social, la société
ne récompense que les actions de vertu qui
supposent un sacrifice au dessus de ses devoirs.

Un militaire défend opiniâtrément un poste
contre des forces extrêmement supérieures,
la société lui doit une récompense même lors
qu'il succombe, parce qu'il a fait ce que son
devoir ne l'obligeoit pas de faire ; mais s'il
avoit ordre de tenir dans son poste, la société
ne lui doit pas de récompense, elle lui doit
un encouragement.

Un général attaque, sans ordre, l'ennemi
avec des forces très-inférieures, la société lui
doit une récompense, s'il est vainqueur, parce qu'il a fait plus que son devoir ; s'il est
battu, la société peut le punir de sa témérité :
mais s'il a ordre d'attaquer, la société ne lui
doit aucune récompense s'il est vainqueur,
aucune peine s'il est vaincu (à moins qu'il ne
soit prouvé qu'il a négligé de dessein prémé-
dité les moyens de s'assurer la victoire),
parce qu'il n'a fait que son devoir ; mais en
cas de succès, la société lui doit un encouragement, parce qu'elle doit encourager tous
ceux qui montrent des talens, à les employer d'une manière utile à ses intérêts.

Il n'est permis qu'à très-peu de personnes
de faire des actions de vertu extraordinaires

T 2

& de développer de grands talens, & cependant toutes les professions sociales supposent des sacrifices qui méritent récompense & des talens qui méritent encouragement. C'est un grand sacrifice, quel qu'en soit le motif, que la société ne peut juger, que celui qui fait renoncer à l'indépendance, au repos, aux douceurs de la vie privée, pour la dépendance, les périls & les fatigues de la profession militaire. Si c'est un sacrifice, il mérite récompense, & la récompense doit être proportionnée à la durée du sacrifice. Cette récompense est d'autant plus dans la nature de la société, qu'en même temps qu'elle est récompense pour le sacrifice, elle est encouragement pour le talent :

D'où je conclus rigoureusement l'excellence, la perfection de l'institution connue en France sous le nom d'ordre de St. Louis, décoration qui étoit la récompense de l'ancienneté de services militaires, & qui étoit donnée, sans distinction de naissance, à tout officier qui avoit le temps de service fixé pour l'obtenir.

La condition de 25 ans de service pour l'obtention de cette décoration paroît sagement fixée, parce qu'en supposant qu'on commence de servir à 18 ans, on la reçoit à 43 ans, & qu'à cet âge elle est tout à la fois récompense pour le sacrifice que l'homme a fait à la société des années les plus agréables de sa vie, & encouragement pour employer à son service les années les plus utiles.

On se corrigera sans doute en France de l'abus de faire inscrire un enfant de dix à douze ans sur l'état militaire, pour lui faire avoir la croix de St. Louis quelques années plutôt; car il est risible qu'un homme fasse preuve par écrit devant la société qu'il n'a pu recevoir l'éducation sociale à l'âge auquel il devoit la recevoir, ou qu'il a reçu l'éducation militaire à l'âge auquel il ne pouvoit pas en profiter.

La croix de St. Louis peut être donnée comme récompense ou encouragement pour des actions extraordinaires de valeur, & sans avoir égard aux années de service.

Elle doit être donnée avant 25 ans de service à l'officier supérieur : en voici la raison : c'est un hommage que la société rend à l'ancienneté d'âge. Les officiers supérieurs devroient être les officiers les plus âgés, si l'intérêt d'un grand état n'exigeoit de déroger à cette règle; mais en y dérogeant, il ne faut pas choquer les convenances : & puisque la croix de St. Louis est un témoignage d'ancienneté de service, il est nécessaire que celui qui commande l'ait plutôt que les autres, afin que le supérieur ne paroisse pas, même sous le rapport de l'ancienneté, trop inférieur à ses subordonnés. Mais il faut éviter 1.° que les officiers supérieurs soient trop

T 3

jeunes, 2.° qu'il y ait une trop grande dif-
proportion entre le nombre d'années néceffaire à l'officier fupérieur pour obtenir la décoration militaire, & celui auquel l'officier inférieur y parvient.

L'adminiftration ne doit pas oublier que
tout ce qu'il y a d'inutile & d'exceffif dans
les diftinctions, eft décourageant pour l'homme & funefte à la fociété. Il femble que,
fauf les actions extraordinaires, l'officier fupérieur ne devroit pas avoir la croix de St.
Louis avant 18 ans de fervice.

Doit-on donner au fimple foldat diftingué
par une action brillante de valeur une médaille
ou autre marque particulière, comme dans
l'armée autrichienne ? Cette queftion eft plus
difficile à réfoudre qu'on ne penfe.

Je crois cette diftinction contraire à la conftitution. Un foldat en France, qui fe diftingue par une action d'éclat, doit être fait officier, s'il eft capable de l'être : devenu officier, il doit recevoir la croix de St. Louis au
bout d'un temps déterminé de fervice. Voilà
la conftitution : mais il eft contre la conftitution de tracer cette ligne de démarcation
entre l'officier & le foldat. " La conftitution
„ du royaume de France eft fi excellente,
„ qu'elle n'a jamais exclu & qu'elle n'exclura
„ jamais les citoyens nés dans le plus bas éta-
„ ge des fonctions les plus relevées. „ (*Hénault*). Or ce feroit exclure le foldat des diftinctions de l'officier que de lui en donner de

particulières que l'officier ne partage pas; ce feroit peut-être aussi exclure du militaire la jeune bourgeoisie. Les récompenses qu'on peut établir dans un état où le service est forcé peuvent ne pas convenir dans un état où le service est volontaire. C'est une chose extrêmement délicate, & il faut sur-tout éviter d'établir des décorations qui puissent être refusées. C'est sur les mêmes principes qu'il faut juger la décoration accordée aux vétérans dans l'armée françoise.

S'il y a une décoration pour l'ancienneté de services militaires, pourquoi n'y en a-t-il pas une pour l'ancienneté de fonctions sénatoriales & judiciaires? En voici la raison: 1.° Le militaire peut faire, au moins extérieurement, plus que son devoir; le magistrat, le juge ne peuvent jamais faire que leur devoir; 2.° Le militaire chargé d'un commandement est personnellement responsable: le magistrat n'est soumis, dans le for extérieur, à aucune responsabilité personnelle; 3.° L'officier, en faisant son devoir, peut voir son honneur & sa tête compromis par la faute de ses subalternes; le magistrat, forcé de céder à l'opinion du plus grand nombre, voit ses erreurs ou ses fautes couvertes ou réparées par sa compagnie.

J'oserai dire que les coups de plat de sabre infligés au soldat comme châtiment, étoient en France une institution dangereuse. Une

T 4

nation, chez laquelle des soldats se tuoient de
désespoir d'avoir été le sujet ou l'instrument
d'une peine, ne pouvoit y être soumise sans
danger, ni accoutumée sans un bouleverse-
ment total dans ses opinions.

On vouloit, malgré la nature, rendre le
François allemand au militaire, & anglois au
civil; & le François doit être François en
tout. Dans un pays, les coups de bâton font
châtiment; mais si, chez ce même peuple,
un *faiseur*, trouvant que les coups nuisent au
soldat, ordonnoit la prison pour les fautes
contre la discipline, le soldat, quelque machine qu'on le suppose, s'en trouveroit offen-
sé, parce que la prison, dans ce pays, est
réservée pour les malfaiteurs. Toute peine
qui n'est pas châtiment est nécessairement outrage; & remarquez qu'il est contre la constitution de tracer entre l'officier & le soldat
une ligne de démarcation aussi bien dans les
peines que dans les récompenses. Ces sentimens ne peuvent être changés, parce qu'ils
ont leur source dans la constitution même
de la société qui n'est autre chose que la nature perfectionnée de l'homme. En effet on
ne peut s'empêcher de convenir que les sentimens de la nation françoise relativement aux
coups de plat de sabre, ne font pas tout-à-
fait arbitraires, & que cette punition présente
plutôt l'apparence offensante d'une vengeance personnelle que les formes sévères, mais
impartiales, de la loi. Je l'ai déjà dit, on

partoit fecrettement de cette fuppofition que l'homme n'eft qu'une machine, & l'on vouloit *automatifer* le foldat françois. On n'y feroit jamais parvenu. Plus une fociété eft conftituée, plus il s'y développe de rapports parfaits ou conformes à la nature des êtres, puifque la conftitution n'eft autre chofe que le développement des rapports néceffaires & dérivés de la nature de l'homme focial. Donc l'homme a plus de rapports à embraffer dans une fociété conftituée; donc il eft plus intelligent, puifque l'*efprit* n'eft que l'art de faifir des rapports juftes entre les objets ou les êtres; donc l'homme eft moins *machine* à mefure que la fociété eft plus conftituée. Aujourd'hui que la France n'a plus de conftitution, le foldat François eft véritablement une machine, inftrument aveugle & paffif de l'autorité la plus tyrannique qui fut jamais; périffant par la guerre, la mifère & la faim, pour prolonger l'impunité de quelques affaffins, ou pour protéger les jouiffances de quelques fcélérats, & l'on fe trompe peut-être aujourd'hui de fonder l'efpoir d'un retour fur des fentimens qu'il n'a plus, comme on fe trompoit alors de fonder un fyftême de punitions fur l'abfence de fentimens qu'il avoit encore.

Je reviens aux châtimens militaires. Formez l'homme par l'éducation, maintenez l'homme par la religion, & vous aurez dans tous les états, de bonnes mœurs, & dans

tous les hommes de l'affection à leurs devoirs.
On se plaignoit beaucoup, en France,
depuis quelque temps, de l'insuffisance,
de l'imperfection des châtimens militaires.
On cherchoit un remède à un mal incura-
ble: quand l'homme est corrompu, les loix
ne peuvent pas le corriger: quand le mala-
de est désespéré, les remèdes se changent en
poisons. Tous les peuples ont éprouvé, dans
leur décadence, l'extrême difficulté, l'impossibilité même d'imaginer des peines militaires
qui ne soyent ni avilissantes, ni nuisibles, ni
puériles : & les Romains eux-mêmes ne sa-
chant plus quel châtiment infliger à leurs
soldats, finirent par ordonner comme peine . . . . la saignée (*Grandeur des Romains*, *Ch. II.*)

Rien de plus utile que d'occuper le fan-
tassin à des travaux publics, pourvu que le
travail soit payé, car s'il fait un service extraordinaire, l'état lui doit un salaire extraordinaire ; mais il faut que le travail soit modéré,
parce qu'on doit entretenir les forces du soldat & non les user. Les Romains occupoient
leurs soldats, & c'est en employant à la fois
un nombre immense de bras, qu'ils ont exé-
cuté ces entreprises qui étonnent notre foiblesse. L'empereur Probus fit planter à ses
soldats les vignes de la Bourgogne.

Il y a plusieurs avantages à cette disposition : 1.° La société conserve l'homme physique & l'homme moral en occupant l'un & dis-

trayant l'autre. 2.° La société, qui doit user l'homme jusqu'au bout, peut employer à mille usages utiles le soldat de ligne retiré du service, qu'elle a entretenu dans l'habitude du travail, & lui faire trouver, dans un salaire mérité, des moyens de subsistance pour l'avenir, & une juste récompense de ses services passés. 3.° Elle conserve la famille en conservant le goût du travail dans l'homme qu'elle lui rendra un jour. 4.° Elle met en honneur la profession militaire, que le peuple des campagnes n'estime pas, parce qu'il voit que le jeune homme y prend le goût de la licence, & y perd celui des travaux utiles. Il en est de la profession militaire comme des ordres religieux: les plus relâchés étoient toujours les moins nombreux. Un état comme la France ne manquera jamais de soldats, lorsque la profession militaire sera, pour la jeunesse, une école de subordination & de travail.

Le mérite du militaire ou du sénateur ne doit pas être le seul honoré. Les travaux importans, les découvertes utiles, l'étude des sciences, la culture des lettres, la pratique éclairée & heureuse des arts utiles à l'humanité, doivent être récompensés ou encouragés. La société doit en récompenser les progrès, en encourager le talent, d'une manière digne d'elle. Elle doit accorder des récompenses ou des encouragemens pécuniaires, parce qu'il faut que l'homme utile aux autres hommes jouisse des droits de l'homme social, je veux dire, de la propriété, lorsque cet avantage ne résulte pas nécessairement de sa découverte ou de son talent: elle doit accorder des récompenses ou encouragemens honorifiques, parce qu'il faut que le bienfaiteur de la société soit connu & honoré de la société. Il existoit en France un *ordre* ou décoration particulière pour les artistes célèbres. Il faudroit peut-être qu'il embrassât moins de sujets & plus de genres. Mais sur-tout que l'administration se garde de multiplier les décorations sans utilité, ou de les prodiguer sans motif. Il en est des décorations comme des monnoies qui n'ont de valeur que celle que la loi leur donne. Plus vous en émettez dans le public, plus elles décroissent dans l'opinion, & jamais elles ne peuvent se relever du décri où les plonge une émission indiscrète.

Les hommes réfléchis voyoient avec une extrême douleur les progrès de cette apathie universelle, de ce dégoût général des professions sociales, qui gagnoit, en France, tous les individus. On voyoit des militaires de vingt ans, étrangers même aux illusions de leur âge, déclamer contre leur profession, & annoncer hautement le dessein de la quitter aussitôt qu'ils en auroient obtenu la décoration: on voyoit, dans plusieurs parlemens, vaquer les premières charges de magistrature & des cours inférieures à moitié désertes; chacun étoit mécontent de sa profession ou de son grade, & n'aspiroit qu'après une vie indépendante, après des *jouiſſances* qu'il ne vouloit pas acheter par des ſacrifices. Tout le monde vouloit être à ſoi, & perſonne à la ſociété. Tout avocat vouloit être homme de lettres ; tout prêtre vouloit un bénéfice ſimple ; tout militaire, tout magiſtrat vouloit être dans ſes terres, ou ſur ſes livres. *Chaque profeſſion ſe croyoit un abus.* Ce n'étoit plus à force d'honneur, mais à force d'argent que l'état pouvoit ſe faire ſervir ; ſemblable à ces maîtres décriés qui ne peuvent trouver de domeſtiques qu'en donnant de plus forts gages. Cette diſpoſition générale avoit plus d'une cauſe, mais la plus prochaine, peut-être, étoit cette tendance qu'on pouvoit remarquer dans les ſupérieurs de toutes les profeſſions à abaiſſer leurs inférieurs. La cour vouloit abaiſſer le clergé & la nobleſſe ; le grand conſeil caſſoit, ſous le plus léger prétexte, les arrêts des cours ſouveraines, qui humilioient à leur tour les cours inférieures.

Les Intendans, & plus encore leurs ſous-ordres, traitoient avec hauteur les officiers municipaux, & les adminiſtrations provinciales cherchoient à contrarier les intendans : dans le civil, dans le militaire, peut-être juſque dans l'Egliſe, on pouvoit appercevoir dans les autorités ſupérieures une diſpoſition générale à déprimer les autorités qui leur étoient ſubordonnées.

De cette dépreſſion générale il devoit réſulter *néceſſairement* un écraſement général :

car si tous les corps tendent à se précipiter, tous descendront infailliblement.

On ne sentoit pas que, pour se rehausser, il faut exhausser la base sur laquelle on est placé, & que la considération du supérieur s'accroît de toute celle qu'il accorde lui même à l'inférieur. Le gouvernement témoin de cette disposition générale, entraîné par le torrent des opinions modernes, attribuoit aux choses l'imperfection qui n'étoit que dans les hommes; il vouloit tout changer, parce qu'il voyoit que tout alloit mal; il vouloit faire les choses pour les hommes, sans penser que, lorsque les hommes sont corrompus, il faut refaire les hommes, & non pas corrompre les institutions. Mais les institutions en France étoient parfaites, & le gouvernement ne savoit que mettre à leur place. Il procédoit par des essais; il essayoit de mettre des grands bailliages à la place des parlemens, & une cour plénière à la place des états-généraux. Il essayoit dans les provinces des administrations collectives à la place de l'unité d'administration. Il essaya de se servir des notables pour établir des impôts: & enfin il essaya de changer la proportion de la représentation des ordres. La France n'étoit plus qu'un vaste théâtre de politique expérimentale; sa constitution n'étoit plus que *provisoire*; & elle-même n'existoit que par *interim*.

Au milieu de ces essais funestes, les ancien-

nes habitudes se perdoient, & il ne s'en formoit pas de nouvelles. L'administration essayoit, le peuple vouloit essayer aussi : il essaya d'abord de mettre des jugeurs à la place
des magistrats, des soldats à la place des nobles, des prêtres à la place des ministres de
la religion, des phrases à la place de la constitution. Bientôt après, il essaya de mettre
la loi à la place du *pouvoir*, la police à la place de la religion, la raison à la place de Dieu.
Enfin accablé aujourd'hui de la honte de tant
de forfaits & de tant de sottises, rebut de
l'Europe, opprobre de l'univers, vil esclave
prostitué à l'incontinence politique de ses
maîtres, il essaye de se passer de religion, de
vertu, d'honneur, de liberté, de pain, ...

CHAPITRE V.

Age auquel on doit parvenir aux emplois: hono-
raires des fonctions publiques.

———————

CHEZ les Romains, on ne parvenoit que
fort tard aux emplois, & il falloit, je crois,
trente-huit ans pour exercer la première fonction publique. Il ne faut pas s'en étonner.
Dans une république, l'homme doit être plus
formé, parce que les inftitutions font plus imparfaites. Dans une fociété conftituée, on
peut fe fervir de l'homme beaucoup plutôt,
parce que les inftitutions, toujours plus parfaites que les hommes, les forment ou les
contiennent. L'âge doit être, en général,
proportionné à l'importance des fonctions.
Ainfi, fans donner dans l'exagération à cet
égard, on peut dire qu'il faut attendre pour
conférer des fonctions importantes, l'âge auquel l'*efprit* eft mûr, le *cœur* fixé, & l'homme plus maître de fes *fens*. Il faudroit peut-
être, dans les cours fouveraines, pour délibérer fur les affaires publiques, un âge plus
avancé, que pour décider des affaires entre
particu-

particuliers ; parce qu'il eft dans la nature
des choſes qu'un homme ſoit inftruit ſur les
affaires particulières qui ſe préſentent tous les
jours & qui font plus particulièrement l'objet
de ſes études, avant de l'être ſur les affaires
publiques, ſur leſquelles il a plus rarement
occaſion de délibérer. Effectivement on trouvoit en France, dans les cours ſouveraines,
plus de juriſconſultes que de publiciſtes. Il
faut, pour être adminiſtrateur ſuprême d'une
province, un âge plus avancé que pour être
membre d'un tribunal, parce qu'il faut plus
de prudence à l'homme à meſure qu'il a des
fonctions plus étendues, des règles moins
fixes, & qu'il eſt plus directement ſoumis à
une reſponſabilité perſonnelle, il faut, pour
régir un dioceſe, un âge plus avancé que
pour commander un régiment, & l'on peut
être mis à la tête d'une armée à un âge auquel, ſans choquer les convenances, on ne
pourroit pas être fait chancelier.

Au reſte, quelque ſoit l'âge auquel on
doive parvenir aux fonctions publiques, &
qui ne doit pas être au deſſous de 30 à 32
ans, pour les emplois les moins importans,
toute loi à cet égard eſt inutile & dériſoire,
ſi l'on peut y déroger par des diſpenſes, à tel
point que la diſpenſe ſoit la loi, que la loi
ſoit l'exception, & que ces diſpenſes faſſent
une branche lucrative de revenus publics.

Il faudroit un âge mûr pour approcher des
Tome III. V

rois & faire partie de leur société ou de leur cour. Si la cour fe compofe de jeunes gens & de jeunes femmes, l'adminiftration ne tardera pas à s'en reffentir, & l'on verra bientôt de petites paffions exciter de grands défordres.

Les honoraires des fonctions publiques ne doivent pas ruiner l'état; mais les fonctions publiques ne doivent pas ruiner la famille; ces deux points font la bafe fur laquelle l'adminiftration doit tracer avec l'attention la plus réfléchie l'échelle importante des traitemens à accorder aux fonctions publiques. Les honoraires ne s'élèvent avec le grade que parce qu'ils doivent s'élever avec l'âge. Il faut dans les différentes profeffions accoutumer le jeune homme à vivre de peu; c'eft dans les profeffions; mais ce n'eft que dans les profeffions qu'on peut établir des loix fomptuaires; encore doivent-elles s'établir par l'exemple plutôt que par l'autorité.

Une fociété conftituée folde fon militaire avec peu d'argent & beaucoup d'honneur; celles qui ne le font pas ou qui le font moins, le foldent avec beaucoup d'argent & peu de confidération.

On a vu des militaires étrangers s'étonner de ce que les officiers françois avoient refufé de foufcrire aux changemens faits à la conftitution du royaume, *lorfqu'on augmentoit leurs appointemens.*

En général, les grandes places avoient en France des honoraires exceffifs. On avoit fait, je ne fais quelle néceffité aux fonctions éminentes d'un luxe de repréfentation qui de l'hôtel d'un homme en place faifoit la maifon d'un *reftaurateur* ; ufage tyrannique, qui ne permet jamais à l'homme de recueillir, dans la folitude, fon ame évaporée par la diftraction des affaires, ni d'oublier dans la douceur de la vie privée, l'ennui & l'amertume des foins publics ; & qui, féparant fans ceffe l'homme de fa famille, fait trop fouvent, d'un miniftre confidéré, un père ou un époux malheureux !

ADMINISTRATION EXTÉRIEURE.

L'Administration extérieure comprend le Commerce, les Colonies & le Système politique extérieur. Je ne présenterai sur chacun de ces objets que des vues générales.

CHAPITRE I.

Commerce.

JE n'envisage pas le Commerce en négociant, moins encore en agioteur; je le considère en politique & dans ses rapports généraux avec la société propriétaire & agricole, seule société politique qui soit dans la nature, & qui mérite le nom de société, comme l'homme propriétaire de fonds est proprement le seul qui soit membre de la société politique. Remontons à l'origine du commerce.

Un propriétaire avoit une certaine quantité de bled, de laine, de vin, produit de ses terres ou de ses troupeaux, fruit de son travail & de son industrie: il en gardoit une partie nécessaire à sa consommation & à celle de fa famille : il en échangeoit une autre contre des productions d'un autre fol ou d'une autre induftrie qui lui étoient également utiles, contre des travaux qu'exigeoient l'exploitation de fes terres & la conftruction de fon habitation ; quelquefois contre des fecours ou des fervices. Mais cet échange entre des denrées d'efpèce & de qualités différentes, de poids ou de volume inégaux, cet échange de denrées contre des travaux ou des fervices, ne pouvoit fe faire qu'avec une extrême difficulté. — La nature infpira aux premières fociétés l'idée d'un figne fictif repréfentatif de toutes les valeurs.

Dès que chaque objet ou chaque partie d'objet, étoit évalué en ce figne ou en parties de ce figne, il n'y avoit plus qu'à comparer le figne à lui-même : c'eft-à-dire, comparer entr'elles des quantités de même efpèce ; or cette comparaifon, & par conféquent l'échange dont elle étoit l'intermédiaire, fe faifoit avec facilité. Il exifte encore dans toutes les fociétés un figne ou monnoie purement fictive, comme la livre tournois en France, la livre Sterling en Angleterre, le florin en Allemagne, & il y a quelques contrées de l'Afrique où il n'y en a pas d'autre.

La nature a mis, dans les denrées de première néceffité, un principe de dépériffement qui trompe l'avidité de l'homme & qui lui défend de réferver pour des befoins éloignés

V 3

& peut être chimériques, des productions qui lui font données pour satisfaire à des besoins présens & continuels. Le bled, les légumes, les fruits, la laine ne peuvent se conserver long-temps; le vin moins utile à l'homme ne se conserve plus long-temps qu'avec des frais considérables, des précautions pénibles & le danger de le perdre.

Le propriétaire étoit donc obligé de se dé-faire de l'excédent de ses denrées; ces denrées étoient une propriété légitime, puisqu'el-les étoient le fruit d'un travail naturel, c'est-à-dire, de l'emploi légitime des forces natu-relles de l'homme: elles avoient une valeur réelle, puisqu'elles servoient aux besoins de l'homme, & il n'étoit pas juste que le pro-priétaire se dessaisît, sans compensation, d'u-ne propriété légitime & qui avoit une valeur réelle. Mais comment conserver la valeur en se dessaisissant de la propriété? L'homme, dans ses premiers échanges, représentoit la valeur de sa propriété par un signe fictif: la nature lui inspira de donner un corps au signe lui-même. Dès-lors la valeur fut maté-riellement représentée, & elle put être gardée en retenant le signe matériel; ensorte que ce signe qui, étant fictif, ne représentoit que la valeur de la propriété, devenu matériel, représenta la propriété de la valeur. Ce si-gne que nous appelons monnoie, pouvoit, quelle qu'en fut la matière, suffire aux be-soins des hommes qui étoient convenus de s'en fervir, ou qui étoient obligés d'en faire ufage, en vertu de leur foumiffion à l'autorité qui l'avoit établi; mais il étoit fans valeur repréfentative à l'égard des hommes qui ne reconnoiffoient pas la même autorité, ou qui n'avoient pas fait la même convention.

Il falloit un figne qui pût fervir à tous les hommes & à toutes les fociétés, indépendant des caprices de l'autorité & des variations de l'opinion; il falloit donc un figne qui eût une valeur propre, réelle, intrinféque; la nature offrit les métaux.

Les métaux réuniffoient toutes les conditions qui pouvoient en faire le figne focial, c'eft-à-dire, univerfel & repréfentatif des valeurs de toutes les propriétés du fol ou de l'induftrie, l'intermédiaire de tous les échanges entre tous les hommes & entre toutes les fociétés. Ils avoient une valeur intrinféque, puifqu'ils repréfentoient une grande fomme de travail que demandoient leur extraction & leur fabrication; ils étoient fufceptibles d'une grande valeur d'induftrie, puifqu'ils fervoient à une infinité d'ufages précieux à l'homme; leur folidité les rendoit impériffables; leur ductilité les rendoit divifibles au point que pouvoit le demander l'échelle des valeurs & la facilité des échanges; leur malléabilité (*) les rendoit fufceptibles de tou-

_____

(*) La confervation de la fociété exige que le

V 4

tes les empreintes extérieures qui pouvoient désigner leur valeur & en empêcher la contrefaction; plus un métal avoit de ces qualités, plus il étoit précieux; c'est-à-dire, plus il avoit de valeur intrinséque, & moins il en falloit pour représenter la même valeur en productions de sol & d'industrie; les difficultés innombrables qu'éprouvoient les premiers échanges, soit qu'ils se fissent immédiatement par le troc des denrées, ou par l'intermédiaire d'un signe fictif, bornoient le commerce, dans les premiers temps, aux objets d'absolue nécessité & aux lieux les plus voisins; l'invention des métaux, par tout reçus, par tout transportables, facilita les relations commerciales entre les sociétés les plus éloignées, & fit servir aux usages d'un climat toutes les productions du climat le plus opposé. Alors on put regarder le commerce comme social, parce qu'on put regarder les sociétés comme de grands commerçans. Les sociétés considérées comme des propriétaires employèrent une partie de leurs productions pour leur consommation, & elles en échangèrent une autre partie contre d'autres productions utiles que leur sol ou leur industrie leur refusoient. Elles exportèrent les unes au

---

moyen de faire de l'or ne soit jamais découvert. Donc il ne le sera pas. Cette démonstration me semble évidente.

dehors, elles importèrent les autres du dehors: cette importation & cette exportation
s'appelèrent commerce, comme les échanges
entre particuliers dans la même société, s'ap-
peloient trafic. Elles échangèrent contre des
métaux le superflu de leurs productions territoriales & industrielles ; & comme elles
avoient tous les ans, à-peu-près, les mêmes
produits & les mêmes besoins, elles eurent
tous les ans, à-peu-près, le même excédent:
par conséquent la quantité de leurs métaux
s'accrut tous les ans, & la circulation du numéraire devint plus rapide, parce que le numéraire devint plus abondant.

Une nation qui, par la faute de son administration ou le malheur des circonstances,
en vint au point de n'avoir pas assez de produits territoriaux ou industriels à échanger
contre les produits étrangers dont elle eut
besoin, c'est-à-dire, qui eut plus de besoins
que de ressources, fut obligée de solder le sur-
plus avec son numéraire. Son numéraire
s'écoula donc annuellement. Cependant lors-
quelle n'eut plus de signe métallique, ou
qu'elle n'en eut pas assez, elle fut forcée de
s'en faire un autre qui ne fût pas un métal, ou du moins un métal universellement
précieux.

Ce signe, vil en lui-même & presque sans
valeur intrinsèque, n'eut de cours que par
la force de l'autorité qui l'avoit établi &
dans la société pour laquelle il avoit été éta-

bli; il fut rebuté dans les marchés des autres nations & prefque toujours il s'avilit dans l'opinion de la fociété même pour laquelle il avoit été créé.

Dans la fociété, au contraire, qui eut plus de produits que de befoins, la quantité de numéraire circulant s'accrut progreffivement par l'accumulation annuelle de l'excédent de ces produits; mais fi la quantité du figne repréfentatif de la denrée augmenta fans que la quantité de la denrée augmentât en même temps, le prix des denrées dut néceffairement augmenter, parce qu'il y eut plus de figne pour repréfenter la même valeur, & qu'il eft de la nature du figne de fe mettre en rapport avec la chofe fignifiée. Le figne perdit donc infenfiblement cette qualité précieufe qu'il avoit de pouvoir être tranfporté commodément & fans frais pour fervir de moyen univerfel & commun à l'échange de toutes les productions. Il devint prefqu'auffi embarraffant que l'objet même qu'il repréfentoit, & dans peu à Londres, à Amfterdam & dans quelques autres lieux de l'Europe l'accroiffement exceffif du numéraire fera de la monnoie d'argent & d'or ce que la prudence du légiflateur avoit fait, à Sparte, de la monnoie de fer, un poids incommode à porter. Alors il fallut un autre figne pour repréfenter le figne lui-même, & les billets de banque, les affignats exprimèrent l'or & l'argent. Remarquez la marche de la nature & celle des paffions. La nature donne des productions & lie les hommes entre eux par l'échange refpectif qu'ils en font. L'homme fent le befoin d'étendre fes relations, c'eft-à-dire, de former des fociétés; la nature lui donne les métaux, & lie les fociétés entre elles par ce figne univerfel. Mais cette fage mère qui connoît les paffions de fes enfans & la facilité que peut leur donner, pour les fatisfaire, un figne qui exprime toutes les valeurs, refufe à l'avidité de l'homme le moyen phyfique d'en porter à la fois & fans danger une grande quantité; & de la matière la plus précieufe elle fait le corps le plus pefant. L'homme déconcerte d'auffi fages précautions. La nature avoit donné le métal comme figne repréfentatif des valeurs, le commerce le regarde comme valeur lui-même & l'exprime par un autre figne. Le papier de banque eft à l'or ce que l'or eft aux produits du fol ou de l'induftrie.

Chez les nations qui n'ont pas affez de numéraires ou de figne métallique, le papier monnoie fupplée à l'argent, comme figne d'échange; mais outre qu'il eft en fractions affez petites pour faciliter les échanges, il n'a de valeur que celle que lui donne l'autorité & que lui conferve l'opinion, & cette valeur décroît rapidement dès que la quantité s'en multiplie. Mais chez les nations opulentes, le papier de banque repréfentant l'argent comme valeur ou denrée, peut en exprimer à la fois des quantités immenfes, & un foible enfant peut tenir dans sa main le prix & le sort de tout un royaume. Alors il n'y a plus de borne à l'ambition, parce qu'il n'y a plus de terme à la possibilité du succès; alors il n'y a plus de frein au crime, parce qu'il n'y a plus de mesure au salaire; alors on peut payer, avec deux lignes d'impression sur un chiffon de papier, la perfidie d'un ministre, la trahison d'un général, la corruption d'une favorite, l'éloquence d'un factieux, l'audace d'un assassin, la subversion de tout un royaume, & le sang même des rois. Alors la société se dissoudra, ou la nature mettra en œuvre, pour la rétablir, des moyens inconnus & nouveaux : *elle la detruira peut-être pour la recommencer.* Cette facilité funeste de réduire les plus grandes valeurs sous le plus petit volume, puissant moyen de révolutions, résulte *nécessairement* de l'accroissement du numéraire; l'accroissement du numéraire résulte *nécessairement* de l'extension du commerce ; donc l'extension du commerce est un principe *nécessaire* de révolution dans les sociétés.

Je prie mon lecteur de faire une attention sérieuse à ce double rapport sous lequel on peut envisager l'argent, ou comme signe représentatif de toutes les valeurs, ou comme valeur lui-même représentée par un signe. Il voudra ne pas perdre de vue la différence qui existe entre un papier-monnoie & un papier de banque.

Une nation pauvre peut créer un papier-monnoie pour suppléer à la disette du signe métallique, mais ce papier uniquement établi pour les besoins du commerce intérieur, doit être en fractions semblables à celle de la monnoie métallique. Dès-lors il est aussi embarrassant que le métal lui-même, beaucoup plus périssable, & comme il est la ressource de la pauvreté & un signal de détresse, il n'obtient jamais qu'un cours forcé & une confiance équivoque.

Une nation riche établit un papier de banque, pour réduire, sous un signe portatif, un métal devenu chez elle trop abondant; dès-lors il n'y a d'autre terme à la valeur numérique du billet, que la volonté de l'administration; ce papier a la même valeur que l'argent lui-même, & il est beaucoup plus transportable; & comme il est le résultat & le signe d'une excessive opulence, il obtient partout le même cours & la même faveur. On a peine à se procurer dans les Etats-unis un mauvais dîner avec le papier-monnoie de l'état; vingt-mille francs en assignats, peuvent à peine aujourd'hui payer, à Paris, une place au parterre de la comédie. Avec le papier de banque de Londres, d'Amsterdam, & les assignats de France (pendant les premières années de la révolution), on a pu payer un forfait dans tout l'univers.

Les variations qu'ont éprouvé dans leur valeur les *assignats* viennent à l'appui de mon principe. Ils ont été reçus à peu près au pair de leur valeur numérique, tant qu'ils ont été papier de banque, & qu'ils ont été le figne d'une grande abondance de numéraire ; ils ont baiffé à mefure que le numéraire s'écouloit, & font venus à rien lorfque, par la difparution des efpèces, ils n'ont fait l'office que de papier-monnoie. Et qu'on ne dife pas que leur baiffe progreffive eft produite par les événemens, car il feroit aifé de prouver, qu'à juger les probabilités des événemens, les affignats devoient, à leur création, perdre ce qu'ils perdent aujourd'hui. Les efforts que l'on fait en France pour les faire remonter, font donc inutiles : en laiffant à part le vice de leur naiffance, & le peu de folidité de leur hypothèque, il eft démontré qu'ils ne pourroient hauffer de valeur, qu'autant que le numéraire étant rétabli en France dans la quantité qu'il exiftoit avant la révolution, les affignats feroient *papier de banque* & non *papier monnoie*, & fi le numéraire reparoiffoit en France, tel qu'il exiftoit avant la révolution, les affignats feroient inutiles.

L'argent eft donc utile tant qu'il n'eft que figne repréfentatif de la valeur des denrées, il eft funefte lorfqu'il devient denrée lui-même, dont la valeur eft repréfentée par un figne. Cette différence eft le vrai motif de la févérité des loix de la religion chrétienne fur l'ufure & le *prêt à jour*, ou fans aliénation de capital. Plus attentive à la confervation de la fociété qu'à l'intérêt mercantile de

l'individu ; elle a condamné l'usure en général, parce qu'elle a toujours répugné à considérer l'argent comme une denrée, & qu'elle a cherché à prévenir les effets déstructeurs
d'une circulation trop facile.

A mesure que le numéraire augmente chez
une nation, & qu'il en faut une plus grande
quantité pour représenter la valeur des choses
nécessaires à la vie & se les procurer, le désir d'avoir de ce signe, où la cupidité devient
plus active. L'on remarque en effet bien plus
d'avidité pour l'argent dans les pays où il y
a le plus de numéraire, & dans les conditions
qui en gagnent le plus. Du désir d'en acquérir naît la crainte de le dépenser, & l'on remarque aussi en général des vertus moins gé-
néreuses dans certains pays & dans certaines
conditions, que dans d'autres pays & dans
d'autres conditions. Ce désir du gain est plus
actif dans certains gouvernemens, ou, pour
mieux dire, avec certaines opinions religieuses, & j'ai expliqué dans la seconde partie de
cet ouvrage le phénomène que l'on remarque en plusieurs lieux de l'Europe, du travail sans passion à côté de l'industrie la plus
ardente, de l'insouciante & tranquille médiocrité à côté de la richesse insatiable & de la
cupidité la plus inquiète.

La cause de l'accroissement simultané de
la cupidité & de la richesse métallique est dans
la nature physique de l'homme dont les sens
s'enflament à la vue des objets qui peuvent

fatisfaire leurs appétits, & dans la nature morale de l'homme, qui, à la vue de l'augmentation rapide & fucceffive du prix des chofes utiles ou agréables, craint de ne pas pouvoir fuivre une progreffion dont il ne peut appercevoir le terme. La cupidité enfante les crimes : au défaut de moyens légitimes d'acquérir, on emploie les moyens criminels : les mœurs fe corrompent ; les paffions achètent tout au poids de l'or ; l'homme leur vend fa force, la femme fa foibleffe, & le commerce, effet & caufe de la cupidité, perd l'homme & bientôt la fociété.

Une caufe qui contrebalance dans la fociété l'effet inévitable de l'accroiffement du numéraire eft l'emploi qui fe fait des métaux précieux, comme matière ; & fous ce rapport, la religion, qui en emploie beaucoup pour fes ufages, vient en cela même au fecours de la fociété.

Si le commerce ne fe faifoit qu'avec les produits du fol ou de l'induftrie néceffaires à l'homme, il ne feroit qu'utile à la fociété, parce qu'il ne pourroit jamais s'étendre au delà de la fomme des productions naturelles ou de la quantité des befoins réels. Mais le commerce s'eft étendu bien au delà des bornes que la nature lui avoit prefcrites. Il a fait naître à l'homme des befoins qu'il ne connoiffoit pas, dans les fragiles ouvrages d'une induftrie recherchée, & dans des productions

ductions étrangères que la nature peut - être ne destinoit pas à être un aliment usuel pour l'homme, parce qu'elles ne croissent qu'à *force d'hommes.*

L'homme se croit plus heureux, parce qu'il satisfait des besoins qu'il n'éprouvoit pas, comme il se croit plus riche, parce qu'il a plus d'or pour la même quantité de denrées; & le commerce abuse l'homme sur son bonheur, comme il le trompe sur ses besoins.

Cependant l'habitude rend ce bonheur nécessaire; ces besoins factices, elle les rend réels. Le commerce s'empresse de prolonger l'un, de satisfaire les autres. Il apporte à l'homme les denrées dont il ne peut plus se passer: il apporte à l'industrie la matière première de ses ouvrages. S'il faut une plus grande quantité de ces denrées, il faut plus d'hommes pour les faire naître: s'il faut plus de ces matières premières, il faut plus d'hommes pour les extraire ou leur donner la première façon. Là où il faut plus d'hommes, il faut plus de subsistances: le commerce les apporte: c'est une récolte annuelle sur laquelle l'homme compte, & il se multiplie en conséquence. D'un autre côté, l'importation des matières premières des ouvrages de l'industrie & des arts suppose une quantité considérable de bras pour les mettre en œuvre. Voilà du travail, c'est - à - dire, des moyens de subsistance. Les hommes se multiplient; car par-tout les hommes se multiplient en raison des subsistances.

Si l'on suppose que les communications soyent tout-à-coup interceptées ou qu'elles deviennent très-difficiles par l'effet d'une guerre ou d'une épidémie générales, il se trouve, dans le pays des matières premières, une population extraordinaire qui manque de subsistances, & dans le pays de l'industrie & des arts, une population extraordinaire qui n'a plus de travail. L'inquiétude se manifeste: les uns s'en prennent à leur gouvernement de la disette de subsistances, les autres s'en prennent à leur administration du défaut de travail.

Alors, si dans cette société il se trouve des philosophes qui veuillent *faire* une constitution, religieuse pour y faire entrer leurs opinions, & des ambitieux qui veuillent *faire* une constitution politique pour y établir leur *pouvoir* particulier, il se fera une révolution. Mais une révolution ne peut occuper, encore moins nourrir une population extraordinaire; on fait donc la guerre, parce que la guerre est *nécessaire* pour occuper les uns & pour donner des subsistances aux autres, en les réduisant au nombre que leur pays peut nourrir. Ces désordres ne sont pas l'intérêt du commerce, mais ils sont l'intérêt des commerçans. Avides de chances & de hasards, qui offrent aux désirs cet espoir indéterminé qui forme, pour ainsi dire, le fonds de l'homme,

parce qu'il eſt dans ſa nature immortelle, les
commerçans fourniſſent à grands frais, parce
qu'ils fourniſſent à gros riſques, des armes
& des ſubſiſtances. Dix s'y ruinent, un ſeul
s'enrichit, & l'aveugle cupidité, fille de l'eſpoir & de la crainte, s'accroît également des
malheurs des uns & du ſuccès de l'autre.
Tout intérêt de patrie, tous devoirs envers le ſouverain diſparoiſſent devant l'intérêt
des commerçans.

Dans une guerre entre la France & l'Angleterre, on *aſſure*, à Londres, les vaiſſeaux
françois. Dans cette guerre, les armées fran-
çoiſes avoient des fourniſſeurs dans les pays
même dont elles méditoient la conquête; elles
y ont trouvé des entrepreneurs après les avoir
conquis. Quelquefois l'adminiſtration ferme
les yeux, parce qu'elle calcule que les armées
trouveront toujours des fourniſſeurs, & qu'il
vaut mieux que ſon pays en gagne le bénéfice; mais l'homme qui ſait ce que vaut l'or
& ce que valent les vertus, gémit de douleur
de voir une adminiſtration aveugle ſe trahir
elle-même & tolérer, dans un ſujet, le ſcan-
daleux exemple d'une intelligence avec l'ennemi de ſon pays.

Ce n'eſt qu'en général qu'on doit conſidérer l'effet dangereux pour la ſociété qui
peut réſulter de la multiplication forcée des
hommes produite par le déplacement des ſubſiſtances, ou l'effet à la longue auſſi dange-

X 2

reux de certaines habitudes que le commerce
& non la nature a données aux nations. Il
eſt rare qu'on puiſſe en faire une application
particulière à telle ou telle contrée, l'effet eſt
ſenſible dans toutes, ſans être entièrement
développé dans aucune en particulier. Cependant on peut juger que ſi quelque événement,
qui eſt dans l'ordre des poſſibles, rendoit extrêmement rares en Europe le caffé & le tabac, la tranquillité des peuples du nord en
ſeroit peut-être altérée ; que ſi le goût des
marchandiſes de l'Inde venoit à paſſer, il
s'écouleroit du temps avant que le commerce
de l'Angleterre prît une autre direction, par
la même raiſon qu'une grande partie du peuple de Genêve ne ſauroit comment ſubſiſ-
ter, s'il étoit poſſible qu'on pût ſe paſſer de
montres.

Je ne puis me réſoudre à quitter cette matière intéreſſante ſans avoir fait remarquer à
mes lecteurs quelques autres effets du commerce ſur la ſociété.

Le commerce exporte d'une ſociété agricole le bled, la laine, le vin, l'huile, le ſel
qu'elle a de trop ; il y importe des métaux,
des cuirs, des chanvres, des réſines, des
bois de conſtruction qui lui manquent. Quelquefois, il eſt vrai, il exporte du bled d'un
côté, & il en importe d'un autre ; mais cette
exportation & cette importation ſe détruiſent
mutuellement & ſe réduiſent à zéro pour la

société; il en résulte seulement un bénéfice pour le particulier.

Une société exporte donc ce qu'elle a de trop, elle importe donc ce qui lui manque: c'est-à-dire qu'avec son superflu, elle achète le nécessaire. Aucune société ne peut se passer entièrement des autres: toutes les sociétés doivent donc tendre à avoir un superflu dans leurs produits territoriaux ou industriels, pour se procurer les produits *nécessaires* d'un autre sol & d'une autre industrie. Je crois qu'une société dans laquelle il n'y a de superflu que ce qu'il en faut pour se procurer le nécessaire, est dans son véritable état de force & de prospérité; parce qu'alors l'argent, conformément à l'intention de la nature, y est signe représentatif, & *moyen* d'échange & non valeur représentée & *objet* lui-même d'échange, & que cette société est comme ces familles propriétaires qui ont, avec abondance, le nécessaire, l'utile & l'agréable, mais qui n'ont pas le superflu, aliment des passions & écueil de la vertu.

Il n'y a pas une seule société qui ne puisse trouver dans le superflu de ses produits territoriaux ou industriels, de quoi se procurer le *nécessaire;* car la société qui ne pourroit pas se procurer ce qui est *nécessaire* à sa conservation, ne pourroit pas se conserver. Mais à la fin du 15ème siècle, je veux dire lors de

X 3

la découverte de l'Amérique, la soif de l'or s'alluma au sein des sociétés, dans le même temps qu'un événement non moins remarquable en altéroit la constitution politique & la constitution religieuse, en introduisant dans la société politique les principes démocratiques, & dans la société religieuse les dogmes de la réforme, c'est-à-dire que les passions des sociétés se déchaînèrent par l'affoiblissement du double frein qui les réprimoit. Alors les sociétés furent tourmentées de la fureur d'avoir un excédent de superflu, d'avoir, pour ainsi dire, le superflu du superflu même, & de cette cupidité universelle naquit un nouveau sujet de guerre entre les sociétés, pour la possession exclusive de ces contrées, qui fournissoient à leurs heureux propriétaires une matière d'exportation d'autant plus précieuse, qu'elle renfermoit une grande valeur sous un petit volume.

Examinons ce qui se passoit en France à cet égard. La France soldoit les denrées de ses colonies avec les produits de son sol & de son industrie, & elle achetoit des autres nations ce qui lui manquoit, avec le double superflu de ses productions coloniales & de ses productions territoriales & industrielles. Ses commerçans faisoient des gros bénéfices sur ces exportations & sur ces importations; & tandis que le luxe augmentoit le besoin des importations, le commerce augmentoit le superflu exportable des productions industrieldes & même des productions territoriales. Ceci a besoin d'explication.

Je l'ai déjà dit, en multipliant le travail, on multiplie les moyens de subsistance; on multiplie les hommes: les hommes à leur tour multiplient le travail, & le travail multiplie les moyens de subsister.

Les grandes villes font les grands atteliers de cette industrie manufacturière plus utile aux commerçans qui veulent accroître la somme des produits exportables, qu'à la société qui veut conserver l'homme physique & l'homme moral.

Les manufactures entassent, dans les villes, une population immense d'ouvriers, dépourvus des vertus qu'inspire le goût & la culture des propriétés champêtres, livrés à tous les vices qu'enfante la corruption des cités qui offrent des jouissances à la débauche & des ressources à la fainéantise. La moindre diminution dans leur travail, la moindre variation dans le goût des objets qu'il produit, livrent à la faim & au désespoir cette multitude imprévoyante qui, travaille peu, pour consommer beaucoup; & ces alternatives fréquentes d'aisance & de misère, ce passage subit de l'intempérance à la faim, la rend, suivant que l'état est tranquille ou agité, cause de désordre ou instrument de révolution. Nos villes fabricantes & manufacturières ont donné aux campagnes le signal de la révolte; & même aujourd'hui que leurs crimes ont été expiés par des crimes plus grands, elles ne leur donnent pas encore l'exemple d'un franc & fincère repentir. On dit fans ceffe qu'une nation induftrieufe rend les autres nations tributaires de fon induftrie; mais on ne voit pas que lorfque cette induftrie s'exerce fur des objets de luxe, la nation induftrieufe eft elle-même tributaire des nations confommatrices. La fortune, l'exiftence même de Lyon tenoit à des goûts dont un fouverain peut, quand il veut, profcrire l'ufage, pourvu qu'il ne les défende pas; ce goût effréné pour les modes étoit un mal même politique: il accoutumoit la nation à une inftabilité perpétuelle, il corrompoit les deux fexes qu'il rendoit vains & frivoles, il dérangeoit les fortunes, divifoit les époux, indifpofoit les pères, perdoit les enfans; il ôtoit les moyens de fubvenir à des dépenfes plus utiles, ou de fournir à des plaifirs, qui font le lien des hommes & des familles, plaifirs que le luxe rendoit plus rares en en augmentant l'apprêt & la dépenfe; il étaloit beaucoup trop aux yeux du peuple le fpectacle d'une opulence qui prodigue à des frivolités un argent dont l'indigent fait tacitement un autre emploi: mais, dit-on, cette induftrie faifoit entrer de l'argent dans le royaume; mais l'argent n'eft pas ou ne doit pas être richeffe, il n'en eft que le figne, & la nation la plus riche & la plus indépendante fera toujours celle qui aura le plus de productions

territoriales. Le joueur qui a le plus de jetons devant lui n'eft pas pour cela le plus riche ; tant que le jeu dure ces jetons appartiennent au jeu & non au joueur ; il ne fait
ce qu'il gagne que lorfque la partie finit, &
entre les nations le jeu ne finit pas. Si vous
confidérez le propriétaire, eft-il plus riche,
lorfqu'il vendra fon bled le double de ce qu'il
le vendoit, fi le renchériffement des étoffes
lui fait payer le drap le double de ce qu'il le
payoit, & que les progrès du luxe l'obligent
de faire deux habits au lieu d'un ?

Le particulier eft plus riche s'il a plus de
vin, de laine, de bled, & l'état devient plus
riche, parce qu'il a auffi plus de denrées à
impofer. C'eft donc, dans un état agricole,
la grande manufacture qu'il faut encourager,
la fabrique des productions territoriales, le
grand attelier de la nature qui laiffe l'homme
à la terre & la famille à la propriété. Or tandis que les villes fabricantes regorgeoient d'ouvriers, les charrues manquoient de bras ; & les
filatures de coton, multipliées outre mefure,
faifoient vaquer des fabriques de laitage.

Il y a des manufactures dont la nature a
donné, pour ainfi dire, le privilége excluf
à certains lieux par quelques propriétés particulières de l'air ou des eaux, ou par l'abondance de certaines matières qui ne peuvent
pas être fabriquées ailleurs. Telles font les
manufactures d'armes de St. Etienne en Forez,
celles de mégifferie ou de draps près de quel-

ques rivières dont les eaux font propres à l'apprêt des peaux, au lavage des laines ou à la teinture des draps : telles font encore les fabriques de fromages dans certaines caves ou dans quelques terroirs, & l'on peut ranger dans cette claffe les eaux minérales, les mines, les pêcheries, les falines, &c. &c. La nature, comme on le voit, n'établit des fabriques que pour des objets de première néceffité, & elle en rend l'établiffement indépendant des hommes & des événemens. Il faut, pour les détruire, une révolution générale dans la fociété; encore reparoîtront-elles après la crife. Il n'en eft pas ainfi des manufactures que l'homme établit malgré la nature ou fans la nature, je veux dire, fans aucune raifon, prife de la nature des chofes, qui en fixe l'établiffement dans un lieu plutôt que dans un autre, ou quelquefois, malgré des raifons naturelles qui en combattent l'établiffement. Ces fabriques peuvent fe foutenir quelque temps ; elles rendront une ville floriffante pendant un fiècle, fi l'on veut : cette ville fe peuplera, c'eft-à-dire, que les campagnes voifines fe dépeupleront : chaque maifon qu'on y bâtira en fera déferter deux dans un village. Mais, s'il furvient quelque révolution dans l'état ou feulement dans le commerce, fi une induftrie nouvelle, plus heureufe & plus active, forme ailleurs un établiffement du même genre, la manufacture tombe, les ouvriers s'éloignent, la ville refte avec des maifons fans habitans, &

les campagnes voisines avec des terres sans
cultivateurs, Rien de plus commun, en Europe, que des villes jadis florissantes par un
commerce d'industrie, & qui de leur antique
prospérité n'ont conservé qu'une vaste enceinte
& des places solitaires.

L'administration doit donc consulter la nature dans les priviléges, les encouragemens,
les secours qu'elle accorde à des établissemens
d'industrie. Si elle peut établir malgré la nature, elle ne sauroit maintenir sans elle, &
tous ses efforts n'aboutissent, tôt ou tard, qu'à
des déplacemens sans objet & à des dépenses
sans utilité. On voit donc que toutes les fabriques d'objets de luxe sont des établissemens
qui doivent tout à l'homme & rien à la nature, car quelle raison, prise dans la nature,
fixe dans un lieu plutôt que dans un autre
une fabrique de gazes ou une manufacture de
velours ?

Un genre de fabriques extrêmement utiles,
& que l'administration doit soigneusement encourager, sont ces petites fabriques domestiques de grosses toiles, de gros draps, de bas
de laine, de fil, de soie, qui ne déplacent
pas l'homme, & qui occupent toute la famille
dans les saisons mortes. Elles s'accordent
avec l'agriculture, dont elles manufacturent
les premiers & les plus utiles produits : elles
s'accordent avec les mœurs & la santé : elles
n'obligent pas les jeunes filles d'aller compter
avec un maître fabricant : elles n'obligent

pas l'homme de fe moifir dans des caves, ou de fe morfondre dans des galetas.

Je reviens à l'agriculture.

Ce n'eft pas avec des médailles, ni des *mentions honorables*, qu'on peut encourager l'agriculture, comme ce n'eft pas avec des exemptions ou des taxes fur les célibataires qu'on encourage les mariages. C'eft là que l'adminiftration doit *influer* plutôt qu'*agir*. Les progrès de l'agriculture & de la population doivent être *réfultat* & non *effet*. Pour pouvoir décerner avec juftice & connoiffance de caufe un prix au meilleur cultivateur d'un canton, il faudroit 1.° que toutes les terres exigeaffent les mêmes avances & rendiffent les mêmes produits; 2.° que tous les cultivateurs fuffent également riches; car perfonne n'ignore qu'à égalité de travail & d'intelligence dans la culture, celui qui donne le plus à la terre en retire le plus. Les véritables encouragemens de l'agriculture font l'exemple des grands propriétaires qui exploitent leurs biens avec intelligence, le refpect pour la religion qui commande le travail, les bonnes mœurs qui en éloignent les diftractions dangereufes, la nature des impôts fur les terres, plutôt encore que leur modicité.

Les produits exportables de l'agriculture peuvent augmenter de deux manières, ou en perfectionnant l'agriculture, ce qui veut dire, en obtenant un plus grand produit avec une mife moins forte, ou en convertiffant en culture de produits exportables des terrains destinés à des produits qui ne le font pas, ou qui le font moins.

La première manière est utile, car tout doit tendre à sa perfection; la seconde est funeste. On me permettra quelques réflexions sur un abus devenu très-commun.

Dans la disposition des terres pour les besoins de l'homme, les unes sont destinées à produire les fruits nécessaires à sa subsistance, les autres le bois nécessaire pour le chauffer, apprêter ses alimens, construire son habitation, servir à la culture de ses terres ou au transport de ses denrées; la troisième partie est destinée à la nourriture des animaux qui aident l'homme dans son travail, le vêtissent de leur dépouille, fournissent un aliment à son corps & des engrais à ses terres; car un peuple agricole est nécessairement un peuple pasteur.

Cette dernière destination a toujours paru de la plus haute importance aux hommes d'état comme aux agriculteurs. Sully mettoit la conservation des pâturages au nombre des moyens les plus puissans de prospérité nationale, & il est bon d'apprendre à des *législateurs* qui croient, peut-être, qu'il n'y a de raison en Europe que depuis qu'il y a des académies, & de vues politiques que depuis qu'il y a des gazettes, que dans le 12ème & le 13ème siècle, presque toutes les transactions entre les seigneurs & les *hommes* de leurs terres, toutes les loix prohibitives, proposées par ceux-là, acceptées par ceux-ci, avoient pour objet la conservation des bois & des pâturages.

Le cultivateur, pressé de jouir, ne considère, dans sa courte existence, que les produits qui lui sont immédiatement & prochainement utiles, & pour accroître ses jouissances personnelles, il n'est que trop porté à changer à un usage présent, les terres destinées à des produits d'un usage plus éloigné, sur-tout lorsque cette disposition se trouve augmentée en lui & par le haut prix que le commerce met au bled & au vin, denrées que l'homme peut faire croître annuellement & avec le seul travail de ses bras, & par l'imprudence de l'administration qui, en augmentant les impôts outre mesure, oblige le propriétaire à forcer sa culture pour pouvoir, à la fois, nourrir sa famille & s'acquitter envers l'état.

Il peut donc arriver qu'une grande partie des terres destinées aux bois & aux pâturages, dans les pays où les propriétés sont divisées, se défricheront, & se changeront en champs & en vignes. Ces défrichemens immodérés ont des conséquences bien funestes, dans les pays montueux où le bois & les herbes croissent très-lentement, parce que les orages emportent les terres récemment remuées. C'est peut-être un des désordres politiques les plus graves qui puissent résulter

en France de la suppression des corps ecclésiastiques ou séculiers, du partage des terres,
de la division des communaux, opération
désastreuse & depuis long-temps sollicitée par
la philosophie. Il n'y avoit en France, du
moins dans sa partie méridionale, de forêts
& de grands pâturages que dans les domaines du roi, de l'Eglise & des communes. Les
corps seuls s'occupent de l'avenir, parce
que les corps ne meurent point, & que ce
n'est que chez eux que s'introduit cet esprit
de propriété perpétuelle qui inspire le goût
de la conservation & de l'amélioration. Une
famille est un petit corps qui songe aussi à
l'avenir, & qui a sa part de cet esprit de propriété perpétuelle ou de conservation. Mais
si la famille finit à chaque génération, &
qu'elle partage les terres entre les enfans,
chaque partie sera trop petite pour pouvoir
nourrir des bestiaux, parce qu'il faut pour
les troupeaux de grands espaces; mais si elle
est trop petite pour nourrir des bestiaux,
elle est assez grande pour occuper un homme.
Elle sera donc défrichée, & l'homme qui a
une petite propriété veut devenir aussi chef
d'une famille. Cependant la partie qui pouvoit occuper & nourrir un homme ne peut
pas occuper & nourrir une famille: on force
la culture; la terre s'épuise, elle est abandon-
née (*), & la famille forcée de traîner ailleurs

_____

(*) On trouve fréquemment dans les livres tersa misère, contracte bientôt tous les vices qui naissent du vagabondage. Le Philosophe vous prouvera par de doctes raisonnemens qu'il faut que tous les enfans partagent également le bien de la famille; la nature vous prouvera par de grands malheurs qu'il faut, pour que le corps social subsiste, conserver les familles & consommer les individus. L'économiste tressaillera d'alégresse, lorsqu'il verra beaucoup d'hommes, & il attendra son *produit net*; l'homme d'état tremblera, parce qu'il verra beaucoup de passions, & il prévoira des révolutions.

Je reviens à l'Amérique. La nature l'avoit donnée à l'Europe pour y verser l'excédent de sa population, plutôt que pour y verser la population de l'Afrique; & peut être se sert-elle aujourd'hui des passions des hommes pour ramener à ses vues les hommes & les institutions. C'étoit sur-tout la France qui avoit plus besoin de colonies à hommes, si je puis m'exprimer ainsi, que de colonies à sucre, il falloit à une nation comme la France, à un peuple comme le François, pour son repos, & sur-tout pour le repos de l'Europe, les vastes forêts de la Louisiane ou du

---

riers des noms de hameaux dont il n'existe plus que les ruines; une famille y a vécu, & aujourd'hui il ne peut y croître un arbre.

Canada

Canada, des terrains fans bornes pour la vue,
comme pour l'efpoir, où puffent fe déporter
eux-mêmes ceux que le befoin de changer
de place, fi impérieux à un âge, le défir de
faire fortune, fi preffant à un autre, l'inquiétude naturelle à tous les âges, quelquefois
des écarts de caractère, entraînent loin de leur
patrie.

Car c'eft par des émigrations volontaires,
& non par des déportemens forcés de malfaiteurs & d'affaffins qu'il convient à une nation puiffante de former des établiffemens,
& c'eft ainfi qu'en ont formé jadis les peuples les plus célèbres. Lorfqu'une nation a
fondé au loin des colonies & qu'elles font devenues floriffantes & populeufes, les liens de
leur dépendance de la mère-patrie fe relâ-
chent peu à peu. C'eft un enfant qui gran-
dit : il n'a déjà plus la docilité du premier
âge, & bientôt il pourra fe paffer de fes parens. Un jour il quittera la maifon paternelle &
ira fonder une nouvelle famille. Mais il con-
fervera avec la fienne des relations de refpect
& d'amitié, pourvu que leur féparation n'ait
pas été accompagnée de difcuffions fâcheufes.
Ainfi une colonie éloignée, devenue puiffante,
fe détache de la métropole & cette féparation
eft dans la nature de la fociété, comme elle
eft dans la nature de l'homme. Cette colonie indépendante n'en eft pas moins utile à la mère

patrie; elle fournit un aliment à son commerce maritime; elle attire également le superflu de sa population; l'homme que son goût & les circonstances entraînent dans ses climats éloignés, y retrouve sa patrie en en retrouvant la langue, la religion & les mœurs. Ce font des vérités que la France & l'Angleterre ont méconnues. L'une auroit évité de précipiter, ou n'auroit pas cherché à empêcher une scission devenue *néceſſaire*; l'autre, confultant à la fois ses intérêts & la justice, auroit laiſſé à elles-mêmes les colonies angloises. L'Angleterre se feroit épuisée, sans les foumettre, ou les auroit épuisées pour les foumettre, & elles lui devenoient à charge, soit qu'il fallût les contenir, ou les rétablir: une colonie lointaine, révoltée contre la métropole, ne se réconcilie jamais sincèrement avec elle, & de nouveaux troubles naiſſent des mesures même qu'on eſt forcé de prendre pour les prévenir. La France, pendant cette lutte, auroit réparé ses forces, &, *ſi elle avoit eu une guerre, elle n'auroit pas eu de révolution.*

Je reviens encore sur la cause & les effets de l'accroiſſement du numéraire dans une société.

Si, dans une société, les exportations annuelles s'élèvent à 100 millions, & les importations à 80, il y aura un excédent d'exportation de 20 millions ou d'un 1/5. c'est ce qu'on appelle la balance du commerce. Cet excédent ne peut être soldé qu'en métaux, puifque les 80 millions d'importations ont rempli tous les befoins de productions étrangères que la fociété pouvoit avoir. En effet, fuppofons que cette fociété n'ait à exporter que du bled & du vin, & qu'elle n'ait befoin que de fer, de cuivre & de bois de conftruction, les 20 millions d'excédent de fon exportation ne feront pas foldés en denrées, puifque tous fes befoins de fer, de cuivre & de bois de conftruction font fatisfaits; ils ne pourront donc être foldés que par 20 millions de numéraire. Ces 20 millions de numéraire n'auront pas été figne & moyen d'échange entre des productions ou des denrées différentes, mais ils auront été eux-mêmes production & denrée, puifqu'ils auront été échangés directement contre des denrées & des productions. C'eft cet excédent à folder en numéraire qui eft la matière & l'objet du commerce de banque. En fuppofant que la fociété ait pendant long-temps les mêmes produits & les mêmes befoins, cet excédent s'accumule; la quantité de numéraire en circulation augmente; il en faut une plus grande quantité pour repréfenter la même valeur, & cet effet *néceffaire*, imperceptible d'une année à l'autre, devient très-fenfible au bout d'un nombre quelconque d'années. Lorfque la valeur des denrées a augmenté confidérablement dans une nation, il ne faut pas toujours en conclure que cette nation foit plus riche, c'eft-à-dire,

qu'elle ait plus de denrées ; mais elle eſt plus
pécunieuſe ; & il n'eſt perſonne qui ignore
qu'une famille n'eſt pas aujourd'hui plus riche,
en France, avec 12000 liv. de rentes qu'elle ne
l'étoit avec 8000, il y a 15 à 20 ans. Mais
ſi la ſociété ainſi que le particulier n'en eſt pas
plus riche, pour avoir plus de numéraire, ce
numéraire lui eſt donc inutile ; s'il eſt inutile, il
eſt dangereux, car rien ne peut être indifférent
dans la ſociété. Il faut donc du numéraire dans
une ſociété pour que les échanges de denrées
ſuperflues contre des productions néceſſaires
puiſſent ſe faire avec facilité dans l'intérieur
entre particuliers. Le numéraire fait alors l'office de jetons entre des joueurs, qui ſeroient
obligés de quitter la partie, s'ils ne pouvoient
pas repréſenter les fractions idéales des eſpèces
d'or ou d'argent : mais dès que le numéraire
a rempli cette fonction, ſi ſa quantité s'accroît
par l'excédent des exportations, il devient
valeur, denrée, &, ſous ce nouveau rapport,
il eſt inſtrument de forfaits & agent de déſordre.

Heureuſement pour l'Europe, tous les métaux qui y entrent n'y reſtent pas. En même temps que les Européens découvroient le
pays de l'or, la nature leur montroit un chemin plus court pour arriver dans le pays où
l'or devoit s'engloutir ſans retour. L'Europe
tire l'or de l'Amérique & y porte les produits
de ſon ſol & de ſon induſtrie ; mais elle porte l'or aux Indes pour en tirer les produits

du fol indien, & de l'induftrie de fes habitans. L'Indien n'a pas befoin de nos bleds,
de nos vins, de nos draps, & nous ne pou-
vons nous paffer de fes perles, de fes pierre-
ries, de fes cotons, de fes mouffelines &c.,
nous n'avons d'autre valeur à lui offrir que
de l'or, & comme la religion en Europe le
met en dépôt dans fes temples, pour le rendre un jour à la fociété dans fes extrêmes befoins, le fanatifme, aux Indes, le jette dans
les eaux du Gange, où le defpotifme l'en-
fouit dans les fouterrains de Delhi. L'or entré en Europe par l'Efpagne, qui poffède
prefque exclufivement les pays qui le pro-
duifent, en fort par l'Angleterre qui commerce prefque exclufivement avec les pays
qui l'engloutiffent. Ce n'eft donc proprement
qu'en Efpagne & en Angleterre que l'argent
peut être denrée, puifque la première, pour
le répandre en Europe, eft obligée de le
changer contre des denrées qui lui manquent,
& que la feconde le porte aux Indes où elle
l'échange contre des denrées du fol ou des
productions de l'induftrie qu'elle répand enfuite en Europe. Mais l'argent ne peut s'ac-
cumuler en Efpagne, qui peut en borner
l'extraction & la mefurer fur fes befoins, &
qui d'ailleurs eft preffée de l'échanger contre
des denrées de première néceffité. Au fonds,
l'Efpagne n'eft pas la feule puiffance qui four-
niffe les métaux précieux, au lieu que l'Angle-

terre fera bientôt la feule puiffance qui commerce dans l'Inde: enforte que l'or & l'argent entrés en Europe par plufieurs portes, n'en fortent que par une, à laquelle ils s'accumulent avant de s'écouler. C'eft l'extrême abondance de ce moyen fi actif & en même temps fi fecret de nuire aux autres fociétés, qui rendroit l'Angleterre extrêmement dangereufe pour le repos de l'Europe, fi la modération de fon cabinet & les vertus de fes miniftres ne devoient la raffurer contre un emploi fi funefte de fes tréfors, & fi cette même abondance exceffive de numéraire n'étoit, pour elle, une caufe prochaine de révolution.

Dans une fociété indépendante, qui peut, qui doit combattre pour maintenir fon indépendance, le gouvernement doit mettre en réferve une partie quelconque de numéraire, & cette mefure eft extrêmement utile, pourvu qu'elle ne gêne pas la circulation & qu'elle laiffe affez de *jetons au jeu*. Mais une fociété qui n'a pas de guerre à craindre, & dont le numéraire s'accroît annuellement, prête fon argent à une autre nation & tombe, par conféquent, dans fa dépendance, comme Gênes, la Suiffe, & même la Hollande à l'égard de la France & de l'Angleterre. Si elle laiffe l'argent dans fes coffres, il peut tenter la cupidité & devenir une caufe de révolution & un inftrument tout prêt pour l'ambition, fur-tout dans des fociétés qui, par la nature de leur gouvernement fans *pou-*

voir général, font toujours à la veille ou au lendemain d'une révolution. Ainfi un riche capitalifte place fon argent fur les autres particuliers ou fur l'état, & devient dépendant de la bonne foi des uns, ou de la folvabilité de l'autre, ou s'il le garde dans fon coffre, il finit par être la proie d'un domeftique infidèle ou d'un enfant diffipateur.

L'adminiftration ne doit pas confondre l'intérêt du commerce & l'intérêt des commerçans. Le véritable intérêt, l'intérêt éclairé du commerce s'accorde avec l'intérêt de la fociété, puifque fon objet unique eft de procurer à la fociété les denrées néceffaires que fon fol ou fon induftrie lui refufent, en les échangeant contre le fuperflu des productions de fon fol & de fon induftrie. L'intérêt des commerçans, fouvent oppofé aux vrais intérêts du commerce, aux intéréts de la fociété, à l'intention de la nature, eft d'accroître, fans mefure, les exportations & les importations en multipliant, dans les objets de luxe, la matière des unes & des autres, & enfin de confidérer l'argent lui-même comme denrée pour en faire, par l'agiotage, un vafte & nouvel objet de fes avides fpéculations.

L'Europe a fous les yeux une preuve évidente que l'intérêt des commerçans eft fouvent oppofé à l'intérêt du commerce & à celui de la fociété. L'intérêt de la fociété en général, l'intérêt du commerce, l'intérêt de l'Europe étoit de repouffer les affignats com-

me le fruit & le gage d'un vol manifeſte,
du renverſement de tous les principes ſur leſquels repoſe la ſociété. Car l'intérêt du commerce ne peut pas être oppoſé à l'intérêt de la ſociété. L'intérêt des commerçans a été de les
accueillir, de les répandre, de ſpéculer ſur les
différentes variations de leur valeur, & même
ſur la probabilité de leur contrefaction. Le
plus grand nombre l'a fait ſans remords,
comme ſans pudeur, & tandis qu'on égor-
geoit les malheureux propriétaires des biens
qui ſervoient d'hypothéque à cet infâme
papier, ils s'aſſocioient eux-mêmes à leurs
bourreaux, & ils aſſocioient toute l'Europe
au partage honteux de ſes ſanglantes dé-
pouilles.

CHAPITRE II.

Systême politique.

Je me contenterai d'établir des principes, les circonstances interdisent les détails.

Le systême politique d'une société ne doit être que la connoissance parfaite de ses intérêts extérieurs, appliquée à ses relations avec les autres sociétés.

Une société n'a qu'un intérêt intérieur & extérieur, celui de sa conservation.

Donc l'intérêt d'une société est dans la constitution monarchique, puisqu'on a vu que la constitution monarchique est un principe de conservation.

Donc plus un état est constitué, plus son systême de politique est fixe & invariable, parce que plus il a de constitution, plus il a de principe de conservation.

Donc un état naissant, ne peut avoir de systême politique fixe & déterminé, parce que l'intérêt d'un état naissant est de s'aggrandir plutôt que de se conserver. On apperçoit le motif de la politique versatile de certaines cours de l'Europe. Ce sont des états qui croissent, semblables à un enfant en qui l'on n'apperçoit que des développemens physiques & cette action de force expansive dont la nature lui fait un besoin.

Donc les républiques n'ont pas de système politique, puisqu'elles n'ont pas de principe de conservation. Une république, à quelque degré de puissance qu'elle soit parvenue, n'est jamais qu'un état naissant. Rome n'eut qu'un système politique, celui de s'aggrandir, & elle cessa de conserver, dès l'instant qu'elle cessa de s'aggrandir.

Une société a presque toujours deux systèmes politiques, celui de ses administrateurs & le sien propre, ou celui de la nature.

Le système politique de ses administrateurs se compose trop souvent de leurs erreurs & de leurs passions.

Le système politique de la société est le résultat de sa constitution & de sa position combinées avec la constitution & la position de ses voisins. C'est un rapport *nécessaire* dérivé de la nature des choses, & par conséquent le système politique de la société tend invinciblement à prédominer le système politique de ses administrateurs.

C'est ce qui rend les traités entre les souverains & les alliances entre les peuples des nœuds si fragiles & des conventions si incertaines. Quand la nature n'a pas donné ses pouvoirs aux négociateurs, elle ne ratifie pas les traités.

Appliquons ces principes à la France.

La France & l'Espagne sont séparées par des bornes immuables, au delà desquelles chaque nation trouve un autre peuple. Constituées toutes les deux, elles ont à peu près le même principe de conservation: leur système politique habituel est la paix, lors même que le système momentané de leurs administrations seroit la guerre. C'est un rapport fondé sur la nature des choses : il est indépendant de la parenté des souverains ; & ce rapport peut être, autant que les traités, mit la couronne d'Espagne sur la tête de Philippe V.

Il y a donc une alliance naturelle & *nécessaire* entre la France (monarchie) & l'Espagne. Mais il faut que dans cette alliance nécessairement défensive chaque allié se mette en état de fournir son contingent. C'est un principe que l'Espagne a trop perdu de vue. La France monarchie lui disoit depuis longtemps de perfectionner son administration, en mettant en œuvre les nombreux moyens de force & de prospérité que peuvent lui fournir son sol, sa position, ses possessions, sa constitution , & sur - tout le caractère national ; la France république le lui a dit encore mieux; que son gouvernement y prenne garde. Quand la nature est lasse d'instruire une société par des revers, elle la corrige par des révolutions. Perfectionner l'administration d'une société constituée, n'est autre chose que laisser la nature développer les rapports *néceſſaires* qu'elle tend fans ceſſe à ſubſtituer aux rapports imparfaits que l'homme établit. Ce n'eſt pas détruire les choſes, mais améliorer les hommes. Il ne faut pas un bel eſprit pour ce grand ouvrage, mais un homme qui penſe juſte & qui ſente vivement. Ce n'eſt pas la philoſophie, c'eſt la religion qu'il faut conſulter, mais une religion grande & éclairée, qui contient l'homme par l'amour de Dieu, plutôt que par la crainte de l'*inquiſition*; qui, pour former de bonnes mœurs, ordonne aux peuples le travail plutôt que les pélerinages, & aux rois, de bons exemples plutôt que des ordonnances. Que le gouvernement eſpagnol maintienne ſur-tout le caractère national, je veux dire, qu'il empêche que les *opinions* ne prennent chez ce peuple la place des *ſentimens*. L'exemple des maux qu'ont cauſés à la France les nouvelles *opinions*, & de la *force* que, malgré ſes malheurs, elle puiſe dans ſes anciens *ſentimens*, doit être une grande leçon pour tous les peuples.

La France & les états de la maiſon de Savoye ſont ſéparés auſſi par des bornes naturelles. Ainſi la France conſtituée cherche à ſe conſerver de ce côté & non à s'étendre. Mais la Savoye & le Piémont ſont un état naiſſant & qui tend à s'aggrandir; c'eſt un ruiſſeau deſcendu des Alpes, qui dirige vers le midi & l'orient ſes progrès imperceptibles, mais continus. Le Piémont ne peut pas s'ag-

grandir fur la France, mais il peut s'aggrandir par la France ; foit que la France foit le
moyen ou *l'occafion* de fon aggrandiffement.
Il n'a donc pas de fyftème politique déterminé
à l'égard de la France, & la France par conféquent ne peut en avoir à fon égard.

La France, féparée de la Suiffe par des limites naturelles, ne peut avoir d'autre fyftème politique à fon égard qu'un fyftème de
protection & d'amitié. La Suiffe république
ne peut être confidérée, & moins encore aujourd'hui, comme un état indépendant. Elle
étoit protégée par la France monarchie, elle
eft opprimée par la France république : l'une
avoit pour elle les égards qu'on doit à un
ami : l'autre lui a prodigué les outrages qu'on
épargne même à un efclave. Déformais hum-
ble fatellite, la Suiffe fuivra les mouvemens
irréguliers de cette planette, ou fera abfor-
bée dans fon tourbillon.

Dans la partie de fes frontières, qui s'étend
depuis l'extrémité de la Suiffe jufqu'à l'Océan,
la France n'a pour voifins que l'Empire germanique & la maifon d'Autriche : fa tendance
naturelle eft d'aller jufqu'au Rhin, borne que la
nature femble avoir pofée entre la Gaule & la
Germanie ; & l'on peut remarquer en effet que
les peuples Allemands, qui font en deçà du
Rhin à l'égard de la France, deviennent tous
les jours plus François, d'inclination, de langage & de mœurs. Les états limitrophes de
la France tendent auffi à fe maintenir, & cette

tendance opposée est utile à la France & à l'Empire Germanique, dont elle tient en haleine les forces respectives. Peut-être est-il vrai de dire que la France, pour son intérêt, doit tendre sans cesse à reculer ses limites & n'y parvenir jamais.

Cette même tendance l'entraînoit au delà de la limite artificielle que Louis XIV avoit posée lui même à ses états du côté des Pays-bas, par une triple enceinte de places fortes: la Maison d'Autriche, obéissant ou feignant d'obéir à d'autres intérêts que les siens, cherchoit à se maintenir dans ces belles provinces, & il en résultoit encore, entre ces deux états, un systême politique d'opposition réciproque, qui concouroit à fortifier le systême politique de protection & de garantie, qui existoit entre la France & la confédération germanique, systême dont le traité de Westphalie est la base & le régulateur. Ces anciens rapports entre la France & la Maison d'Autriche, entre la France & l'Empire, ont fait place à de nouveaux rapports. La France, obéissant à sa tendance naturelle, favorisée par des combinaisons politiques, a envahi les Pays-bas; & la Maison d'Autriche, lasse de s'épuiser d'hommes & d'argent pour des peuples dont les institutions politiques enchaînoient les bras & les moyens, certaine de l'intérêt qu'a son allié de la remettre en possession de ces provinces, les a abandonnées à la France. On pense communément que ces possessions éloignées ne peuvent qu'affoiblir la maison d'Autriche, comme elles ont autrefois affoibli l'Espagne. Mais si elles lui sont onéreuses ou du moins inutiles sous le rapport de sa puissance patrimoniale, elles lui sont utiles, & j'oserai dire *nécessaires*, sous le rapport de chef de la confédération germanique, parce qu'elles l'établissent à l'extrémité occidentale de l'empire d'Allemagne, comme elle l'est déjà à son extrémité orientale par la possession du Brisgau & de l'Autriche antérieure, & que, l'obligeant ainsi d'entretenir des troupes sur ces deux points, elles la mettent en mesure de se porter sur telle partie des frontières de l'Empire qui seroit attaquée par la France. Or, il n'est pas douteux que le chef constant & quasi héréditaire de la confédération germanique sera la puissance qui sera le plus à portée d'en défendre le territoire. Aussi je crois qu'on pourroit, sans trop de témérité, conjecturer que la séparation des Pays-bas des états patrimoniaux de la maison d'Autriche seroit, si elle avoit lieu, liée à un changement dans la constitution germanique, changement que de puissantes raisons, que j'ai indiquées dans la seconde partie de cet ouvrage, rendent *nécessaire* & peut-être peu éloigné, & auquel l'Allemagne ne peut que gagner en force réelle, c'est-à-dire en force de *constitution*.

D'un autre côté, l'Angleterre a le plus grand intérêt que les provinces Belgiques, véritable pomme de difcorde, n'appartiennent pas à la France, dont elles accroîtroient les forces maritimes. Elle redouteroit également de les voir, réunies à la Hollande, former avec elle une fouveraineté particulière, parce que la puiffance maritime qui réfulteroit de cette union & des richeffes de la Hollande, feroit néceffairement, & par la nature des chofes, alliée de la France. L'intérêt & les vues de l'Angleterre font donc que les Pays-bas reviennent à la maifon d'Autriche dont la concurrence fur mer n'eft pas à redouter, & qui eft affez puiffante pour s'y maintenir contre la France. L'intérêt de la Hollande eft que la maifon d'Autriche ne les reprenne qu'avec les entraves que les traités ont mis à la libre navigation de l'Efcaut. Or la maifon d'Autriche tend à ôter ces entraves au commerce de fes fujets, comme la nature, plus puiffantes que les conventioas humaines, tend à faire jouir les pays qu'elle a placés au bord des mers des avantages commerciaux que cette pofition leur préfente.

Ainfi la Hollande qui a déjà des concurrens redoutables dans fon commerce du nord, & qui vient de perdre fes poffeffions dans les Indes orientales, eft à la veille d'avoir, à fes portes, dans les Belges, des rivaux non moins à craindre.

La Hollande eft donc ménacée de retomber dans fa nullité primitive, & de fournir
                                à l'univers

à l'univers une nouvelle preuve du peu de solidité d'une puissance que l'industrie humaine élève, malgré la nature des sociétés religieuse & politique, sur la base fragile des *opinions* religieuses & des propriétés mobiliaires, & non sur le fondement inébranlable des *sentimens* religieux & des propriétés foncières.

L'homme qui ne fait qu'épeler dans le livre des sociétés, n'y voit que des événemens indépendans les uns des autres, comme l'enfant ne voit, dans son alphabet, que des lettres sans liaison entr'elles : mais l'observateur qui rapproche les événemens & les temps ne manquera pas de remarquer que la Hollande, ce berceau de la philosophie, périt par l'effet d'une révolution faite par la philosophie ; que les patriotes Bataves détruisent, avec le secours de la France, cette puissance que le patriotisme Batave a fondée, avec le secours de la France ; qu'un Stathouder de Hollande a débarqué en fugitif sur cette même isle où, cent ans auparavant, un Stathouder débarqua en conquérant ; & peut-être aussi remarquera-t-on un jour que la France, à la protection secrète ou déclarée de laquelle toutes les républiques ont dû leur existence, n'aura elle-même existé un instant en république que pour les entraîner toutes dans sa chute.

Continuons le tour de la France. L'Angleterre monarchie, comme société politique, république, comme société commerçante, a sous ce dernier rapport, un principe d'aggreſsion & une tendance à entreprendre ſur le commerce des autres nations, tendance qui forme le ſonds de ſon ſyſtême politique à leur égard, & particulièrement à l'égard de la France, ſon ancienne rivale. Deux puiſſances territoriales ne ſe battent que ſur l'eſpace étroit de leurs frontières; mais deux puiſſances maritimes ſe battent dans tout l'univers; l'océan n'eſt plus, grâces aux progrès de la navigation, qu'une vaſte plaine ſur laquelle la France & l'Angleterre ſe prolongent & ſe combattent. La politique eſſayeroit en vain de poſer entr'elles des bornes que les vents & les eaux déplacent toujours. *La poſition actuelle de l'Angleterre & de la France, l'une à l'égard de l'autre, eſt telle qu'il n'en a jamais exiſté de ſemblable entre deux puiſſances: & ſans doute il n'appartient qu'à la nature de dénouer le nœud formé par tant d'intérêts & de paſſions* (*)

_____

(*) L'Europe ſeroit bien plus fondée à craindre aujourd'hui la monarchie univerſelle de l'Angleterre, qu'elle ne l'étoit dans le ſiècle dernier à craindre la monarchie univerſelle de la France. 1.° Parce que la monarchie univerſelle n'eſt que le deſpotiſme univerſel, & j'ai prouvé qu'il n'y a qu'une république qui puiſſe établir le deſpotiſme univerſel; 2.° parce que l'empire univerſel de

La France avoit un système politique particulier à l'égard de plusieurs autres puissances
éloignées de ses frontières, & ce système à
la conservation duquel elle avoit quelquefois
dépensé trop d'argent & pas assez d'hommes,
étoit plus avantageux pour ces puissances
que pour elle-même, dont le premier allié
devoit être une bonne administration. Au
reste, je ne crains pas de dire que la France
a souvent méconnu ses forces & qu'égarée
par des craintes indignes d'elle, elle a trop
souvent cherché dans des alliances onéreuses
ou inutiles des secours qu'elle ne devoit attendre que de ses ressources mises en œuvre
par une administration sage & prévoyante.
Pour maintenir efficacement l'équilibre en
Europe, les grandes puissances doivent s'iso-
ler les unes des autres, d'une main tenir la
balance, & de l'autre, mettre leur épée du
côté le plus léger.

Je n'ai considéré le système politique que
de la France monarchique ou constituée: la
France-république ou non constituée ne peut
en avoir d'autre que celui de la république
romaine, & de toute république puissante;

---

la terre est impossible, mais l'empire universel de
la mer est très-possible, très-probable, très-pro-
chain: or, qui est maître de la mer, est maître
de la terre.

Z 2

détruire ses voisins pour ne pas se détruire elle-même. Le principe d'aggression naturel à ce gouvernement seroit prodigieusement actif en France & proportionné à sa population, à sa position & à ses moyens. Ce principe d'aggression se déployeroit plutôt contre les nations qui sont en opposition naturelle avec la France, plus tard contre les autres; mais il se déployeroit, tôt ou tard, contre toute l'Europe: une république puissante ne peut avoir autour d'elle que des ennemis ou des sujets.

Déjà l'on apperçoit que ce principe d'aggression se dirigeroit principalement contre l'Angleterre. Cette puissance a lutté avec succès contre la France-monarchie, elle se défendroit à peine contre la France-république qui seroit tourmentée comme elle & plus qu'elle, du besoin de s'étendre & de la fureur de commercer. Quels que soient aujourd'hui l'épuisement de l'une & la supériorité maritime de l'autre, & quoiqu'à l'avenir la politique du cabinet de St. James, ou plutôt du parlement d'Angleterre, soit d'empêcher, par des guerres fréquentes, la marine françoise de sortir de l'état de foiblesse auquel les circonstances l'ont réduite, la nature déjoue quelquefois ces combinaisons, & le moment peut arriver où l'Angleterre, occupée chez elle, laissera respirer ses voisins. Les *vertueux* républicains françois connoissent aussi l'art de semer la division & l'esprit de révolte chez

leurs voifins, art funefte dont les progrès ho-
noreroient la profondeur de l'efprit de l'homme, s'ils ne décéloient la corruption beaucoup plus profonde de fon cœur!

Une nation, parvenue au point de n'avoir
plus de guerre à redouter, au moins de la
part d'une puiffance fon égale en forces,
doit veiller, avec le plus grand foin, à ne
pas laiffer engourdir fa force militaire & à la
tenir en haleine par tous les moyens que la
paix peut permettre & que le génie peut imaginer. Si elle eft puiffance maritime & qu'elle n'ait que peu ou point à craindre du côté
de la terre, elle doit changer alors fon fyftême militaire & tourner fes vues du côté de
la mer. Cette réflexion eft particulièrement
applicable à l'Efpagne. D'ailleurs la puiffance
qui peut le plus fe repofer fur le fyftême pa-
cifique des fociétés voifines ne doit pas s'en-
dormir fur le fyftême de leur adminiftration:
fyftême, comme je l'ai dit, qui n'eft pas
toujours celui de la nature; & quand enfin
elle n'auroit rien à appréhender du dehors,
elle doit craindre fans ceffe l'explofion des
paffions intérieures qui font toujours & par-
tout les mêmes & qui ne font jamais plus
dangereufes que lorfque, débarraffée de toute
crainte au dehors, une adminiftration imprévoyante a laiffé détendre le reffort de la force
publique.

Il y a fix ans que l'Efpagne ne paroiffoit

pas avoir plus à craindre une guerre de la part
de la France, que la France elle-même ne
fembloit avoir à redouter une révolution, &
cependant la France a effuyé une révolution
qui l'a anéantie, & l'Efpagne a effuyé, de la
part de la France, une guerre qui l'a réduite
aux abois.

Un homme peut faire le facrifice de fes
reffentimens : une nation ne doit jamais faire
celui de fa dignité. La propriété d'une nation
eft fon indépendance & fa confidération. Si
elle vient à les perdre, elle peut être encore
un peuple, mais elle n'eft plus une puiffance.
Elle doit confulter, pour repouffer une injure,
moins fes forces que fon honneur, & ne
pas oublier que, pour une nation, c'eft combattre avec fuccès que de combattre avec
gloire. Venife ne feroit plus depuis long-
temps au rang des puiffances, fi elle n'eût
lutté avec le courage de la juftice & les reffources du génie, jadis contre les premières
puiffances de l'Europe, & plus récemment
contre toute la puiffance Ottomane. Une fociété doit faire la guerre, lorfqu'elle a épuifé
les autres moyens d'obtenir juftice, & elle
doit craindre beaucoup plus l'affoibliffement
de l'efprit public que la conquête de quelque
partie de fon territoire. La Philofophie, qui
ne voit dans l'homme que fon corps & qui
n'accorde à fes efpérances que la terre, dé-
clame contre la guerre & décore fon matérialifme du nom d'humanité; mais en mê-

me temps, comme elle ne fait de l'homme qu'un animal, jouet des événemens & d'un fort aveugle, elle infpire à l'homme un mépris pour fon femblable qui aggrave les horreurs de la guerre : car il eft à remarquer que la guerre n'a jamais été faite, chez les nations modernes, avec une plus effroyable profufion de l'efpèce humaine que par un roi philofophe & un peuple philofophe. La religion au contraire, qui ne voit dans l'homme que la plus noble partie de lui-même, fon ame, & qui place ailleurs fa deftination & fon bonheur, cherche à lui infpirer le mépris de la vie, principe de toutes les actions utiles à la fociété. Elle fait aux rois un crime d'une guerre injufte, mais elle leur fait un devoir d'une guerre légitime; mais, au milieu même des combats, elle avertit l'homme que l'homme eft l'image de la Divinité, & elle veille aux intérêts de l'humanité par les fentimens qu'elle infpire à l'homme pour fon femblable & par les idées qu'elle lui en donne. Il eft aifé de fentir quelle eft la différence, pour la fociété, des opinions du matérialifme aux fentimens de la la religion. Le matérialifme donne à l'homme l'amour de foi & le mépris de fes femblables: la religion, au contraire, lui infpire le mépris de lui-même & l'amour des autres. Il eft utile d'obferver quelle eft, pour un peuple, la différence des opinions philofophiques aux fentimens religieux. Un peuple philofophe, c'est-à-dire, dont la religion est *opinion* & non *sentiment*, un peuple commerçant, c'est-à-dire, qui met l'amour de la *propriété* à la place de l'amour de l'*homme*, n'a plus de vertus publiques, plus de caractère, plus de force ; c'est un peuple éteint. Les circonstances présentes en ont offert l'exemple, & la Suisse en a fourni la preuve. Car il ne faut considérer la Suisse comme *puissance* que dans les deux cantons réformés & commerçans de *Berne* & de *Zurich*.

Depuis que le droit barbare des guerres a été aboli par le christianisme, comme l'observe très-bien M. de Montesquieu, & qu'il n'est plus permis de faire passer des armées sous le joug, ni d'emmener un peuple en esclavage, aucune nation n'avoit reçu d'une nation ennemie, dans les fureurs de la guerre la plus acharnée, les outrages que la Suisse a reçus, en pleine paix, de la France son alliée. Ce n'étoit pas à des particuliers qu'ils s'adressoient, puisque les corps militaires, sur lesquels on a épuisé tout ce que la cruauté a de plus barbare, & l'affront de plus amer, étoient engagés à la France, en vertu de capitulations solemnelles. A la première nouvelle de ces attentats inouïs dans l'histoire, les Suisses du quinzième siècle, les Suisses pauvres & religieux se seroient réunis en diète générale, auroient ordonné un deuil universel à tous leurs sujets, imposé tous leurs citoyens, rapelé tous leurs soldats, armé toute leur jeuneffe & demandé, les armes à la main, la plus prompte punition de tant de forfaits, la réparation la plus éclatante de tant d'outrages. La Suiffe riche & réformée, la Suiffe qui vend des foldats à toutes les puiffances, & qui prête de l'argent à toutes les banques, n'a eu ni hommes ni argent pour venger fes enfans & fon honneur. Cependant fes gouvernemens étoient trop éclairés pour ne pas fentir qu'il importoit peut - être à leur fureté de faifir cette occafion de foutenir cette réputation d'énergie républicaine, de hauteur de courage que les anciens faits des Suiffes leur avoient méritée, que des voyageurs enthoufiaftes leur confervoient, & qui, reçue dans toute l'Europe fans examen, formoit au fonds leur meilleure défenfe. Que la France redevînt monarchie ou qu'elle reftât républi- que, il étoit intéreffant pour les cantons de mériter la reconnoiffance de l'une ou d'infpi- rer du refpect à l'autre, & peut - être les liens de la fubordination, fecrètement relâchés dans le fujet, pouvoient-ils être raffermis par le déployement d'une force publique impofante. On ne peut douter que les cantons n'ayent fenti qu'en diffimulant une injure auffi grave, ils s'effa- çoient eux - mêmes de la lifte des puiffances, qu'ils donnoient à l'Europe la mefure de l'af- foibliffement de l'efprit public en Suiffe, qu'ils révéloient à leurs voifins le fecret de leur foi- bleffe & aux mal - intentionnés celui de leur frayeur: je n'ignore pas que des raisons politiques, qu'il n'est pas impossible de pénétrer, paroissent justifier le parti qu'ont pris les cantons dans cette circonstance délicate. Il n'est pas ici question d'apprécier leurs motifs; on peut dire, en général, qu'il en faut de bien puissans pour obliger un gouvernement à faire le sacrifice de sa dignité, & à comprimer l'essor de l'esprit public au lieu de l'exciter : il arrive quelquefois qu'une politique, bonne pour un temps & pour une circonstance, peut porter des fruits amers dans d'autres temps & dans d'autres circonstances : je ne parle pas des administrateurs, mais des peuples, & je puis admirer la préscience des uns, en gémissant sur l'apathie & l'insensibilité des autres. L'homme qui veut *voir* les nations & non pas seulement les *lire*, l'homme qui place la force de résistance d'un peuple dans son caractère & non dans les mesures évasives ou les finesses diplomatiques de son administration, eût préféré de voir en Suisse la nation entraîner le gouvernement hors de ses mesures de prudence, plutôt que le gouvernement contenir le ressentiment de la nation; mais bien loin que les gouvernemens suisses ayent été obligés de modérer l'indignation de leurs sujets, il n'est que trop prouvé qu'ils auroient en vain voulu provoquer leur ardeur; leurs peuples auroient refusé de les seconder ou se seroient peut-être révoltés contre leur autorité. Or je le demande;

quel gouvernement que celui qui ne peut être ferme fans fe compromettre? quel peuple que celui qu'un acte de vertu publique peut foulever contre l'autorité qui l'ordonne? C'en eft fait de la Suiffe fi fon *pouvoir* confervateur, le roi de France n'eft pas bientôt rétabli fur fon trône: déjà il s'eft manifefté, dans plufieurs endroits, des germes de mécontentement; déjà l'on a réclamé *les droits de l'homme*; or, *dans une république, des troubles qui ont une fois commencé ne finiffent que par une révolution.*

Les anciens faifoient aller leurs républiques avec de la religion & du défintéreffement; les modernes veulent foutenir les leurs avec de la philofophie, des fabriques, du commerce & des banques, c'eft vouloir l'impoffible.

J'ai confidéré le fyftême politique des fociétés fous un point de vue trop général pour qu'on puiffe attendre de moi que je cherche dans le fyftême particulier des cabinets les raifons des chances variées & imprévues des événemens actuels, ou des conjectures fur l'iffue que peut avoir cet *imbroglio* politique. C'eft fous le même rapport d'intérêt général de la fociété civile, & en faifant abftraction de tout intérêt particulier que je me permettrai une réflexion fur les circonftances préfentes.

La France a attaqué la fociété générale avec de puiffantes armées & des opinions

plus puiffantes encore: le but de la fociété
devoit donc être de détruire les armées, de
détruire les opinions, parce que les opinions
recrutoient les armées & que les armées défendoient les opinions. Or, en laiffant à part
les bévues politiques, les fautes militaires,
les intrigues des cours, les paffions des hommes, il eft aifé de voir que ce double objet a été rempli, & que dans une république
que réduite à fe procurer des foldats par des
réquifitions forcées, de l'argent par des emprunts forcés, & à commander des fermens
de *haine* à la royauté parce qu'elle ne peut
infpirer l'*amour* pour fon gouvernement, il
n'y a plus ni armées ni opinions. Ces hor-
des de volontaires, foutiens de l'athéifme &
de l'anarchie ont péri par le glaive & les ma-
ladies, ces opinions exaltées, filles de l'or-
güeil & de la cupidité, ont difparu devant
la famine & l'efclavage; aujourd'hui en France on apprécie à leur jufte valeur, les mots
conftitutionnel & *patriote*, & bientôt en Europe, l'un ne défignera plus qu'une erreur de
l'efprit, & l'autre, que des vices du cœur.
Dans cette fermentation générale, *la lie eft
montée à la furface*, & les gouvernemens ont
pu voir diftinctement quels étoient, parmi
leurs fujets, leurs amis & leurs ennemis; ils
ont apperçu la liaifon intime & fecrette des
opinions religieufes & des opinions politiques
& ils fe dirigeront déformais fur cette connoiffance. Je n'ignore pas à quelles caufes

on attribue l'excès, la durée, peut-être l'origine des maux de la France, je détourne mes penfées d'un foupçon auffi affligeant: & que pourroit ajouter à la profpérité préfente ou future des autres nations la défolation phyfique & morale d'une nation autrefois auffi heureufe? Lés fuccès de la politique ne peuvent-ils fe compofer que des malheurs de l'humanité? A des événemens d'un intérêt auffi général que la deftruction d'une fociété, je cherche des caufes plus générales que les paffions de quelques hommes, & à la vue de la déconftitution politique & religieufe de la France, il m'eft impoffible de ne pas me rappeler que toutes les fociétés non conftituées de l'Europe, religieufes & politiques, ont trouvé dans le gouvernement françois un protecteur déclaré ou un fecret inftigateur, & que cédant à des craintes indignes de la puiffance de la France, abbaiffé à des moyens indignes de fa loyauté, il a reconnu l'ufurpation de Cromwel, favorifé l'établiffement de la république en Suiffe, en Hollande, en Amérique, comme il a créé & garanti, en Allemagne, l'exiftence politique de la religion réformée, & par une indulgence criminelle pour des écrivains plus fameux encore par leurs écarts que célèbres par leurs talens, répandu dans toute l'Europe, la philofophie de l'athéifme & de l'anarchie.

Mais ce n'eft pas affez pour la France d'inftruire l'Europe par fes malheurs, elle doit la ramener par l'exemple de fes vertus aux principes confervateurs des fociétés. C'eft à ce but digne d'elle que je confacre le cha- pitre fuivant, conclufion naturelle *de la Théo- rie du Pouvoir politique & religieux, dans la fociété civile.*

CONCLUSION
DE TOUT L'OUVRAGE.

Aux François qui ont l'esprit élevé &
le cœur sensible.

L'EFFET inévitable des grands événemens & des malheurs extraordinaires est d'exalter les idées & d'émouffer les sentimens. Il faut des penfées plus vastes à des esprits aggrandis par l'importance & la majesté des événemens; il faut des impressions plus fortes à des cœurs endurcis par l'excès & la continuité des malheurs. Cette difposition est commune à tous mes lecteurs, & il n'en est aucun qui soit étranger aux grands événemens dont l'Europe est le théâtre, aucun que ses propres malheurs ou la compassion pour les malheurs des autres n'ait affocié aux calamités inouïes qui accablent la première nation de l'univers. Cette difpofition eft plus particulièrement celle des François, acteurs dans ces fcènes mémorables, victimes de ces déplorables infortunes. C'eft donc aux François que je m'adreffe, à ceux du moins dont l'efprit peut me comprendre, & dont le cœur peut me répondre. *Quand la corde d'un inftument eft tendue , c'eft le moment d'en tirer des fons.*

J'obferve avec attention tous les peuples qui ont paru avec éclat fur la fcène du monde, & je remarque que ceux qui ne font pas morts tout entiers, & qui ont laiffé des traces ineffaçables de leur exiftence politique ou religieufe, avoient attaché, fi j'ofe le dire, leur durée à quelque grand monument à la fois religieux & politique.

Je vois dans la première fociété politique de l'univers, chez l'antique Egyptien, ces vaftes pyramides, contemporaines de la fociété, élevées comme une limite fur les confins de l'état focial & de l'état fauvage, def-

tinées

tinées à montrer ce que peut, même dans
son enfance, l'homme social, monument im-
périssable de la puissance & du génie de ce
peuple célèbre, gage immortel de sa vénéra-
tion pour ses rois, *demeures éternelles des
morts* (*), dont l'indestructible solidité devoit
transmettre à tous les âges la preuve que le
sentiment consolateur de l'immortalité de
l'ame a existé dans tous les temps.

Je vois dans la première société religieuse
de l'univers, chez le peuple Hébreu, ce temple célèbre, le plus magnifique que le soleil
ait éclairé, seul asyle que les dieux des sens
eussent laissé sur la terre au Dieu de l'intelligence & du cœur, retranchement où
l'unité de Dieu s'étoit retirée, & d'où elle
devoit un jour reconquérir l'univers sur l'ido-
lâtrie. Les pyramides de Memphis étoient
le monument de la Royauté, le temple de
Jérusalem étoit le monument de la Divinité:
dans l'un, la puissance des Rois se rendoit
sensible, dans l'autre, la majesté de Dieu

(*) Discours sur l'hist. univ. par M. Bossuet.

Tome III.   A a

se rendoit visible. Un jugement sévère
a détruit le temple & disperse les adorateurs,
& des extrémités de la terre où il est errant,
le Juif dans sa misère jette un regard de douleur vers ce lieu sacré; il jure par son temple qui n'est plus; &, contre toute espé-
rance, il ose espérer encore d'en voir relever
les ruines.

Jusque dans cette société célèbre soumise
à tous les *pouvoirs*, hors au *pouvoir* général,
à tous les dieux, hors au Dieu véritable,
chez le Romain, dont l'empire réunit un instant tout l'univers, lorsque l'univers idolâtre dut
devenir chrétien, & qui se divisa bientôt, lorsque
l'univers chrétien dut devenir monarchique,
je vois cet édifice imposant, dont le nom seul
annonçoit les destinées, ce capitole fondé
sous les meilleurs auspices, éternel comme Rome,
sacré comme son fondateur (1), ce capitole, *la*
demeure des Dieux protecteurs de l'empire, &
le gage éternel de sa durée (2).

_____

(1) Grandeur & décadence des Romains.
(2) Corn. Tacit. Hist.

Chez tous ces peuples, ces monumens, que la philosophie traite de *superstitieux & de frivoles*, mais dont *si peu de gens sentent la force & l'effet, réunirent tous les citoyens en un corps indissoluble, les attachèrent les uns aux autres, & tous à leur sol* (1).

Le François est un peuple aussi, & il est un grand peuple : il est grand par son *intelligence*, par ses *sentimens*, par ses *actions*. Hélas ! il est grand . . jusque par ses crimes.

Au centre de la France, & dans la position la plus embellie par les vastes décorations de la nature, j'éleverois aussi un monument qui réuniroit aux proportions imposantes des pyramides Egyptiennes la majesté sainte & sublime du temple de l'antique Sion, l'intérêt national du capitole romain.

Je le consacrerois au Dieu de l'univers, au Dieu de la France, . . . À LA PROVIDENCE : à ce Dieu de tous les hommes, même de ceux qui le nient; de toutes les

_____

(1) J. J. Rousseau. Gouv. de Pologne.

nations, même de celles qui l'outragent; de toutes les religions , même de celles qui le défigurent; à ce Dieu qui si long-temps à protègé la France, & qui la punit, parce qu'il la protége encore; à ce Dieu qui ne l'a livrée un inftant à la fureur de l'athéifme que pour la préferver du malheur affreux de devenir athée; à ce Dieu qui a verfé tant de confolations au fein de tant de douleurs, tant de fecours au fein de tant de misères, tant d'efpoir au fein de tant de malheurs; à ce Dieu qui a fait briller tant de foi au milieu de tant d'impiété, tant de force au milieu de tant de foibleffe, tant de vertus au milieu de tant de crimes; à ce Dieu qui a permis tant de forfaits & qui exerce tant de vengeances; à ce Dieu qui, au moment où il livroit vos corps à la rage des bourreaux, vous recevoit dans fon fein, ô mes Rois! ô mes maîtres! ô vous miniftres de la religion & de la fociété! prêtres fidèles, militaires intrépides, magiftrats vertueux! & vous que la foibleffe de votre fexe ou de votre âge & l'obfcurité de votre condition réfervoient à des malheurs moins éclatans, mais que la grandeur de votre courage

a affociés par cette fin honorable aux défenfeurs de la fociété; vous tous enfin, parens,
amis, concitoyens, martyrs de votre foi en
votre Dieu, de votre fidélité à votre roi!

Ce temple feroit l'objet des vœux & des
hommages de la nation; tout François ac-
courroit des extrémités du royaume pour
adorer le Dieu de la France, & s'en retour-
néroit meilleur & plus heureux.

Sous les portiques de ce temple augufte
s'affembleroit la nation en Etats généraux,
& le Dieu qui punit les parjures recevroit
des fermens qui ne feroient pas violés.

Sous ces voûtes facrées, le Roi feroit dé-
voué par l'onction fainte, à la défenfe de la
fociété religieufe & au gouvernement de la
fociété politique. Il jureroit protection & refpect à la religion, juftice & force à la fociété;
la religion promettroit de le défendre, la fociété de lui obéir; les échos du temple répé-
teroient ces fermens folemnels, & Dieu qui

les entendroit en feroit le garant & le ven-
geur.

Sous fes parvis majeftueux, la dépouille
mortelle du monarque recevroit les derniers
honneurs que la religion rend à ce qui fut
homme, & que la fociété doit à ce qui fut
roi; & dans les premiers états-généraux qui
fuivroient l'intervalle d'un fiècle, lorfque l'a-
mour & la haine, le reffentiment & la reconnoiffance feroient defcendus dans le tombeau,
l'impartiale poftérité dicteroit à la nation affemblée, l'infcription qui éterniferoit fa mémoire, ou la condamneroit à un éternel
oubli.

Dans le périftile du temple, feroient placées les ftatues, feroient infcrits les noms de
ceux qui auroient employé leurs talens à défendre la fociété ou à l'embellir. Là le prélat
feroit à côté du guerrier, le favant à côté
du magiftrat, l'écrivain ingénieux & décent
à côté de l'homme d'état éclairé & vertueux.

C'eft au milieu de ces grands objets que

le jeune roi feroit élevé (*), comme Joas à l'ombre du fanctuaire ; il ne verroit dès fes plus jeunes années que des objets capables d'élever fon *efprit*, d'ennoblir fon *cœur*, de perfectionner même fes *fens*, de diriger toutes fes *penfées*, toutes fes *affections*, toutes fes *actions*, vers les *notions* fublimes, le *fentiment* profond, le *culte* refpectueux de cette Providence éternelle qui punit les peuples & qui juge les rois.

Qu'il feroit impofant & religieux, j'allois dire, qu'il feroit politique, le vœu folemnel que feroient la France, fon roi, la fociété entière, d'élever, dans les jours de l'ordre & de la paix, un temple À LA PROVIDENCE! qu'il recevroit d'intérêt des circonftances ! qu'il emprunteroit de grandeur de fon objet & d'utilité de fes effets ! qu'il feroit propre à raffermir dans les *efprits* la foi de la divinité, ébranlée par d'affreux défordres, à bannir des *cœurs* ces haines furieufes allumées

(*) Voyez le Chapitre XII de la Théorie de l'éducation publique, page 66 de ce Volume.

par les difcordes civiles, à effacer par un fpectacle augufte & religieux, l'impreffion qu'ont faite fur les *fens* tant de fpectacles licencieux & barbares!

François! qui que vous foyez, malheureux ou coupables, parce que des *opinions* menfongères ont pris la place de *fentimens* vrais & profonds, que ce vœu retentiffe au fond de vos cœurs, qu'il foit répété par chacun de vous, & il fera exaucé! . . . . . & Dieu fera rendu à la fociété . . . . & le Roi à la France, & la Paix à l'univers.

Fin du troifième & dernier Volume.

TABLE DES MATIÈRES.

374

LIVRE II.

De l'Administration publique.

Fin de la Table.

FAUTES À CORRIGER.

Pag. 53 *Lig. pénult.* Sentiment l'amour, *lisez* sentiment de l'amour.

    86   18 disoit Mézerai, *lis.* dit Mézerai.

   102   9 l'absence du diocèse, *lis.* l'absence de l'évêque hors du diocèse.

   169   17 Entrons en détail, *lis.* Entrons dans le détail.

   176   7 Comme la corruption, *lis.* comme elle flétrit la corruption.

   177   24 conféroit, *lis.* confioit.

   182   17 en insultant la religion, *lis.* en insultant à la religion.

   233   13 lots, *lis.* lods.

   272   2 & 3 l'officier supérieur comme le capitaine, le capitaine comme l'officier général, *lis.* l'officier particulier comme l'officier général.

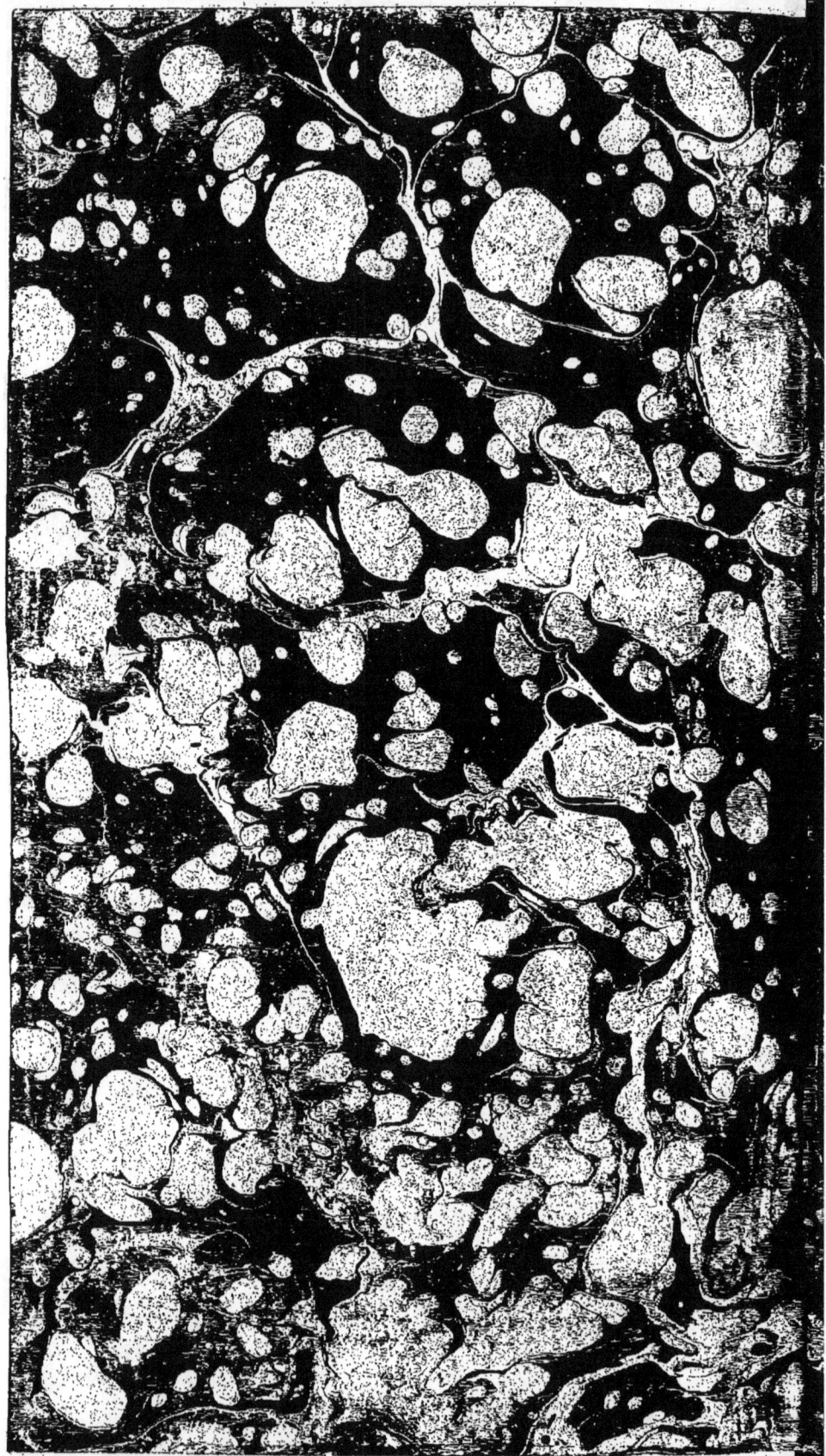

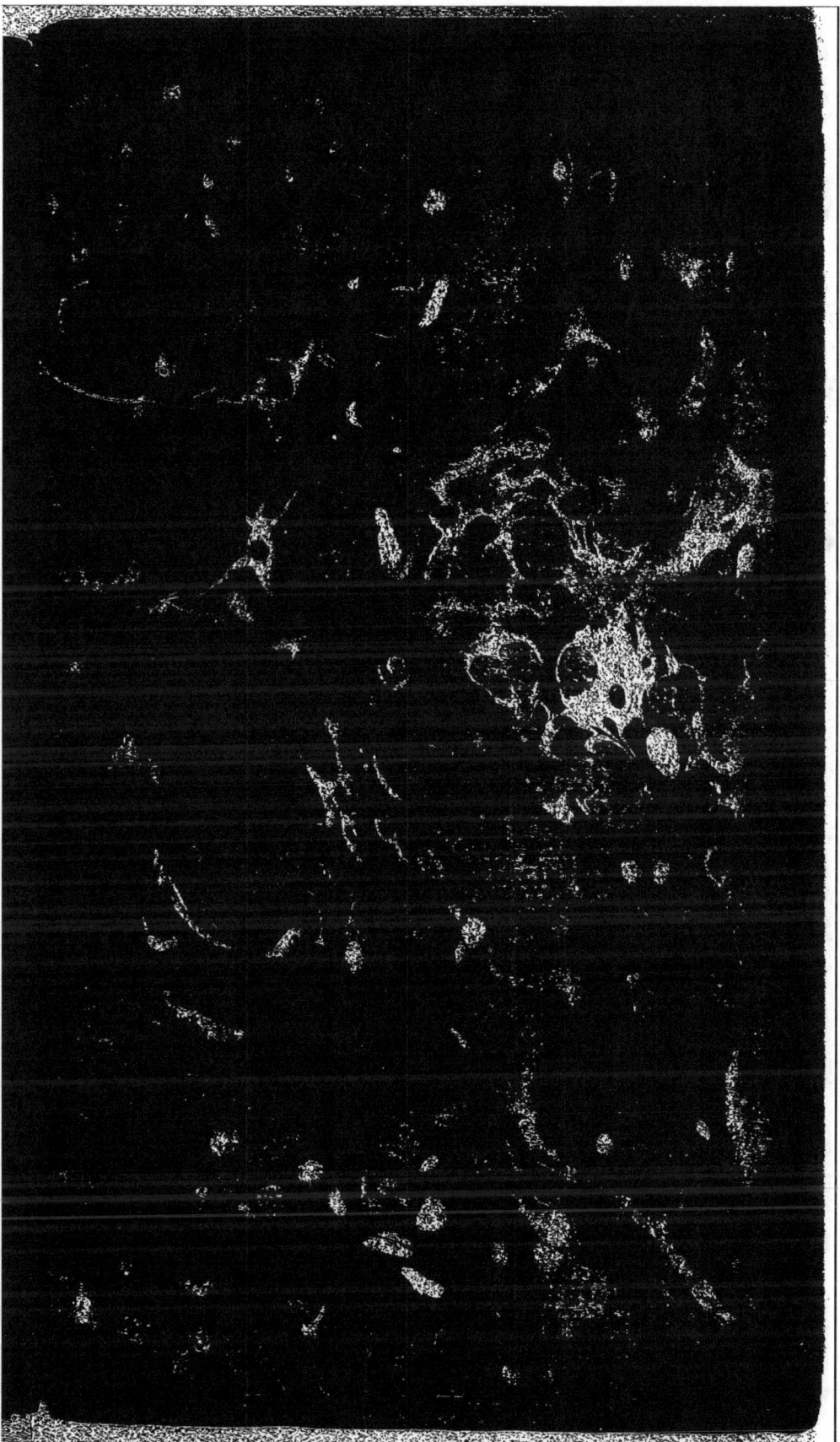

www.ingramcontent.com/pod-product-compliance
Lightning Source LLC
Chambersburg PA
CBHW071617270326
41928CB00010B/1667